·“十四五”学前教育专业创新规划教材·

学前儿童语言教育与活动指导

主　审　严仲连
主　编　杨　佳　陈　莹
副主编　熊　芬　王雪梅　李招凤　林毓君
参　编　何圣予　牟　燕　宋菲燕　谢佳佳
曾建华

西南大学出版社
SWUP
国家一级出版社　全国百佳图书出版单位

图书在版编目(CIP)数据

学前儿童语言教育与活动指导 / 杨佳，陈莹主编
. -- 重庆 : 西南大学出版社, 2023.8
ISBN 978-7-5697-1829-4

Ⅰ. ①学… Ⅱ. ①杨… ②陈… Ⅲ. ①学前儿童—语言教学—教材 Ⅳ. ①G613.2

中国国家版本馆CIP数据核字(2023)第073010号

学前儿童语言教育与活动指导

XUEQIAN ERTONG YUYAN JIAOYU YU HUODONG ZHIDAO

杨佳　陈莹 主编

责任编辑：张燕妮
责任校对：熊家艳
装帧设计：闰江文化
排　　版：夏　洁
出版发行：西南大学出版社
　　　　　地址：重庆市北碚区天生路2号
印　　刷：重庆紫石东南印务有限公司
幅面尺寸：185 mm × 260 mm
印　　张：15.25
字　　数：371千字
版　　次：2023年8月 第1版
印　　次：2023年8月 第1次印刷
书　　号：ISBN 978-7-5697-1829-4
定　　价：59.00元

本书如有印装质量问题，请与我社市场营销部联系更换。
市场营销部电话：(023)68868624　68367498

序 言

党的二十大报告将高质量发展作为全面建设社会主义现代化国家的首要任务。学前教育是基础教育的奠基阶段，学前教育高质量发展亟需一大批高素质、专业化、创新型的师资队伍，亟需职业院校为社会输送理想信念坚定、师德情怀高尚、专业知识扎实、专业能力过硬的幼儿教师。

在职业教育改革的浪潮中，我们欣喜地看到一批学前教育教师勇挑重任。他们牢记教育使命，深化教学改革，坚守初心、扎根一线，编写出一批有前沿性和原创性，适应时代需求和社会发展的高质量专业教材。《学前儿童语言教育与活动指导》就是这样一本活页式的新形态教材。它的“活页”不仅仅指教材形式灵活，更是突显了以学生为学习中心的内容活、任务链条式的过程活、实践取向的方法活，真正实现以岗位需要为指引、以人才创新发展为核心、持续生成与变革的教材改革理念。

学前儿童语言教育的教材建设任重道远，编者针对同类教材“岗课赛证融合不彻底、立德树人功能不凸显、融媒体资源整合不到位”等典型问题做了大胆的尝试和改革，突出解决了以下几个难点问题：

一、有效解决课程思政融入问题

课程思政融什么、怎么融、怎么评，是困扰众多职业教育教材的难点问题。本教材以推进“习近平新时代中国特色社会主义思想”进教材、进课堂、进头脑为出发点，以中华传统文化和社会主义先进文化教育为切入点，立足“为党育人、为国育才”的核心理念，以“学习目标融入、政策导学渗透、任务表单支撑、学习评价指引、改进措施跟进、学习感悟升华”等为路径，系统构建“爱国精神、工匠精神、科学精神、团队协作、言优善行”五大核心思政目标，实现课程入思政，润物细无声。

二、深刻把握模块化教学改革趋势

本教材从幼儿教师的岗位需求出发，深入分析职业能力，教学内容凸显实践性、情境化，由此实现学习内容与工作过程相统一。本教材符合模块化教学改革的趋势，以典型岗位任务、实际教学案例等作为载体设计项目化学习单元。全书由27个相互独立的学习任务构成，有提升、有延展、有关联、有系统；每项学习任务目标具体、步骤清晰，既可以由教师领学，也可用于学生自学，真正做到将课堂还给学生，将学习主动权还给学生。同时，各个任务组合成螺旋上升的能力发展体系，让学生在具有层次坡度的项目实践过程中，获得能力的逐步提升。

三、突破“岗课赛证”融通教材建设的瓶颈

本教材以“岗课赛证”综合改革作为教学改革的突破口，以岗定课、以课育人、以赛领课、以证验课。基于幼儿教师岗位的工作分析，联合同类院校与行业、企业教师，共同确立工作过程所需的知识、能力，同时有机融入职业技能等级证书、职业院校技能大赛与师范生技能大赛的考核要求与赛项内容，全面统筹教与学。此外，还推动教材配套资源和数字教材建设，探索纸质教材的数字化改造，形成较为系统的可听、可视、可练的数字化资源。

本教材的研制倾注了编者的心血。作为两位主编的老师，我深感欣慰，我看到学前教育人才薪火相传，也看到学前教育发展的蓬勃生机。希望这本教材能为职业院校教师开展学前教育专业课程建设与教学提供有效支撑，希望这本教材能为职前职后幼儿教师有效开展学前儿童语言教育活动提供方向指引，更希望这本教材最终能为幼儿园语言教育的高质量发展提供帮助。

2023年6月1日书于福建师范大学民主楼301

前言

“学前儿童语言教育与活动指导”是以《3—6岁儿童学习与发展指南》(全书简称《指南》)和《幼儿园教育指导纲要》(全书简称《纲要》)为指导,紧扣《学前教育专业师范生教师职业能力标准(试行)》,研究3~6岁学前儿童语言发生发展的现象与规律,探索学前儿童语言教育教学规律与方法的课程。本教材颠覆传统教材的学科体系,从学前教育专业学生视角出发,立足学前儿童语言教育活动的教学实际与幼儿园岗位需求,遵循“学生中心、能力为重、产出导向、理实一体”的原则,将岗位典型项目分为“综合分析幼儿语言发展水平与环境、幼儿口头语言发展与指导、幼儿书面语言发展与指导”3大模块,逐层递进开展“综合分析幼儿语言发展水平、分析识别幼儿语言教育环境、设计幼儿园谈话活动、设计与组织幼儿园讲述活动、组织实施幼儿园听说游戏、创设幼儿口头语言学习环境、设计与组织实施幼儿园文学作品活动、设计与组织实施幼儿园早期阅读活动、创设幼儿早期书面语言学习环境”9大项目,27个任务。每个项目均设有“学习导言、学习任务与关联知识架构图、学习目标、任务、政策导学、岗位链接、学习评价、学习感悟”等7项内容,其中,每个任务均设有“任务导入与学习目标、任务步骤与关联知识、任务表单、任务评价与改进”等4项内容。全书融入丰富媒体资源,突显教学内容的实用性、真实性、典型性、先进性、拓展性,实现理论学习与实践运用的融会贯通。本教材可供高职高专院校、职业本科、应用型本科、成人教育、中职学校学前教育专业学生使用,也可作为幼儿园教师继续教育和进修的参考教材。

本教材深入贯彻落实党的二十大精神,将习近平总书记关于职业教育工作和教材工作的重要指示批示精神渗透于教材之中。全面落实立德树人根本任务,探索学前教育专业“岗课赛证”一体化活页式教材,强调“产出导向、任务驱动”,落实“反向设计、正向实施”,突显以下特色:

1.课程思政全程化

本教材全面落实课程思政要求,加强社会主义核心价值观教育,加强中华优秀传统文化和社会主义先进文化教育。一是,系统构建“爱国精神、工匠精神、科学精神、团队协作、言优善行”5大核心思政目标。将思政目标融入项目与任务内容之中,并在每个项目后列出思政目标在本项目的具体表现,通过学生自评、教师与同伴他评的方式引导学生反思思政目标的达成度。二是,本教材着力凸显中华文化“育人·润心·铸魂”的思政特色,充分挖掘与利用中华优秀传统文化与现代生活特色，从活动范例挑选、图画书遴选、谈话主题选择等方面入手，将中华优秀文学作品、中国原创绘本、发生在幼儿身边的、突显新时代新发展的主题等融入教材当中，实现“润物细无声”的思政功能。三是，增设学习感悟栏目，通过分享学生的学习体验，从学习者视角再现课程思政对学生思想转变的影响，以及引发学习者的学习共鸣与反思改进。

2.项目任务共生化

本教材以学习者为中心，立足真实工作情景，按“真实工作项目+典型岗位任务”的模块化教学改革思路编写，全书包括3个模块、9个项目，并依据岗位工作需求分解为27个任务。每个任务都有相对独立的知识技能点，并借助工作表单，将知识技能点逐层分解，形成一项项可单独执行，又有紧密关联的任务链。师生可根据任务流程逐一完成，也可根据需要灵活选取若干个任务完成，最大程度实现教与学的灵活性、差异性与递进性。同时，任务内容难度呈现螺旋上升趋势，为学生搭建学习的最近发展区，指引学生不断精进教学实践能力。此外，每个任务都配有任务导入与学习目标、任务步骤与关联知识，任务表单、任务评价与改进等，有系统够用的理论知识，也有极具借鉴性的活动资源，支持学生在与教材的互动中，独立完成工作任务。

3.“岗课赛证”一体化

本教材充分体现学前教育发展的新技术、新规范、新标准，以学习产出为导向，以“课岗融通、课证融通、课赛融通”全面融合为思路，以“岗位要求与人才需求”为标准，聚焦《学前教育专业师范生教师职业能力标准（试行）》《幼儿园教师专业标准（试行）》等职前职后教师专业素质的基本要求，对接教师资格证、师范生教学技能赛项、学前教育职业院校技能赛项等，将实践性教学内容与解决实际问题融入项目与任务，设计27个工作表单、8个学习评价表单、111个知识点、应用型题库与丰富多元的资源库，实现“岗课赛证”综合育人。

4.过程评价多元化

本教材强调过程性评价与增值性评价的可执行性与适用性，评价视角从对学生学情横截面的评价转向对学生学情纵深发展的评价，通过学生反复实践同一任务，客观评价学生每一次的实践成果，进而明晰学生学习成效与发展需求。教材中的每个任务均匹配自我评价标准、反思评价要点、学习成果展示，为学生自我评价搭建支架，帮助学生明确自我发展现状与发展方向，萌发主动发展的内生动力。充分发挥合作小组、实践导师等第三方评价力量，通过小组互评、双导师共评等多元评价方式，从单一的量化数据分析转向质量并重的学情刻画，力求全面描绘学生素养形成过程及教学变化过程或发展趋势。

5.校企双元协同化

本教材由职业院校教师携手有丰富学前儿童语言教育实践经验的一线团队合作编

写。以合作方式开展项目任务设置、目标凝练、行动步骤与相关知识梳理、评价体系构建、学习成果呈现等,实现理论与实践的高度融合、相互印证。同时,向上百所幼儿园征集优秀教学案例,形成丰富的教材资源库。通过操作视频、教学案例等数字资源,生动、立体、全面地再现了真实岗位实践场景,帮助学习者在主动建构、合作共研、学习挑战的过程中获得新知、丰富经验、提升能力。

根据教材内容的重难点分配,建议本课程课时分配如下:

教学内容		教学时数	实践时数
模块一 综合分析幼儿语言发展水平与环境	项目一 综合分析幼儿语言发展水平	2	1
	项目二 分析识别幼儿语言教育环境	2	1
模块二 幼儿口头语言发展与指导	项目三 设计幼儿园谈话活动	2	2
	项目四 设计与组织幼儿园讲述活动	2	4
	项目五 组织实施幼儿园听说游戏	2	2
	项目六 创设幼儿口头语言学习环境	1	1
模块三 幼儿书面语言发展与指导	项目七 设计与组织实施幼儿园文学作品活动	2	4
	项目八 设计与组织实施幼儿园早期阅读活动	2	4
	项目九 创设幼儿早期书面语言学习环境	1	1
合计		16	20

为充分发挥本教材的专业价值,教材编写小组建议采用"六递进"教学法,实现"问题情境—任务引领—新知获取—分析探究—迁移运用—综合创新"的递进式教学。

第一步,问题情境。本教材每个项目配有综合应用与岗位拓展问题,鼓励学生先尝试回应问题,从解决问题中看清个人学习需求,激发学习内在动力。

第二步,任务引领。本教材为每个项目配有2—4个任务表单,每个任务表单指向1—2个关键知识点。学生以任务表单为引领,开展学习与实践工作。

第三步,新知获取。本教材基于任务表单,为学生梳理了111个关键知识点,形成任务步骤与关联知识;同步整合了上百个实践教学资源,形成拓展学习资源库。学生可以紧扣任务,通过个人自主学习与小组合作学习,获取任务表单完成过程中所需的专业知识。

第四步,分析探究。教师结合学生任务表单完成情况、学生自主学习后的提问,以及学生学习成果与评价改进,发现学生学习盲区与差异化需求,依托典型案例,突破重点、解决难点。

第五步,迁移运用。学生结合任务表单,入园开展观察、实践活动,并与校内外实践导师进行持续互动研讨,不断优化实践方案、探索实践路径、解决实践问题,将教材中的专业知识真正转换为学生的实践运用能力。

第六步，综合创新。学习的最后一步是带领学生回应每个项目中的综合应用、岗位拓展与实践创新问题，尝试运用所学新知与实践经验，解决复杂情境下的真实教学问题，帮助学生巩固新知、创新运用。

本教材由福建幼儿师范高等专科学校杨佳和陈莹担任主编，仙桃职业技术学院熊芬、福建幼儿师范高等专科学校王雪梅与李招凤、闽江师范高等专科学校林毓君担任副主编，福建幼儿师范高等专科学校叶圣军、重庆幼儿师范高等专科学校牟燕、福建幼儿师范高等专科学校附属第二幼儿园何圣予与宋菲燕、福州融侨外滩幼儿园谢佳佳、福建葫芦文化产业发展有限公司曾建华参与编写。具体分工如下：全书由杨佳、陈莹、叶圣军共同负责框架拟定，杨佳、陈莹负责统稿定稿工作，由王雪梅、陈莹、林毓君共同编写项目一、项目二，由陈莹编写项目三、项目七，由李招凤编写项目四、项目五，由杨佳编写项目六、项目八、项目九，熊芬、牟燕、何圣予、宋菲燕、谢佳佳、曾建华等参与全书资源库资源遴选、修订工作，杨佳、陈莹、王雪梅、李招凤、熊芬共同设计制作配套教学资源包。

感谢东北师范大学的严仲连教授对本书的指导。感谢所有入选的活动设计教师和参与课程活动案例拍摄的优秀教师们，以及福建葫芦文化产业发展有限公司、福建省绿色阅读环境建设实验基地等企业、行业对本教材教学资源库建设的大力支持。由于编者水平与能力有限，书中不妥之处还望读者多加批评指正。本书主编邮箱是 yj2008@fjys.edu.cn。

编者

2023年3月

二维码资源目录

可登陆网址获取以上教学资源:https://course.xdcbs.com/pages/book/catalog/catalog.html? bid=1651141923525423105&cid=1651142140844896258

目录

模块一

综合分析幼儿语言发展水平与环境

项目一

综合分析幼儿语言发展水平

项目一 教学资源

学习导言

了解幼儿语言发展水平是开展学前儿童语言教育的重要基础。语言是一个符号系统,幼儿对语言的获得包括语音、词汇、语法和句子、语用能力四个要素;同时,语言是一种交际工具,幼儿语言学习还包括语言运用能力的获得。心理学研究表明,幼儿语言获得与发展遵循一定的规律,具有阶段性。

语言是人类特有的社会现象,是思维的物质外壳。幼儿期是人类语言学习的关键期。他们大脑发育迅速,听觉和发音器官相应成熟,能分辨和模仿成人语言,这为幼儿语言学习提供了生理基础;他们接触周围生活环境的机会与范围大大增加,说话和交往的需求也日益增强,这为幼儿语言学习提供了心理基础。

学会分析幼儿语言发展水平对促进幼儿语言发展,进而促进幼儿全面和谐发展有着不可替代的作用。

学习任务与关联知识架构图

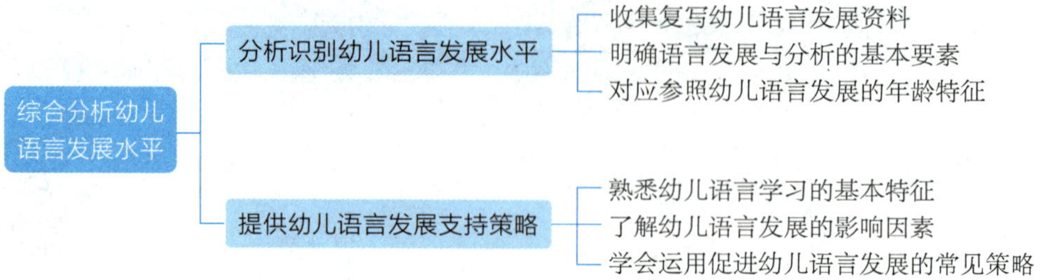

学习目标

素养目标	1. 以幼儿为本，尊重幼儿语言发展的差异性与特殊性。 2. 客观分析幼儿语料，科学辨识语言发展需求，积极主动提供教育支持。
知识目标	1. 熟悉观察评价法等收集幼儿语料方法的基本步骤。 2. 掌握幼儿语言发展的基本要素及各要素发展特点。 3. 掌握幼儿语言学习的基本特征，了解幼儿语言发展的影响因素。
能力目标	1. 能准确、客观、科学记录幼儿语言发展情况。 2. 能根据幼儿语言发展各要素的特点，分析幼儿语音、词汇、语法和句子、语用能力的发展水平。 3. 能依据幼儿语言学习的特点，针对幼儿的语言发展水平，提供有效的指导策略。

政策导学

序号	文件	政策要点速览	对应任务	融合育人
1	《3—6岁儿童学习与发展指南》	•了解3—6岁幼儿学习与发展的基本规律和特点，建立对幼儿发展的合理期望。 •要充分理解和尊重幼儿发展进程中的个别差异，支持和引导他们从原有水平向更高水平发展。	任务一	
2	《中国儿童发展纲要(2021—2030)》	•尊重儿童主体地位和权利。引导父母或其他监护人以儿童为本，尊重儿童的身心发展规律和特点。	任务二	
3	《幼儿园教育指导纲要(试行)》	•幼儿的语言学习具有个别化的特点，教师与幼儿的个别交流、幼儿之间的自由交谈等，对幼儿语言发展具有特殊意义。 •评价的过程，是教师运用专业知识审视教育实践，发现、分析、研究、解决问题的过程。 •幼儿的行为表现和发展变化具有重要的评价意义，教师应视之为重要的评价信息和改进工作的依据。	任务一 任务二	课岗融通
4	《幼儿园保育教育质量评估指南》	•坚持儿童为本。尊重幼儿年龄特点和成长规律，注重幼儿发展的整体性和连续性。	任务一 任务二	
5	《幼儿园教师专业标准(试行)》	•了解幼儿在发展水平、速度与优势领域等方面的个体差异，掌握对应的策略与方法。 •掌握观察、谈话、记录等了解幼儿的基本方法。 •有效运用观察、谈话、家园联系、作品分析等多种方法，客观地、全面地了解和评价幼儿。	任务一 任务二	
6	《学前教育专业师范生教师职业能力标准(试行)》	•掌握教育理论的基本知识和3—6岁幼儿身心发展特点、规律，具备观察、分析与评价幼儿行为的能力。	任务一 任务二	课证融通
7	《中小学和幼儿园教师资格考试标准(试行)》	•了解幼儿发展中的个体差异及其形成原因，能运用相关知识分析教育中的有关问题。 •关注个体差异，能根据幼儿的个体需要给予指导。	任务二	

任务一

分析识别幼儿语言发展水平

一、任务导入与学习目标

分析识别幼儿语言发展水平是开展幼儿语言教育的起点，也是检验幼儿语言教育成效的重要方法。本任务将从收集复写幼儿语言发展资料、明确语言发展与分析的基本要素、对应参照幼儿语言发展的年龄特征三部分内容，帮助大家达成以下目标：

1. 客观分析幼儿语料，科学辨识语言发展需求，积极主动提供教育支持。

2. 熟悉观察评价法等收集幼儿语料方法的基本步骤，能准确、客观、科学记录幼儿语言发展情况。

3. 能根据幼儿语言发展各要素的特点，分析幼儿语音、词汇、语法和句子、语用能力的发展水平。

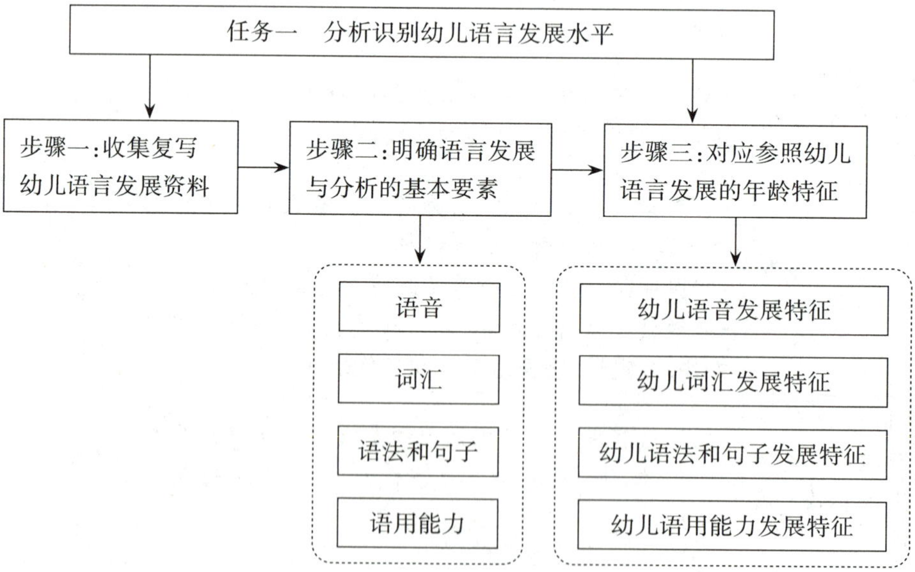

图 1.1　任务一学习流程图

二、任务步骤与关联知识

步骤一：收集复写幼儿语言发展资料

收集幼儿语言发展资料的常用方法有：观察评价法、等级评定法、自由叙述法、谈话法、问卷调查法、现场实录法等。其中，观察评价法是运用最为广泛的一种评价方法。观察评价法是指有目的、有计划地对语言教育活动中的现象进行观察、获取信息，并做出科学评价的一种方法。其特点是简便易行，易在自然情境下进行观察，即在日常教育活动中，做连续性的观察。

幼儿语料收集方法

运用观察评价法收集幼儿语言发展资料的基本步骤包括：

1.观察前

（1）做好观察的物质、知识和环境准备，明确观察目的，制订周密的观察计划。

（2）选择合适的观察记录工具，如录音笔、摄像机、照相机、观察记录表等。

观察评价法案例

2.观察中

（1）选择恰当的观察时机，应选择幼儿身体和情绪都处在良好状态的时候。

（2）避免干扰，营造自然真实的观察环境，保证观察结果的客观真实。

3.观察后

（1）做好观察记录，观察记录不仅要记录幼儿的语言，还要记录幼儿的语音语调、停顿时长，以及伴随言语的动作表情等；不仅要详细描述行为，而且要详细描述行为所发生的情境，以及行为发生的先后顺序。

（2）要详细、客观地描述行为，而不是进行推论、解释或评价。

（3）借助数字录音笔进行录音的转写工作，采用NVivo12等软件进行语料分析。

步骤二：明确语言发展与分析的基本要素

幼儿语言发展与分析的基本要素主要包括语音、词汇、语法和句子、语用能力四个方面。

1.语音

幼儿语音发展主要包括汉语拼音中的声母、韵母和声调三个方面。

（1）声母：声母是音节开头的辅音。如“买（mǎi）”中“m”就是声母。声母又分为①双唇音：b\p\m；②唇齿音：f；③舌尖前音（平舌音）：z\c\s；④舌尖中音：d\t\n\l；⑤舌尖后音（翘舌音）：zhi\chi\shi\r；⑥舌面音：j\q\x；⑦舌根音：g\k\h。

汉语构音能力测验表

（2）韵母：韵母是音节中声母后面的部分。主要由元音构成，如“发达（fādá）”中的“a”。鼻辅音有“n”或“ng”作韵尾，如前后鼻音：an\en\in\ün、ang\eng\ing\ong；二元音与三元音：un\uan等。没有韵母就不能构成音节。

（3）声调：声调是音节的高低升降形式。声调不同就构成了不同的音节，代表不同的意义。如“辉（huī）”“回（huí）”“毁（huǐ）”“慧（huì）”，声母是h，韵母都是ui，声调不同，组成了不同的音节，代表了不同的意义。

2. 词汇

词汇测验简介

幼儿词汇发展可以从词汇量、词类、词汇内容、词义理解等方面进行分析。

(1)词汇量:衡量语言水平的重要指标之一,指幼儿能够正确理解并运用词汇的数量,反映的是幼儿了解一个词最常用含义的能力。

(2)词类:词汇量只能简单地从数量方面表现幼儿词汇的初步水平,幼儿词汇的质量则是从词类范围来体现。词分为实词和虚词两大类。实词是指意义比较具体的,能够单独充当句子成分的词,包括名词、动词、形容词、数词、量词、代词等;虚词是指意义比较抽象,没有完整的词汇意义,但有语法意义或功能意义的,不能单独作为句子成分的词,包括副词、介词、连词、助词、叹词等。

(3)词汇内容:是指幼儿掌握的词汇的抽象和概括程度。幼儿刚开始掌握的都是生活中经常看到的食物、人物名称、动物等的词汇,随着幼儿生活经验的增加和生活范围的扩大,幼儿开始逐步掌握一些概括性、抽象性较强的词汇。概括性较强的词汇如动物、水果、玩具、家具、交通工具等;抽象性的词汇如勇敢、坚持、时间等。

(4)词义理解:幼儿对词义的理解具有简单性和表面性的特点,他们难以理解较复杂、较深刻的词的含义。所以,幼儿对词的最初理解是不全面的,只是掌握了词的部分的、个别的语义。随着年龄的增长,幼儿对词本身的内容和意义的理解也逐渐加深。从最初只能掌握词的本义到对词的理解逐渐由单义向多义发展。但幼儿还很难理解词的转义和反义。

3. 语法和句子

幼儿语法发展主要包括句子正确性、句子丰富性和句子生动性三个方面。

句子测量问卷范例

(1)句子正确性。

句子正确性分为句子表达正确性和理解正确性。

①句子表达的正确性主要包括平均句长、句法结构和句型。

平均句长(MLU)能有效反映幼儿语法发展和掌握句子的复杂性的情况,并体现幼儿在不同年龄阶段语言能力的差别,它是指一句话中所包含的词素或单词的数量,在汉语中以字为单位计算。

幼儿3岁进入句法阶段。幼儿通过日常生活的言语交流或模仿成人说话逐渐掌握句法结构。主谓宾是句子的主干成分,定语、状语和补语是句子的修饰成分。

幼儿掌握的句型由简单句到复合句,由陈述句到多种形式的句子,由无修饰句到有修饰句。

②句子理解的正确性主要包括句子的可接受性、句法意识和句子理解策略。

故事板评价标准

判断句子是否正确的主要依据是句子的可接受性。句子要服从语言实际运用的需要。一个句子具有可接受性不一定符合句法结构。一个符合句法结构的句子不一定是可接受的。如“饭跑马车”是一个合乎句法结构却不可接受的句子。

句法意识是指个体反思句子的内在结构的能力,即个体将注意力从句子的内容转向句子的形式,是个体理解句法和掌握句法规则的能力。

句子理解策略是指幼儿在理解某些尚未掌握的新句子时经常使用的一些规则。幼儿常用的句子理解策略有：事件可能性策略、词序策略和非言语策略。“事件可能性策略”是指幼儿常常根据词的意义和事件的可能性，而不顾语句中的语法规则来确定各个词在句子中的相互关系。“词序策略”是指幼儿往往根据句子中词出现的顺序来理解它们之间的关系。“非语言策略”是指幼儿在理解句义时，时常借助表情、手势、身体动作来帮助表达。

(2)句子丰富性。

主要是关注句中修饰语的丰富性。修饰语分为名词的修饰语、动词的修饰语、形容词的修饰语。修饰语的语法语义在于限定或修饰。修饰语可以反映出句子语义的丰富程度，句中的修饰语语义内容越丰富，语言水平越高。因此，修饰语的丰富性能表明幼儿的句子水平。

(3)句子生动性。

核心是句子的比喻修辞。幼儿的语言分为艺术语言和科学语言(规范语言)。儿童文学语言是一种艺术语言，能够通过一些修辞手法形象直观地生动表达，如通过比喻、夸张、比拟、反复等修辞方式进行调整和修饰，增强表达的生动性。因此，考查幼儿的句子水平，要关注幼儿具有修辞性、文学性、艺术性或者诗歌般的句子。比喻修辞能激发幼儿存储的表象获得审美意象，符合幼儿生动性表达的心理特征。将比喻修辞作为考查幼儿句子生动水平的指标是非常适宜的。

4. 语用能力

幼儿的语用能力是指幼儿在习得语言的过程中不断操作和使用语言进行交流的能力，主要表现为幼儿选用恰当的语言表达自己的交往倾向，运用适当的策略与他人交谈，依据不同的情境恰当地表达自己的想法。

儿童语用能力评估指标与量表

幼儿语用能力的语言交流水平可以从四个方面进行考查。

(1)话轮。

话轮指一个说话者在被另一个说话者打断之前所说出的句子或词语。一个话轮里至少包含一个句子或词语。

(2)语言倾向。

语言倾向主要是指互动双方在语言交往中表达了何种交流意图。幼儿常用的语言交流倾向类型有：讨论当前共同关注的焦点；讨论与目前有关的事情；重复别人回答的问题；讨论说话者的想法和情绪；伴随活动发出的声音(歌谣类)；大声阅读书面文章；讨论刚才发生的事情；讨论某个词语的表达；澄清听着模棱两可的语言等。

(3)语言行动水平。

语言行动水平主要考查说话者采用何种语言形式来执行交流行为并达到交流的目的。语言行动类型包括：向听者要求、提议、建议某种行为；认可对方言语和非言语的交流；以特殊疑问句方式提问；对特殊疑问句的回答等。

(4)情境理解。

情境理解是指在不同的语言情境下，幼儿如何选择和调整自己的说话方式，包括幼儿对交往情境的敏感性和交流双方的相互理解程度。幼儿在自然状态、游戏状态、面向团体和面向个体，以及在其他互动情境下的语用交流行为是不同的。师生互动时幼儿是最积极的互动者，表现出积极的配合态度，语用能力更显成熟。

步骤三：对应参照幼儿语言发展的年龄特征

1. 各年龄段幼儿语音发展特征

幼儿语言发展一般分为前语言阶段（12个月之前）、真正语言阶段（1—3岁）、后语言阶段（3—7岁）。在前语言阶段，婴儿已经具备了语音听辨能力。真正语言阶段（1—3岁），标志着幼儿由语音习得转向语法习得，但语音习得始终贯穿此阶段。幼儿后期语言发展阶段（3—7岁）的语音习得依然持续，因生理、心理的进一步发育，幼儿能发出此前发不出的语音。幼儿完全正确使用语音一般要到4—7岁。

幼儿园各年龄段幼儿的语音发展基本特征如下表所示。

表1.1 各年龄段幼儿的语音发展典型表现

小班	中班	大班
（1）3—4岁是语音发展的飞跃阶段，幼儿的语音辨别能力已经发展成熟，但对个别的相似音，如“b”和“p”、“d”和“t”、“f”和“h”等可能会发生混淆。 （2）正确发音比听准音更困难一些。韵母发音的正确率较高，声母的发音正确率较低。	（1）中班幼儿正确发音的能力随着发音器官的成熟和大脑皮质对发音器官调节功能的发展而提高。 （2）在正确的教育下，中班幼儿能基本掌握本民族的全部语音。但是个别幼儿对一些相似发音仍有困难，如“n、l、r、y”。	幼儿对自己和别人的发音感兴趣，能够评价别人发音的特点，指出和纠正别人的发音错误，能意识到自己发音的弱点，并主动调节。

幼儿发音常见错误

第一，以舌尖中音代替舌根音，如将“大哥哥”说成“大dede”。

第二，用舌尖前音“z、c、s”或舌面音“j、q、x”代替难发的翘舌音“zh、ch、sh、r”，把老师叫成“老西”“老基”。

第三，当发平舌音与翘舌音相遇的音时，会发生顾此失彼或者全部错误的发音，如把“狮子”说成“西几”“狮纸”“撕子”。

第四，翘舌音“r”常常发成音“l”，如把“很热”说成“很乐”。

第五，容易受到方言和环境的影响，出现前、后鼻音不分，声母“n、l”不分，以及平、翘舌音不分等发音不准确的现象。如我国西北地区会用后鼻音代替前鼻音，把“洗脸盆（pen）”说成“洗脸peng”。福建地区幼儿发音的普遍现象“h、f”“l、r”不分，“三坊七巷”说成“三huang七巷”。江浙地区，易出现用前鼻音代替后鼻音，如将“蒙（meng）眼睛”说成“men眼睛”。东北地区，常会平、翘舌音不分，易将“请坐”说成“请zhuo”、把“春天”说成“cun天”。这些语音问题若是不能及时纠正，将会一直延续至成年时期。

2. 各年龄段幼儿词汇发展特征

随着年龄的增长,幼儿词汇量不断扩充,词类范围不断增加,词义理解不断深入,主要体现在:

(1)词汇量不断扩充。

3—6岁幼儿词汇整体水平随着年龄的增长呈上升发展趋势,3岁幼儿掌握的词汇为1000—1100个,4岁为1600—2000个,5岁为2200—3000个,6岁增至3000—4000个。从发展速度上看,4—5岁幼儿的词汇发展速度最快,5—6岁发展速度减缓但仍然保持上升趋势。

(2)词类范围不断增加。

幼儿先掌握实词,后掌握虚词。幼儿掌握实词的顺序是"名词、动词、形容词、代词、数量词",对虚词则较难理解和掌握。但随着年龄的增长和语言交往范围的扩大,幼儿所掌握的词汇中副词、连词、助词、介词等虚词所占的比例逐步增加。

(3)词汇内容从具体到抽象。

幼儿开始掌握一些概括性较强的词汇,如动物、水果、玩具、礼物、家具等。

(4)词义理解不断深入。

3—6岁幼儿无论在词汇广度、词汇深度、理解性词汇和表达性词汇水平上,随着年龄的增长,个体差异越来越小。

(5)句子含词量不断扩充。

在句子含词量上,幼儿3岁时仍然较多使用4个词以下的句子,4岁以前多使用含6个词以下的句子,5岁以后表达中较多出现含7—16个字的句子。

幼儿园各年龄段幼儿的词汇发展基本特征如下表所示。

表1.2 各年龄段幼儿的词汇发展典型表现

小班	中班	大班
(1)词汇量约为1700个。 (2)能够理解运用生活中常见词汇,包括可以具体感知的词汇,如:颜色、大小、快慢、物体的名称;一些表示事物具体形态或性质的词汇,如:大小、冷热、软硬、长短、方圆等。 (3)常会出现用词不准确的情况,如,用"大小"代替"高矮"等。 (4)小班后期开始掌握人称代词、说明物体质量和人的行为的形容词,如:好妈妈。 (5)对量词的运用较为困难,如:会说"一只爸爸""一个花"。	(1)词汇量约为2500个。 (2)词类以名词、动词、形容词为主,对词义的理解逐渐深化。 (3)从对事物的整体认知到对事物各个部分的认知,如:衣服的领子、袖子,火车头、车厢等。 (4)对今天、明天、昨天的时间概念比较模糊。	(1)词汇量约为3500个。 (2)逐步掌握一些概括性较强的词汇,如家具、餐具、交通工具等。 (3)能够注意到事物之间的联系,掌握一些关联词,如"因为……所以……","如果……就……"等。 (4)学会使用描述事物不同程度的形容词,来表示事物的微小差异,会较准确地用形容词来描述物体的特点或状态。会用复合形容词,如深蓝、浅绿等来表示颜色的差异。 (5)会用一些具有抽象意义的形容词,如光荣、勇敢、聪明等来评价人的行为;会用一些词汇来表达自己的不同情绪状态。

幼儿词汇使用常见错误

随着幼儿掌握词汇的增多，用词的积极性越来越高，常常会将最新听来的词用到交往中，出现“用词不当”和“自造词”的现象。

第一，用词不当。如将“爷爷去世了”说成“爷爷牺牲了”。

第二，自造词。如用“飘飘的”来形容羽毛。

第三，窄化泛化特化现象。窄化是指对词义的缩小。如将“车子”理解为玩具车和小汽车，而不包括卡车等其他车。泛化是指对词义的过度扩充。如把长不仅理解为高和长，还理解为瘦。特化是指幼儿的词语指称对象完全与目标语言不同。如某幼儿尿床了，妈妈过来给他换被褥，说了一声“糟糕”，以后幼儿要小便时都会说“糟糕”。

3. 各年龄段幼儿语法和句子发展特征

随着年龄的增长，幼儿句子的长度和复杂性逐渐提高，句型也更加复杂多样。他们能够凭借生活经验理解句子，能够进行语言修饰，掌握基本的修辞手法，能够进行丰富、生动的表达。

（1）句子的长度逐渐变长。

随着年龄的增长，在幼儿的表达中，除了简单句之外，出现了更多的复合句，表达更加丰富，句子中含词量显著增加，句子长度变长。

（2）句型以陈述句为主，中大班开始出现其他句型。

在整个学前期，简单的陈述句仍然是基本的句型。除陈述句外，还有疑问句、祈使句、感叹句等。疑问句最早产生，2岁左右幼儿也有单词句结构的疑问句。随着年龄增长，5岁左右幼儿出现许多因果关系问句，如“为什么？”。

（3）句子更加丰富和生动。

不同年龄幼儿使用的修饰语数量不同，大班最多，中班居中，小班最少。修饰语一般集中在形状、特征上，如“甜甜的”“好吃的”“弯弯的”“长长的”。会使用词组结构进行修饰，如“装东西的”。幼儿最常采用的修辞手法是比喻，常用比喻形容形状、颜色、动态性。

幼儿园各年龄段幼儿的语法与句子发展基本特征如下表所示。

表1.3 各年龄段幼儿的语法与句子发展典型表现

小班	中班	大班
(1)小班平均句长5.19个字。 (2)句法意识处于萌芽阶段。 (3)较少使用修饰语,基本把修饰语当成一个词来使用,修饰语一般集中在形状、特征上,如"好吃的"。 (4)用词组成的简单句来表达自己的意愿,如"宝宝喝水"。 (5)是理解把字句的重要时期。 (6)能够向别人讲述一些事情,但讲述没头没尾,句子不完整,主题不明确,只简单罗列事物和现象。	(1)中班平均句长6.8个字。 (2)幼儿句法意识逐渐从句子内容向句子形式发展。 (3)有修饰语的句子开始占优势,幼儿会使用一些地点状语,如"我在游乐场里,看到了很多的好朋友"。 (4)能正确运用简单句式自如地进行表达,有使用复合句的趋势,但缺乏关联词。 (5)是比较句的发展期。 (6)能就某一个主题展开谈话,并注意事物之间的联系和讲述重点。	(1)大班平均句长8.12个字。 (2)能根据语法规则和语义对句子进行判断和修改。 (3)句子由主要包含1—2个修饰语向3—4个修饰语发展。除了使用行动状语和地点状语外,还会使用一定数量的时间状语。 (4)学会使用各种复合句,关联词运用得较多。 (5)对被字句的理解还不是很清楚。 (6)开始理解双重否定句。 (7)在表述中,语言连贯清楚,语言表述的独立性、主题性、结构完整性不断增强。

幼儿语法使用的常见错误1:理解性错误

幼儿在理解自己尚未掌握的句型时,会根据自己在经验中总结出来的"规则"去解释。幼儿常见的语法错误包括:

第一,事件可能性策略。事件可能性策略是指幼儿常常根据词的意义和事件的可能性,而不顾语句中的语法规则来确定各个词在句子中的相互关系。如对小朋友说:"王老师被圆圆送到医院里。"很多幼儿认为圆圆生病了,王老师把圆圆送到医院了。

第二,词序策略。幼儿往往根据句子中词出现的顺序来理解它们的关系。幼儿往往把动词前的名词理解为发出者,而后面的名词则是动作的承受者,名词—动词—名词,即动作者—动作—承受者的理解模式。如幼儿对被动句的理解经常会出现错误。将"小明被小华碰了一下"理解为"小明碰了小华";也会以词出现的先后顺序来理解,如将"楠楠上去之前,思思先上"理解为"楠楠先上车,思思后上车"。

第三,非语言策略。幼儿在理解句义时,时常使用一些非语言策略。如放置玩具的物品的属性和特征直接影响幼儿对指示语言的反应。给幼儿的物品是箱子、盒子时,他会倾向于把玩具放在它们的里面,而不管指示语"请放在上面""请放在旁边"。也可以说幼儿是根据自己的经验而不是语言信息来理解句义的。

第四,对复杂句式理解简单化。在句子正确性的理解方面,幼儿对于给字句、把字句的理解没有差异,对被字句、反问句的理解存在明显的差异。

幼儿语法使用的常见错误2:表达性错误

幼儿常见的句法不当有四种类型,包括:语序不当、句子成分残缺、句子主成分搭配不当和修饰不当。

第一,语序不当。语序不当包括词序不当、句序不当、多项定语不当和多项状语不当等几种情况。如"橡皮,我捡起来""苹果我吃""我苹果吃"等类似的语序不当的表达方式。

第二,句子成分残缺。如"宝宝饭饭"缺少了动词"吃"。"妈妈买""我要穿",漏了宾语。

第三,句子主成分搭配不当。如把"昨天,妈妈带我去了外婆家"说成了"明天妈妈带我去外婆家","小明被小贝推倒了"说成"小贝被小明推倒了"。

第四,修饰不当。如用"长长的"来形容"树"。

幼儿对语义错误的识别要优于对句法错误的识别,幼儿会凭自己经验、想象理解句子,并对残缺的句子自动进行修补,对搭配不当的句子自发进行调整。

4.各年龄段幼儿语用能力发展特征

周兢教授发现,幼儿的语用交流行为逐步从模糊到清晰,3岁之后语言倾向和语言行动的清晰性越来越高。3—6岁幼儿在语言参与程度方面,主动性和积极性都有了较大提高。

(1)话轮数量与话题维持的能力逐渐增强。

幼儿的会话能力包括能够进行会话的发起、话轮转换、会话维持以及会话修补的能力。幼儿已经能够有意或无意地运用语用策略使话轮成功转换,保证会话顺利进行。幼儿能够采用补充、尾部建议、恰当加尾、同声附和等策略发起谈话。

3岁幼儿尚未建立明确的话题意识,5—6岁阶段话题意识迅速增长,6岁能够很好地融入双方交谈的内容。

(2)"讨论当前关注的焦点事件"是幼儿使用最多的核心语言交流倾向。

刚开始幼儿只会与成人讨论交流当时出现在眼前的东西,后来逐步学会讨论想象情境中的内容,或是过去、将来发生的事情。

(3)幼儿使用的语言行动类型随着年龄增长逐步递增。

幼儿使用最多的核心语言行动类型有:陈述自己的观点;对是非疑问句的肯定回答;向听者要求、提议或建议某种行动;在游戏中执行言语行动等。这几种类型占优势,表明幼儿在语言交际过程中主要倾向于回答受话人的问题,几乎不提问,但他们乐于向受话人提议以便实施某种行动。

幼儿园各年龄阶段幼儿的语用能力特征如下表所示。

表1.4　各年龄段幼儿的语用能力发展典型表现

小班	中班	大班
(1)语言倾向和语言行动的清晰性越来越高。 (2)幼儿能串起多个事件。 (3)能够根据交谈对象的不同改变说话的方式。 (4)同一话题平均话轮数量只有2个左右。3岁幼儿以会话发起为主。	(1)懂得使用一些基本的话轮保持技巧,但缺少对话轮转换时机的精准把握,倾向于依赖对方说完话的明显线索。 (2)幼儿讲述条理趋于清晰,能独立连贯讲述一件事情,但叙事框架未必完整。 (3)对教师多用陈述句,表达有礼貌,对同伴比较随意大胆,喜欢催促和批评。 (4)5岁幼儿话论数约3.6个,4—5岁是幼儿使用会话修补相对较多的阶段。	(1)基本掌握"然后"的话语标记用法,有的幼儿还将其作为思考性的"口头禅";还会借助"呃、嗯"等有效地接过对话或保持话轮,把握话轮转换时机,缩短停顿。 (2)幼儿自我中心的语言减少,能够根据交流对象的反馈及时调整,表现为"有话就说"。 (3)不合语法规则的"自造词""用词不当"现象逐渐减少,幼儿6岁左右能够清楚、流畅、完整、准确地表达自己的体验和故事。 (4)幼儿叙事结构较好,叙事的精细程度、叙事要素和命题逐渐增多。 (5)6岁幼儿话轮数达到6.2个。5—6岁是幼儿会话维持数量增长最快的时期。使用身体触碰、展示物品、给予物品、手势指点4种非语言动作的数量在5岁和6岁都有所增加。

三、任务表单

请结合收集到的幼儿语言发展资料,从语音、词汇、语法和句子、语用能力4个方面分析幼儿的语言发展情况,并完成此份报告。

幼儿语料片段

任务表单1.1

分析识别幼儿语言发展

<table>
<tr><td colspan="2">分析者</td><td></td><td>日期</td><td></td></tr>
<tr><td colspan="2">幼儿
资料</td><td colspan="3">代码：　　　性别：　　　出生年月：
所在班级：</td></tr>
<tr><td colspan="2">语料复写</td><td colspan="3"></td></tr>
<tr><td colspan="2">分析内容</td><td>分析要点</td><td colspan="2">典型表现</td></tr>
<tr><td>语音</td><td>声母</td><td>(1)双唇音:b\p\m
(2)唇齿音:f
(3)舌尖前音(平舌音):z\c\s
(4)舌尖中音:d\t\n\l
(5)舌尖后音(翘舌音):zhi\chi\shi\r
(6)舌面音:j\q\x
(7)舌根音:g\k\h</td><td colspan="2"></td></tr>
</table>

续表

语音	韵母	前、后鼻音：an\en\in\ün、ang\eng\ing\ong 二元音与三元音：un\uan	
	声调	ā/á/à/ǎ	
词汇	词汇量	能够正确理解并运用的词汇。	
	词类	(1)实词：名词、动词、形容词、数量词等。 (2)虚词：介词(如表示时间：从、在等；表示方式：按照、经过、通过等；表示目的：为了；表示对象与范围：对、对于、把、向、跟等；表示被动：被、让、给等；表示比较：比、和等)、连词(和、然后、因为、如果、但是、却等)、叹词、副词、助词(的、地、得、呢、了、吧、呀、吗等)、拟声词(砰、咚)等。	
	词汇内容	从食物、人物、动物、生活用品、交通工具等生活中常见的词汇到抽象的、概括性词汇(如时间、勇敢等)。	
	词义理解	(1)词义理解是否存在窄化和泛化的现象，如把“多”说成“大”。 (2)单义到多义。 (3)是否存在“自造词”现象。	
语法和句子	正确性	1.句子表达正确性 (1)平均句子长度。 (2)句子结构规范合理。 (3)句型是简单句还是形式多样的句子(复合句、疑问句、感叹句、祈使句、否定句、双重否定句)。 2.句子理解正确性 (1)句子可接受性(信息的补充)。 (2)句法意识(修正)。 (3)理解策略。	
	丰富性	使用地点状语、行为状语、时间状语等。	
	生动性	具有修辞性、文学性、艺术性的句子。如运用比喻、夸张、拟人、借代等修辞手法。	

续表

语用能力	话轮数	一个说话者在被另一个说话者打断之前所说出的句子或词语计为一个话轮。	
	语言倾向	(1)交流当时出现在眼前的事件。 (2)讨论想象情境中的内容。 (3)讨论过去、将来发生的事情。	
	语言行动	(1)要求、提议与建议。 (2)提问与回答。 (3)认可、澄清与修正。	
	情境理解	(1)交往情境的敏感性。 (2)交流双方的相互理解程度。	
综合分析			

四、任务评价与改进

1.请你对任务一的完成情况进行自我评价。

学习任务	合格	良好	优秀
分析识别幼儿语言发展水平。	□能够复写幼儿语料。	□能够客观、完整复写语料，分析幼儿的典型表现。	□能够客观、完整、翔实复写语料，分析各要素典型表现，并对幼儿的语言发展水平进行综合评价。

2.针对任务一，你觉得自己还有哪些需要改进的地方？

存在问题：________________

产生原因：________________

____

解决办法：________________

____

任务二

提供幼儿语言发展支持策略

一、任务导入与学习目标

当我们初步识别了幼儿的语言发展水平，就可以尝试为幼儿提供针对性的教育支持。本任务将带领大家熟悉幼儿语言学习的基本特征，了解幼儿语言发展的影响因素，运用促进幼儿语言发展的常见策略，达成以下学习目标：

1. 以幼儿为本，尊重幼儿语言发展的差异性与特殊性。
2. 掌握幼儿语言学习的基本特征，了解幼儿语言发展的影响因素。
3. 能依据幼儿语言学习的特点，针对幼儿的语言发展水平，提供有效的指导策略。

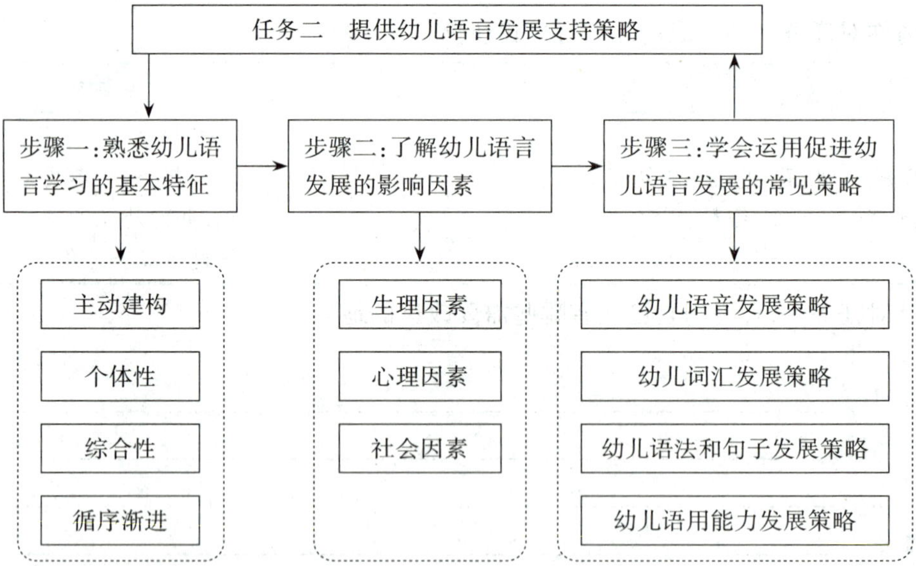

图 1.2　任务二学习流程图

二、任务步骤与关联知识

步骤一：熟悉幼儿语言学习的基本特征

1. 幼儿语言学习是主动建构的过程

首先，幼儿不会不加选择地模仿环境中的各种语言，只会选择能够理解的语言进行模仿和练习。其次，幼儿不是简单地复制成人的语言，而是根据自己的需要进行创造性的模仿，成为独特的“儿童化”语言，这正是幼儿主动参与语言建构的过程。最后，成人在与幼儿交流时，要考虑到幼儿语言能力，从而调整自己的语言，这就是幼儿对语言环境的反作用力。

2. 幼儿语言学习具有个体性

幼儿模仿成人的语言具有选择性和创造性，每个幼儿的选择和创造都是独特的。每个幼儿所依托的语言环境也是独特的，因此，幼儿所获得的语言经验具有强烈的个性化特点。幼儿的语言基础是不同的，即使给来自不同家庭的幼儿同样的语言范型，幼儿模仿的结果也是千差万别的，可以从幼儿的口头禅、习惯性的语调中表现出来。幼儿对语言表达内容的兴趣也充满个体性。幼儿喜欢谈论自己喜欢的主题，如有的幼儿喜欢各式各样的汽车，他会积极主动地收集各种有关车的词汇，成人会发现幼儿居然能说出车的不同品牌、功能，甚至远远超过成人。此外，幼儿在语言学习的速度、效果，运用语言进行交往的积极性方面都具有个体性。

3. 幼儿语言学习具有综合性

语言是语音和语义结合的符号系统。幼儿在学习语言时，是将语音和语义结合起来学习的，即在模仿成人发音时，必然要弄明白语音所代表的具体事物、所反映出的事物的特征、所表达的情绪情感等。因此，幼儿语言学习的过程就是幼儿认识事物的过程。如幼儿必然要认识了玩具的各种特征后，才能真正理解“玩具”一词的含义。幼儿的语言学习是与日常生活紧密融合在一起的。他们可以通过日常交往和各类教育活动学习大量的语言范型，且能够获得丰富的练习机会。如在社会教育中幼儿运用语言与人进行沟通，从而掌握人际交往的规则；在音乐教育中，幼儿用语言表达自己的音乐感受。因此，我们可以说幼儿的语言学习是与健康、社会、科学、艺术等其他领域教育结合在一起的。

4. 幼儿语言学习是循序渐进、逐步累积的过程

语言学习不是一蹴而就的。语音、词汇、句式、语用能力的发展都要经历一个从无到有、从少到多逐步完善的过程。幼儿常常会出现发音不标准及语法错误的问题，这是由于他们还没有完全掌握语言。因此，家长和教师在与幼儿进行交流时应该照顾幼儿的年龄特点，如多用短句、多做描述、语速放慢、语调清晰、语气亲切等。亲切的鼓励和耐心的解释能较好地提高幼儿交谈的积极性。教师应当多为幼儿提供丰富的言语范例，比如多向幼儿介绍各种文学作品，从而丰富幼儿的语言经验。教师对语言教育的效果不要期待立竿见影，幼儿往往需要反复多次练习才能习得。同时，教师应尊重幼儿的兴趣，从幼儿感兴趣的语言内容入手，促进幼儿语言的发展。

步骤二：了解幼儿语言发展的影响因素

1.生理因素

生理因素为语言学习和发展提供了一种可能性和规定性。语言发展最重要的生理基础是人类的神经系统，特别是大脑的发展。人类的大脑分为多个功能区，分别起着调节人类各种行为的作用。其中，语言中枢分布在大脑左半球，控制着人类的语言发生系统。语言中枢的发育，会影响到参与发音的肌肉的协调运动。据统计，脑瘫患儿46%—70%有语言障碍，手足徐动型脑瘫患儿88%有语言障碍。此外，脑瘫患儿常常合并有听力障碍，也影响语言的发展。

发音器官等身体机能发育不良会影响幼儿的语言发展。腭裂幼儿虽然听力和理解不受影响，但腭裂幼儿会出现构音障碍。患有腺样体增生的幼儿，其鼻音较重，影响发音。此外，上下颌咬合不良也可能影响幼儿的发音。

2.心理因素

心理因素主要包括知识经验的积累、认知能力的发展，以及心理素质的差异。语言能力是基于对语言内容的理解形成的。这意味着，语言能力受认知能力制约，同时又有自己特殊的认知作用。

如果幼儿对语言描述的事物完全没有感性认识，又不能理解词义，成人在与之交流时说出的事物名称或抽象概念就会让他茫然无措，更不用提模仿和表达了。

人格特征、性格等也会影响幼儿的语言发展。如先天气质比较内向、害羞、畏缩的幼儿，语言表达能力会相对较弱。而外向、自信、勇敢的幼儿表达能力相对较强。

3.社会因素

社会的各种因素对于幼儿的语言学习有很大的影响。积极互动的、愉快的语言环境能够提高幼儿语言表达的积极性，对幼儿大胆的语言表达给予积极的肯定会极大提高幼儿语言表达的创造性。

研究发现，家庭环境对幼儿的词汇水平、句子理解能力有显著影响。兄弟姐妹中最大的哥哥姐姐的词汇水平高于排行最小的弟弟妹妹的词汇水平。父母的受教育水平越高，相对而言幼儿的词汇水平越高。丰富的藏书量、接触和使用高质量的语言、丰富的读写活动对幼儿的词汇水平具有积极的促进作用，而电子媒体对幼儿的词汇水平具有间接的负向影响。

此外，地方文化与人文环境对幼儿语言也有着重要的影响。如四川、湖南这两个地区的幼儿对“辣”的掌握就比其他地区的幼儿早。因为生活环境不同，幼儿对于某些词的意义的体验也不同。

步骤三：学会运用促进幼儿语言发展的常见策略

在促进幼儿语言发展中，有一些常见策略，供大家参考使用。

表1.5 幼儿语言发展常见支持策略

序号	内容	常见策略
1	语音发展	(1)培养幼儿准确的听音能力。要使幼儿正确发音,必须注意发展幼儿的发音听觉,使他们听得准确,能分辨语音的微小差别。 (2)创设良好的语音环境,示范正确的语音发音方法,切勿频繁打断和在外人面前指责孩子的语音问题。 (3)运用儿歌促进幼儿语音能力发展。针对幼儿的语音问题,选用适宜的中国传统童谣与绕口令,开展专项练习。 (4)注意教会幼儿掌握正确的声调,应特别关注受方言影响出现的声调问题。 (5)培养幼儿的言语表情和语言交往的修养。在平时讲话时,主要培养幼儿自然的表情和语调,在朗诵和表演文学作品时,要求幼儿能在理解作品内容的基础上,有发自内心的感情,而不是刻板机械的声调。要求幼儿在语言交往中,讲话态度要自然,声调上要友好,有礼貌,不允许粗暴地讲话。
2	词汇发展	(1)创设词汇丰富的示范环境。通过早期阅读、讲故事、语言游戏和日常活动中的自由交谈,为幼儿掌握词汇提供丰富、准确的示范。 (2)引导幼儿准确理解词义。通过具体形象的展示、讲解、游戏等方式,帮助幼儿准确理解各类词义。 (3)指导幼儿正确运用词汇。教师创设自由交谈、独白讲述、讲故事、读绘本等多样化的语言运用环境,支持幼儿在宽松、自由的语用环境中尝试运用新词汇,教师关注并把握时机,引导幼儿学会正确运用词汇。
3	语法和句子发展	(1)在日常生活中培养幼儿按照语法规则清楚完整地表达,采用口头造句、游戏的方式提高幼儿完整表达的积极性。 (2)重视幼儿修饰性语句的发展,让幼儿的语言能够结构正确,语义丰富、形象生动。 (3)丰富幼儿的生活经验,加深幼儿对语义的理解。提高幼儿对周围环境和事物的感知,在语言教育中让幼儿准确了解事物的特点,引导幼儿用恰当的语言表达。 (4)重视句子正确性、丰富性、生动性之间的相互促进作用。不仅要鼓励和帮助幼儿正确地理解和表达,还要帮助幼儿学会丰富的表达,重视幼儿修辞性语句的发展。
4	语用能力发展	(1)创设宽松自由、支持性的语言运用环境,培养幼儿积极交流的意识,成为积极的语言运用者,尊重幼儿在语言交流中的主体地位。 (2)教师的指导用语清晰明确、语速适中、语调抑扬顿挫,及时反馈幼儿。 (3)为幼儿提供真实而丰富的语言运用情境,引导幼儿学会在不同情境中,使用适宜的语言。

三、任务表单

请结合任务一中分析的幼儿语言发展水平，为幼儿提供可行的支持策略，完成下列表单。

任务表单 1.2

幼儿语言发展的支持策略

支持者	
幼儿资料	代码：　　性别：　　出生年月： 所在班级：
综合分析结果	
支持策略	

四、任务评价与改进

1. 请你对任务二的完成情况进行自我评价。

学习任务	合格	良好	优秀
提供幼儿语言发展支持策略。	□能为幼儿的语言发展提出策略。	□能根据幼儿语言发展中存在的问题提出支持策略。	□能针对影响幼儿语言发展的各因素中存在的问题提出有效的支持策略。

2. 针对任务二，你觉得自己还有哪些需要改进的地方？

存在问题：________

产生原因：________

____

解决办法：________

____

◆ 岗位链接

一、综合应用

林老师请大班的小明介绍“小灯泡亮了”科学实验中的实验过程和发现。

老师问:“你用了什么材料?”

小明边摸着材料边说:“我拿了两根大电线和一个电池。”

老师:“哦,你用到了两根粗电线和一个电池,那你是怎么把它们连接起来的呢?”

小明:“把这个电线这里刺刺的地方对准电池这里的圈圈,把这一个刺刺的地方对准这个圈圈,两边一用力按好,小灯泡就亮了。”

如果你是林老师,你将如何评价小明的语言发展水平?小明又有哪些语言发展需要?你又会为小明提供哪些教育支持?

二、岗位拓展

中班幼儿小月牙,性格开朗,也很愿意说话,可是大家都听不懂她说话,老师平时只能根据生活经验猜测她说的话。为了更好地帮助小月牙正确发音,老师对小月牙进行了简单的语音测评。以下是老师与小月牙的对话:

老师:你喜欢吃水果吗?

小月牙:娥喜 fan 鸡——dǎdíyì。

老师:你喜欢看什么动画片啊?

小月牙:dǎdīdìdí。

老师:你跟着老师说“榻”。

小月牙:bà。

老师:米。

小月牙:yǐ。

老师:bā。

小月牙:bā。

老师:飞

小月牙:dī。

老师:放风。

小月牙:bàbō。

问题:

(1)请分析小月牙语言表达中存在什么问题。

(2)老师和家长应该采取哪些方法帮助小月牙?

三、创新实践

材料分析:开学不久,小班王老师就发现,李虎小朋友经常说脏话。虽然老师多次批评,但他还是经常说,甚至影响其他幼儿也说脏话。

问题:

(1)请分析李虎及其他幼儿说脏话的可能原因。

(2)王老师可以采取哪些有效的干预措施?

【2021年上半年全国教师资格证考试真题】

◆ 学习评价

评价指标	具体表现	达成情况
爱国精神	支持幼儿学好普通话并鼓励幼儿学说本民族或本地区的语言。	☆☆☆☆☆
工匠精神	能耐心、专注、严谨、务实地分析幼儿语言发展水平,保护幼儿个人信息安全。	☆☆☆☆☆
科学精神	1. 能准确、客观、科学记录幼儿语言发展情况。 2. 能根据幼儿语言发展各要素的特点,分析幼儿语音、词汇、语法和句子、语用能力的发展水平。 3. 能依据幼儿语言学习的特点,针对幼儿的语言发展水平,提供有效的指导策略。	☆☆☆☆☆
团队协作	能在团队中积极与学习同伴合作,乐于分享学习成果,相互协作共同完成学习任务。	☆☆☆☆☆
言优善行	1. 能根据幼儿语言需求的差异性与特殊性,与幼儿展开适宜的对话,给予幼儿良好的榜样。 2. 能遵守师范生教师职业规范,做到待人处世诚信友善。	☆☆☆☆☆

◆ 学习感悟

我入园去小班的时候,小朋友围过来叽叽喳喳说了一通,我都听不明白他们在说什么,我也不知道应该从哪些方面着手分析幼儿的语言发展水平。通过本单元任务的学习,我知道原来语言能力可以分解成语音能力、词汇能力、语法和句子能力以及语用能力。受地方方言等的影响,幼儿还存在着发音问题。通过对4个幼儿的语料分析,我发现有的大班幼儿说话吐字还不清楚,有的小班的幼儿已经开始用形容词来丰富自己的表达了,个体差异和年龄差异真大啊!还有一些其他现象,有的幼儿很喜欢表达,有的幼儿却不敢说话,老师要针对幼儿的个性和能力差异,因势利导。一次听课让我受益匪浅,老师请一个孩子上台看图讲述,孩子太紧张,半天都没说出话来,我看了都着急,想补充,可是老师却依然很温柔很耐心地看着孩子,孩子后来还是张口讲述了,老师表扬该孩子讲得非常清楚。通过这件事我明白了,作为老师要学会等待,要给表达能力弱的孩子更多的空间、耐心和鼓励。

◎教师评语:坚持幼儿为本,尊重个体差异,学会观察等待。

项目二

分析识别幼儿语言教育环境

项目二 教学资源

学习导言

学前儿童语言教育是以教学论一般原理为依据，运用学前教育学、学前心理学的理论和原则，研究0—6岁学前儿童语言发生发展的现象和规律，运用规律对学前儿童实施科学教育，促进儿童语言的发展。

发展幼儿语言，最有效的方法就是创造良好的语言教育环境。《指南》指出要为幼儿“创设自由、宽松的语言交往环境，鼓励和支持幼儿与成人、同伴交流，让幼儿想说、敢说、喜欢说并能得到积极回应”。同时，要为幼儿“提供丰富、适宜的低幼读物，经常和幼儿一起看图书、讲故事，丰富其语言表达能力，培养阅读兴趣和良好的阅读习惯，进一步拓展学习经验”。

理解《指南》中幼儿语言教育的目标和内容，运用语言教育的基本观点，采用案例分析的基本步骤对幼儿的语言发展进行系统完整的分析，从家庭、幼儿园、社会环境和幼儿等方面提出相应的策略。

学习任务与关联知识架构图

- 分析识别幼儿语言教育环境
  - 探寻识别优质的幼儿语言教育环境
    - 探寻幼儿语言教育环境的主要内容
    - 识别优质的幼儿语言教育环境
  - 分析识别适宜的幼儿语言教育环境
    - 掌握学前儿童语言学习与发展的目标与内容
    - 掌握幼儿语言教育的基本观点
    - 掌握幼儿语言发展案例分析的基本要点

学习目标

素养目标	1. 积极主动与同学合作，共同完成小组任务。 2. 在观察与访谈中，增强语言教育的环境意识、职业责任感和工匠精神。
知识目标	1. 掌握《纲要》与《指南》中关于幼儿语言学习与发展的目标与内容。 2. 掌握幼儿园语言教育环境创设的基本原则。 3. 理解幼儿语言教育的基本观点。
能力目标	1. 能够客观观察与分析幼儿园语言教育环境。 2. 能运用幼儿园语言教育环境的创设原则，观察、评价环境，并提出改进建议。 3. 能运用案例分析法，根据幼儿语言发展的典型表现，分析识别适宜的语言教育环境，并提出改进建议。

政策导学

序号	文件	政策要点速览	对应任务	融合育人
1	《儿童权利公约》	•儿童应有自由发表言论的权利,此项权利应包括通过口头、书面或印刷、艺术形式或儿童所选择的任何其他媒介,寻求、接受和传递各种信息和思想的自由,而不论国界。	任务二	课岗融通
2	《中国儿童发展纲要(2021—2030)》	•尊重儿童主体地位,鼓励和支持儿童参与家庭、社会和文化生活,创造有利于儿童参与的社会环境。	任务一	
3	《3—6岁儿童学习与发展指南》	•应为幼儿创设自由、宽松的语言交往环境,鼓励和支持幼儿与成人、同伴交流,让幼儿想说、敢说、喜欢说并能得到积极回应。	任务一	
4	《幼儿园教育指导纲要(试行)》	•创造一个自由、宽松的语言交往环境、支持、鼓励、吸引幼儿与教师、同伴或其他人交谈,体验语言交流的乐趣,学习使用适当的、礼貌的语言交往。 •发展幼儿语言的重要途径是通过互相渗透的各领域的教育,在丰富多彩的活动中去扩展幼儿的经验,提供促进语言发展的条件。	任务二	
5	《幼儿园保育教育质量评估指南》	•环境创设,包括空间设施、玩具材料等2项关键指标,旨在促进幼儿园积极创设丰富适宜、富有童趣、有利于支持幼儿学习探索的教育环境。	任务一	
6	《幼儿园教师专业标准(试行)》	•重视环境和游戏对幼儿发展的独特作用,创设富有教育意义的环境氛围。 •掌握幼儿园环境创设、一日生活安排、游戏与教育活动、保育和班级管理的知识与方法。 •合理安排和组织一日生活的各个环节,将教育灵活地渗透到一日生活中。	任务一 任务二	
7	《学前教育专业师范生教师职业能力标准(试行)》	•理解幼儿园各领域教育之间的联系,能在教育实践中综合运用各领域知识,实现各领域教育活动内容相互渗透。	任务二	岗证融通
8	《中小学和幼儿园教师资格考试标准(试行)》	•理解幼儿园环境创设目的和意义。 •熟悉幼儿园环境创设的原则与基本方法。	任务一	
9	福建省职业院校技能大赛高职组"学前教育专业教育技能"赛项规程	•幼儿园教育活动设计评分标准	任务二	课证融通

任务一

探寻识别优质的幼儿语言教育环境

一、任务导入与学习目标

创设优质的幼儿语言教育环境是促进幼儿语言发展的重要基础内容。那么，何为优质的幼儿语言教育环境呢？本任务将从创设语言教育环境的主要途径和基本原则两部分，帮助大家达成以下目标：

1. 在观察与访谈中，增强语言教育的环境意识、职业责任感和工匠精神。
2. 掌握并运用幼儿语言教育环境创设的基本原则对环境进行分析，并提出改进建议。
3. 能够客观观察与分析幼儿园语言教育环境。

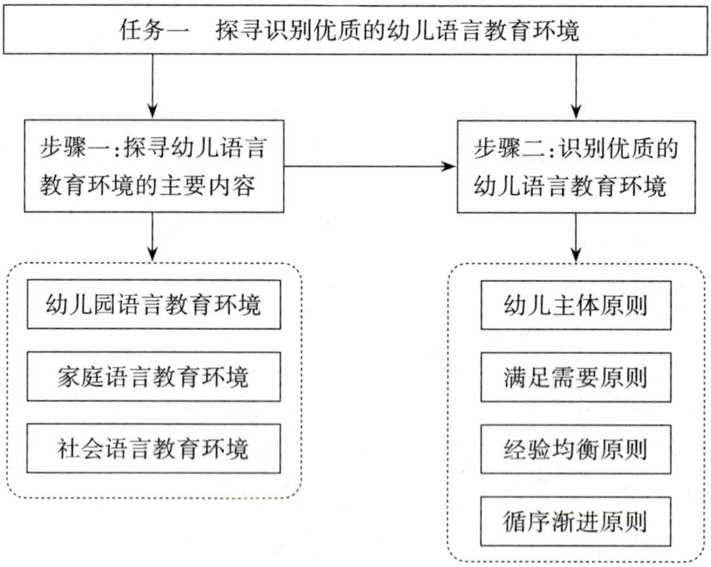

图 2.1　任务一学习流程图

二、任务步骤与关联知识

步骤一：探寻幼儿语言教育环境的主要内容

语言学习是幼儿不断与各种环境互动的过程。优质的语言教育环境是指幼儿园、家庭、社会等共同为幼儿创设一个自由、宽松、鼓励和支持幼儿进行表达并能得到积极应答的物质和精神环境。主要的语言教育环境包括幼儿园语言教育环境、家庭语言教育环境和社会语言教育环境三个方面。

1.幼儿园语言教育环境

幼儿园语言教育环境和幼儿的语言发展水平密切相关。幼儿园语言教育环境包括幼儿园物质环境、心理环境以及人际互动三个方面。幼儿园物质环境主要包括空间、设施、游戏材料、墙面设计等静态教育环境。在幼儿园阶段，幼儿的语言学习更多是来自日常生活经验的积累。幼儿在熟悉的环境和日常生活中，借由周围物理环境和文化、情感因素的影响，以及幼儿自身的主体性，积极自发地参与到各种活动中，构建自己独特的语言经验体系。幼儿在和同伴一起游戏、听老师讲故事等各种活动中，感受和使用语言，从而获得早期语言的发展。同时，教师在幼儿语言发展过程中也发挥着非常重要的作用，教师的语言、表情、人格特点等都会影响幼儿语言发展。良好的师幼关系和幼幼关系可以让幼儿更勇于表达，更愿意参与到活动中。

幼儿园语言教育包括专门的语言教育和渗透的语言教育。

(1)专门的语言教育活动。

主要包括谈话活动、讲述活动、听说游戏、文学活动和早期阅读活动。

语言教育活动片段

①谈话活动。谈话是指两个或两个以上的人就某一主题进行交谈。谈话是最常用的语言运用形式，是幼儿语言交流能力发展的重要途径。谈话活动中涉及很多语言要素，其中关键的是谈话的发起、应答与轮流、谈话主题的深入与转换、谈话的总结与结束等，这些语言要素都是幼儿在口头语言发展的过程中逐渐学习和获得的。谈话活动的重要目标是培养幼儿运用口头语言与他人交际的意识、情感和能力。

②讲述活动。幼儿讲述活动是让幼儿凭借一定的讲述对象，在相对正式的语言环境中独立完成的语言表达活动。讲述活动以培养幼儿独立构思和独自表达的语言能力为基本目的，要求幼儿运用完整连贯的语言，讲述自己感知的事情，表达自己的观点与想法。

讲述活动又分为叙事性讲述活动和说明性讲述活动。叙事性讲述是一种口语叙述，指用口头语言讲述人物的行为、经历或事情发生、发展的过程，讲述者既要说清楚时间、地点、人物、事件，又要说明白事情发生、发展的顺序。叙事性讲述要求讲述者在独自构思后对事件或故事进行有组织的、完整的表达，并使用丰富多样的词句表述。它是一种在相对正式的语境中进行的独白语言。

说明性讲述是指讲述者客观、简洁规范地表述事物的状态、特点、来源或操作过程。已有研究指出，幼儿说明性讲述能力的发展有助于提高幼儿的逻辑思维能力和日后的学业成绩。说明性讲述较少使用生动形象的语汇，不需要丰富的感情色彩，而是从客观的角度表述，使用规范准确、简洁明了的说明性词句。

③听说游戏。听说游戏是由教师设计组织的，具有明确规则的语言教学游戏。这种教学形式以游戏为载体，通过充满趣味性的游戏环节，吸引幼儿参与到语言教学中，在轻松愉快的氛围中促进幼儿的倾听能力和语言表达能力发展。

听说游戏为幼儿提供了一个良好的语言运用环境，可以激发幼儿的表达欲望，增强幼儿的倾听行为和表达行为，丰富幼儿的词汇经验，提高口语表达能力，是促进幼儿口头语言发展的重要途径之一。

④文学活动。文学活动是从某一具体文学作品入手，为幼儿提供一个全面的语言学习机会，使他们在理解、感受作品的过程中，欣赏、学习并运用文学作品所提供的高质量的语言。在文学活动中，要求幼儿理解、掌握文学作品中出现的新词汇和关键性词汇，并尝试仿编和创编，增强对文学词汇的理解和运用能力。幼儿在接触文学作品的过程中，还会感知各种文学作品的形式，从而发展幼儿的文学想象。

⑤早期阅读活动。早期阅读活动是指幼儿凭借图像、文字或通过成人形象地阅读、讲解来理解幼儿读物内容的活动过程。但凡是与阅读活动有关的行为都可以算作早期阅读活动。幼儿园的早期阅读活动是一种有计划、有目的地培养幼儿学习书面语言的教育活动。

(2)渗透的语言教育活动。

一日生活中的语言教育活动片段

渗透的语言教育活动强调为幼儿提供一个宽松的语言学习情境，关注幼儿语言学习的过程，利用幼儿各种生活经验，为幼儿提供充分而又广泛的学习和运用语言的机会。渗透的语言教育活动内容主要体现在以下三个方面。

①日常生活中的语言交往。专门的语言教育活动对幼儿语言发展的促进作用是有限的，必须在日常生活中，通过实践、练习、巩固、理解和运用语言提升幼儿的语言运用能力。教师在日常生活中需要特别注意保护幼儿语言交往的主动性和积极性，尊重幼儿的语言交往能力。创设一个自由、宽松的环境，支持、鼓励、吸引幼儿和教师、同伴或其他人交谈，体验多方语言交流的乐趣。日常的语言交往是真实而丰富的，教师应当抓住有利时机为幼儿提供良好的语言示范，同时让幼儿有更多的机会与他人交往，进而丰富自己的语言经验。在交往过程中观察、了解幼儿的语言运用能力，给予幼儿有针对性的指导，促进幼儿语言运用能力的发展。

游戏中的语言教育

②游戏中的语言渗透。在游戏中，语言成为幼儿与同伴交往、合作、分享的工具，是指导和调节幼儿选择游戏内容、游戏伙伴和游戏材料等行为的工具。同时，也是幼儿解决矛盾冲突的工具。如幼儿在游戏中学习运用请求、协商等礼貌用语进行沟通，采用讨论的方式进行集体决策等。

③其他领域活动中的语言渗透。发展幼儿语言的重要途径是通过互相渗透的各领域的活动中的教育，在丰富多彩的活动中拓展幼儿的经验，为幼儿提供语言活动的素材、言语表达和言语交往的条件。幼儿语言的发展对其他领域的学习与发展也有着重要的影响。例如在数学活动中，教师向幼儿提出“你是怎么做的”“你为什么这么做”“你认为怎样

做最好”等问题，让幼儿用语言概括总结自己操作的过程，为幼儿的语言发展提供了操练的机会。

2.家庭语言教育环境

陈鹤琴说：“环境中最重要的因素是父母。”家庭语言环境对幼儿的语言发展尤为重要。家长应该丰富幼儿的日常生活知识，增进幼儿的生活经验，引导幼儿在生活中自然正确地使用语言。家长应努力做到创设愉悦民主的家庭环境，不苛责幼儿，肯定幼儿丰富奇妙的想象，为幼儿创设属于自己的阅读区域和私人领域，关注幼儿的语言发展，与幼儿一起参与到家庭环境的布置中，每天留出与幼儿聊天的亲子时间等。

家庭语言教育环境调查问卷范例

幼儿语言的发展，是幼儿在与环境不断的相互作用中，在与人们的不断交流中，在其认知水平不断发展的前提下得到提高的。研究表明，在目前的家庭环境中，父母作为幼儿教育的首要重要人，其教育方式在幼儿语言发展、性格与自我概念形成、认知发展及心理健康等方面均会产生重要影响。家庭学习活动、丰富的生活经验以及图书资料等会对幼儿语言能力水平具有一定的预测作用。因此，父母需要认真选择幼儿的阅读材料，在与幼儿的相处中关注幼儿的语言发展。

3.社会语言教育环境

社会生活为幼儿提供了丰富的语言学习内容和途径。幼儿语言的发展离不开周围的社会生活环境和互动人群。现实生活中的公共空间语言景观、语言标牌路牌、广告牌、商品外包装、宣传栏等都是幼儿语言学习必不可少的教育资源。因此，以幼儿发展需要为出发点，合理设计整合幼儿在生活中看、听、读、练等多层次的语言社会环境，对幼儿语言学习具有重要的意义。此外，不同的国家和文化历史，缔造了不同的社会语言环境。例如同样的手势在不同的国家或地区意义有可能是相反的。我们要尊重区域间和不同文化体系下的语言差异。即便在相同的文化体系下，地方方言和地区文化也会影响人们的表达。例如我国南方人的表达方式相比北方会更加委婉、含蓄。

丰富的人文社会生活，如传统节日的庆典活动、歌谣、戏曲、相声、评书、图书馆的读书日活动等可以丰富幼儿语言表达的内容和方式。此外，教师应充分挖掘对幼儿语言教育有重要作用的社区资源。例如教师可以带领幼儿走进社区，引导幼儿看一看、认一认社区内的宣传标语，主动探究宣传标语上汉字的结构，必要时，让幼儿理解宣传标语的内涵。

步骤二：识别优质的幼儿语言教育环境

幼儿期是语言发展的敏感期和关键期。在这个阶段，发展幼儿语言的关键是创设一个能使他们想说、敢说、喜欢说、有机会说并能得到积极应答的优质的语言教育环境。教师应从支持者和交流者的角度，创设一个科学合理、内涵丰富的语言环境，促进幼儿与环境互动，发展幼儿语言能力。创设优质的语言教育环境，应符合以下四项基本原则。

1.幼儿主体原则

参与权与表达权是幼儿的基本权利，教师应充分尊重幼儿的参与权，鼓励幼儿参与班级环境创设与社会交往活动。如通过讨论、绘画、演讲等方式让幼儿参与班徽的设计与投票活动，充分表达自己的想法。只有让幼儿充分参与班级语言环境创设，才能发挥幼儿的主人翁意识，增强幼儿的表达意愿，提升幼儿的表达能力。

要尊重每个幼儿的表达权，尽量创设一个每个幼儿都能够自由表达的环境。如在集中活动中，鼓励所有幼儿都参与到互动和讨论中来；在区域活动中，创设丰富的语言环境，使幼儿有更多说话的机会，让幼儿感受到表达的快乐。同时，当幼儿在表达中出现停顿、语法错误等问题时，教师不仅需要给予幼儿足够思考和缓解紧张的时间，同时要更多地肯定和鼓励幼儿敢说的勇气。

2. 满足需要原则

幼儿的需要是多元的，有生理和心理的需要，有物质和精神的需要，也有当下和未来的需要。幼儿需要的多元化，意味着幼儿语言环境创设的复杂性，教师在环境创设中要自始至终以满足幼儿发展需要为出发点。

(1)幼儿园的环境要满足幼儿的生理需要，以及幼儿生理感官多样化的需求。

首先，要确保教室环境的明净、整齐，阅读区的空间位置、面积大小、安静与采光程度、阅读材料、阅读设备、墙面设计等的规划与创设要科学、合理、舒适。班级阅读区的面积不得低于2.50 m^2。单位空间密度合理的范围在2.32 m^2—7.00 m^2，人数超过单位空间合理范围密度，会变得拥挤，容易引发更多的矛盾冲突，分散幼儿的注意力，人数过少，又会降低幼儿之间的互动和交流。

其次，满足幼儿多感官通道的、互动的学习需求。环境要具有互动性，材料要具有可操作性，让环境成为幼儿学习、表达、探索的对象，为幼儿创造可说的空间。把发展幼儿语言的理念融入整体的环境中，让幼儿在看、摸、想、问、说的过程中发展语言能力。如通过表演游戏、手偶游戏、悄悄话等，促进幼儿语言运用能力的发展；通过你说我画、词汇找家、词语树等活动，让幼儿在操作过程中，进行语汇练习。

(2)满足幼儿心理需要。环境创设要满足幼儿认知、审美、情感、交往等发展的需求。如环境主题墙的设计既要符合幼儿的兴趣，又要促进幼儿的语言发展。要让幼儿参与到主题墙的设计，愿意在自由活动时经常来看看、说说，交流分享。还应强化环境的暗示功能，如在洗手池区域，可贴上提示幼儿养成饭前便后勤洗手习惯的图片，并张贴科学的洗手步骤，通过阅读图像信息的方式，强化幼儿的洗手行为。

3. 经验均衡原则

教师不能只关注语言集中教学活动，忽视了对幼儿来说每时每刻都存在的日常生活和其他领域中学习运用语言的机会。我们要创设无处不在的语言教育环境，为幼儿提供支持和鼓励，吸引幼儿与教师、同伴或与其他人交谈，特别注意保护幼儿运用语言交往的主动性和积极性，让他们在宽松而真实的语言运用情境中获得有效的语言经验。晨间谈话、游戏活动、点心时间，幼儿如厕、吃饭、散步和午睡前后，都会有各种机会进行语言交流与互动。幼儿不仅需要一个集体的能够讨论的空间，也需要一个安静的、能够独立思考和表达的空间。

幼儿语言发展的均衡性还体现在幼儿口头语言和书面语言的均衡发展。教师不仅要注重幼儿的口头语言表达，为幼儿营造想说、敢说、爱说的语言环境，也要为幼儿创设一个愿意阅读、喜欢阅读的环境区域，在培养幼儿口语交流能力的同时，帮助幼儿做好学习书面语言的准备。

4. 循序渐进原则

幼儿语言的发展是一个循序渐进、逐步累积的过程。因此，幼儿园语言环境应突显层次性与差异性。例如，《指南》在倾听与表达的目标中针对不同年龄段幼儿的表达能力，提出了从“在熟悉的人面前说话”到“愿意与他人交谈”，再到“敢在众人面前说话”的能力递增、逐步发展的目标要求。因此，教师要为小班幼儿组织晨间谈话活动，为幼儿与同伴讲话提供机会。到了中大班，就要组织“我是小记者”“新闻报道”“晨间金话筒”“国旗下讲话”等活动，鼓励幼儿与他人就某一个主题进行深入讨论，敢在众人面前说话。另外，开展每项活动时，都要综合考虑幼儿的差异性，让每个幼儿都能在与环境互动中体验成就感。

三、任务表单

观察与纪录可能为幼儿提供语言教育机会的环境，分析这些环境是否符合语言教育环境创设的基本原则，完成任务表单2.1，探寻识别优质的幼儿语言教育环境。

任务表单2.1

幼儿语言教育环境观察表

<table>
<tr><td colspan="3">观察对象</td><td></td><td>观察时间</td><td></td></tr>
<tr><td colspan="5">观察与纪录</td><td>分析与识别</td></tr>
<tr><td rowspan="4">幼儿园语言教育途径</td><td colspan="2">专门的语言教育</td><td colspan="2"></td><td></td></tr>
<tr><td rowspan="3">渗透的语言教育</td><td>一日生活中的语言教育</td><td colspan="2"></td><td></td></tr>
<tr><td>游戏中的语言教育</td><td colspan="2"></td><td></td></tr>
<tr><td>其他领域中的语言教育</td><td colspan="2"></td><td></td></tr>
<tr><td colspan="3">家庭语言教育环境</td><td colspan="2"></td><td></td></tr>
<tr><td colspan="3">社会语言教育环境</td><td colspan="2"></td><td></td></tr>
</table>

四、任务评价与改进

1.请你对任务一的完成情况进行自我评价。

学习任务	合格标准	良好标准	优秀标准
探寻识别优质的幼儿语言教育环境。	□能从各类环境中，各找到至少三处具有语言教育价值的环境。	□能根据环境创设的基本原则，对所找到的环境进行简单分析。	□能结合环境创设基本原则，有理有据地对环境进行分析，且能提出可行的改进建议。

2.针对任务一，你觉得自己还有哪些需要改进的地方？

存在问题：____

产生原因：____

____

解决办法：____

____

任务二

分析识别适宜的幼儿语言教育环境

一、任务导入与学习目标

优质的语言教育环境创设应充分考虑幼儿语言学习与发展目标，并根据各年龄阶段语言发展需要，提供个性化的语言教育环境。本任务以《纲要》和《指南》精神为引领，紧扣不同年龄段幼儿语言学习与发展目标，以及幼儿语言教育的基本观点，帮助大家达成以下学习目标：

1. 积极主动与同伴合作，共同完成小组任务。
2. 掌握《纲要》与《指南》的目标与内容。
3. 掌握学前儿童语言教育的基本观点。
4. 能运用案例分析法，根据幼儿语言发展的典型表现，分析识别适宜的语言教育环境，并提出改进建议。

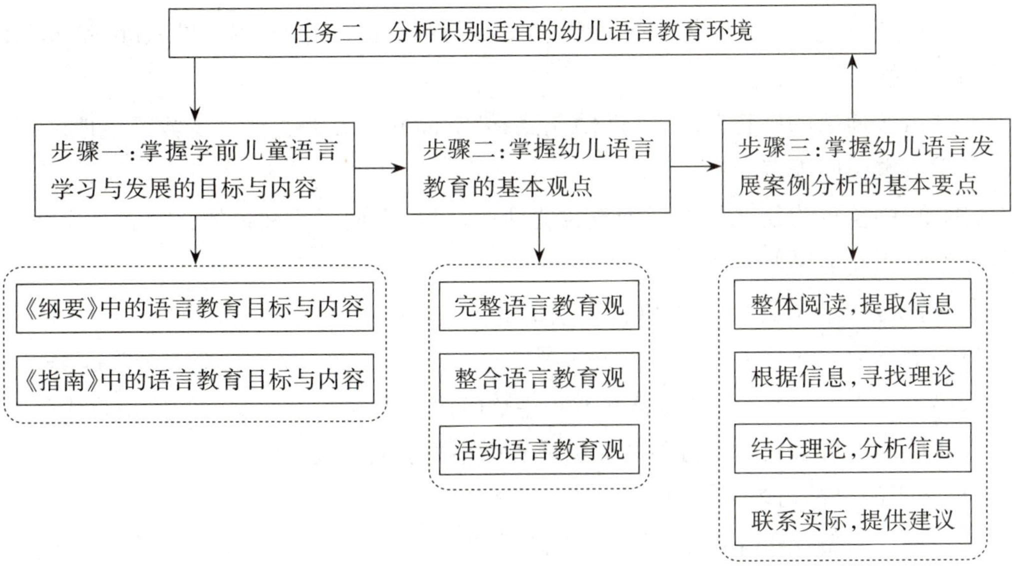

图 2.2　任务二学习流程图

二、任务步骤与关联知识

步骤一：掌握学前儿童语言学习与发展的目标与内容

《幼儿园教育指导纲要(试行)》

《纲要》和《指南》均制定了语言教育的总目标，帮助教师根据幼儿的年龄特征和发展需要，为幼儿提供适宜的语言教育环境。

1.《纲要》中学前儿童语言教育的目标与内容

(1)《纲要》中学前儿童语言教育目标：

①乐意与人交谈，讲话礼貌。

②注意倾听对方讲话，能理解日常用语。

③能清楚地说出自己想说的事。

④喜欢听故事、看图书。

⑤能听懂和会说普通话。

(2)《纲要》中学前儿童语言教育内容：

①创造一个自由、宽松的语言交往环境，支持、鼓励、吸引幼儿与教师、同伴或其他人交谈，体验语言交流的乐趣，学习使用适当的、礼貌的语言交往。

②养成幼儿注意倾听的习惯，发展语言理解能力。

③鼓励幼儿大胆、清楚地表达自己的想法和感受，尝试说明、描述简单的事物或过程，发展语言表达能力和思维能力。

④引导幼儿接触优秀的儿童文学作品，使之感受语言的丰富和优美，并通过多种活动帮助幼儿加深对作品的体验和理解。

⑤培养幼儿对生活中常见的简单标记和文字符号的兴趣。

⑥利用图书、绘画和其他多种方式，引发幼儿对书籍、阅读和书写的兴趣，培养前阅读和前书写技能。

⑦提供普通话的语言环境，帮助幼儿熟悉、听懂并学说普通话。少数民族地区还应帮助幼儿学习本民族语言。

《纲要》中重视为幼儿的发展创设普通话的环境，强调了普通话的普及和推广，强调幼儿要能够听懂和学说普通话。

《3—6岁儿童学习与发展指南》

2.《指南》中学前儿童口头语言发展的目标与内容

口头语言能力的培养是幼儿语言学习的重要组成部分。教师要理解并掌握3—6岁幼儿口头语言发展的目标与内容，熟悉不同年龄阶段末期幼儿语言发展的典型行为表现，从而有针对性地分析幼儿语言行为并提供适宜的语言教育环境。

(1)倾听的目标与内容。

语言输入与输出的丰富程度取决于倾听的质量。乐于倾听、勤于倾听并善于倾听的幼儿才能真正理解他人的语言与意图，才能实现与他人的有效沟通与交往。《指南》中倾听的目标与内容从典型行为表现上大致可以分为三个维度：一是倾听的注意广度；二是倾听的注意内容；三是倾听的理解水平。对小班幼儿到大班幼儿的目标要求体现了循序渐进的特性，主要表现在：

①倾听注意广度：倾听“别人对自己说话”的明确指向→倾听“群体”“集体”等非明确指向。

②倾听注意内容：“与自己有关的信息”→“注意听老师或其他人讲话”。

③倾听理解水平：“日常会话”→“不同语气、语调”→“因果、假设等相对复杂的句子”。

随着幼儿年龄与学习经验的增长，他们学会有意识地倾听别人说话，分析性地倾听交流的信息，并形成理解性的倾听能力。同时倾听的主动性逐步加强，听不懂或有疑问时能主动提问。

认真听并能听懂常用语言		
3—4岁	4—5岁	5—6岁
①别人对自己说话时能注意听并做出回应。 ②能听懂日常会话。	①在群体中能有意识地听与自己有关的信息。 ②能结合情境感受到不同语气、语调所表达的不同意思。 ③方言地区和少数民族幼儿能基本听懂普通话。	①在集体中能注意听老师或其他人讲话。 ②听不懂或有疑问时能主动提问。 ③能结合情境理解一些表示因果、假设等相对复杂的句子。

只有懂得倾听，乐于倾听并且善于倾听的人，才能真正理解语言的内容。良好的倾听习惯的养成是从学前阶段开始的，因此就幼儿语言学习和发展而言，倾听是一种不可缺少的能力。教师在日常的生活中要注意引导幼儿学习倾听和掌握倾听的方法。在不同的情境中，引导幼儿尊重他人，注意倾听同伴及他人的讲话，学会耐心倾听，不随意打断他人的讲话，遵守倾听的规则。让幼儿能够感受和体验到不同的语调、语气所表达的不同意义。

(2)表达的目标与内容。

语言表达是以一定的语言内容、语言形式以及语言运用方式与特定的对象进行交流的行为，即学习“对谁说”“说什么”与“怎么说”。《指南》中表达的目标与内容从典型行为表现上大致可以分为三个维度：一是表达的对象；二是表达的内容；三是表达的水平。其中表达水平是重要内容。对小班幼儿到大班幼儿的目标要求体现了循序渐进的特性，主要表现在：

①表达对象：“熟悉的人”→“他人”→“众人”。

②表达内容：“大方地与人打招呼”→“谈论自己感兴趣的话题”→“讨论问题”。

③表达水平：“肢体动作辅助语言表达”→“基本完整、比较连贯讲述”→“有序、连贯、清楚并使用多样化词句”。

《指南》在语言表达部分还特别强调民族与地区语言的学习以及少数民族聚居地区幼儿普通话的掌握程度。

愿意讲话并能清楚地表达		
3—4岁	4—5岁	5—6岁
①愿意在熟悉的人面前讲话，能大方地与人打招呼。 ②基本会说本民族或本地区的语言。 ③愿意表达自己的需要与想法，必要时能配以手势动作。 ④能口齿清楚地说儿歌、童谣或复述简短的故事。	①愿意与他人交谈，喜欢谈论自己感兴趣的话题。 ②会说本民族或本地区的语言，基本会说普通话。少数民族聚居地区幼儿会用普通话进行日常会话。 ③能基本完整地讲述自己的所见所闻和经历的事情。 ④讲述比较连贯。	①愿意与他人讨论问题，敢在众人面前说话。 ②会说本民族或本地区的语言和普通话，发音正确清晰。少数民族聚居地区幼儿基本会说普通话。 ③能有序、连贯、清楚地讲述一件事情。 ④讲述时能使用常见的形容词、同义词等，语言比较生动。

只有懂得语言表达的作用，愿意向别人表达自己的见解，并且能够清楚表达的人，才能真正与人进行语言交流。要为幼儿创设一个想说、敢说、愿意说的积极的语言环境。教师要对幼儿的表达进行积极、具体的回应，尊重幼儿的表达权，鼓励幼儿进行自由的表达。

(3)文明语言习惯的目标与内容。

人类在使用语言作为交流工具时，话语信息的输入与输出往往伴随着他们当下的情绪以及他们对交流对象的共情、对交流话题的认识、对交流场合的判断与理解。《指南》中文明语言习惯的目标与内容从典型行为表现上大致可以分为三个维度：一是交流回应；二是语言调节；三是文明用语行为。

①交流回应："眼睛看着对方"→"别人对自己讲话时能回应"→"积极主动回应"。

②语言调节："根据场合"→"根据对象与需要"→"根据所处情境"。

③文明用语行为："成人的提醒"→"主动使用"→"轮流讲话"。

具有文明的语言习惯		
3—4岁	4—5岁	5—6岁
①与别人讲话时，知道眼睛要看着对方。 ②说话自然，声音大小适中。 ③能在成人的提醒下使用恰当的礼貌用语。	①别人对自己讲话时能回应。 ②能根据场合调节自己说话声音的大小。 ③能主动使用礼貌用语，不说脏话、粗话。	①别人讲话时能积极主动地回应。 ②能根据谈话对象和需要，调整说话的语气。 ③懂得按次序轮流讲话，不随意打断别人。 ④能依据所处情境使用恰当的语言。如在别人难过时，会用恰当的语言表示安慰。

养成良好、文明的语言习惯，学会根据交往场合、交往对象使用恰当的语言，是幼儿早期语言学习应该要获得的重要经验。教师在日常生活中要注重幼儿文明用语习惯的养成，使其学会基本的礼貌用语，遵守基本的语言交往的规则，能积极主动地回应别人的讲话。

3.《指南》中学前儿童书面语言发展的目标与内容

3—6岁是儿童学习早期阅读和读写的关键期。儿童早期书面语言的学习对其学龄期乃至终身学习具有重要影响。因此，教师在做好儿童口头语言能力培养的同时，要科学认识幼儿书面语言学习的重要性，通过多样化的方法引导儿童做好书面语言学习的准备。

《指南》对幼儿早期书面语言的学习与发展提出了三方面的要求与内容。

(1)阅读兴趣与习惯的目标与内容。

幼儿在学龄前期会接触大量的图画书，他们喜欢翻阅、倾听、阅读，喜欢谈论图画书的内容，他们对多姿多彩的图画书充满兴趣。教师要顺应幼儿的阅读天性，培养他们对阅读的浓厚兴趣与良好习惯。

《指南》中阅读兴趣与习惯的目标与内容从典型行为表现上大致可以分为三个维度：一是阅读的行为习惯；二是阅读的兴趣；三是对符号、文字功能的意识。

①阅读的行为习惯："要求成人讲读"→对图书的"反复阅读"→对图书的"专注阅读"。

②阅读的兴趣："喜欢跟读"→"喜欢讲述"→"喜欢谈论"的递进变化；对"标识符号"的兴趣→对"文字符号"的兴趣变化。

③对符号、文字功能的意识：知道"标识符号"的意义→知道"文字符号"的意义。

喜欢听故事，看图书		
3—4岁	4—5岁	5—6岁
①主动要求成人讲故事、读图书。 ②喜欢跟读韵律感强的儿歌、童谣。 ③爱护图书，不乱撕、乱扔。	①反复看自己喜欢的图书。 ②喜欢把听过的故事或看过的图书讲给别人听。 ③对生活中常见的标识、符号感兴趣，知道它们表示一定的意义。	①专注地阅读图书。 ②喜欢与他人一起谈论图书和故事的有关内容。 ③对图书和生活情境中的文字符号感兴趣，知道文字表示一定的意义。

随着幼儿年龄与学习经验的增长，他们对图画书中的符号和文字越发感兴趣，在听、读的过程中积累丰富的书面语言学习经验。教师在日常生活的安排中要给予幼儿充足的听读与阅读时间，营造良好的听读与阅读环境，让幼儿随时可以拿取与阅读图书，与教师、同伴说一说自己听到的、看到的或编创的"故事"。通过这种"沉浸式"的听读与阅读互动，幼儿逐渐理解书面语言的价值、意义，建立起对听读和阅读的兴趣与热爱。

(2)阅读理解能力的目标与内容。

幼儿在听读与阅读中能接触到高质量的书面语言信息，建立起口头语言与书面语言、图画信息与文字符号之间的对应关系。通过听读、阅读与声音、图画、符号、文字互动，逐步习得初步的阅读理解能力。在《指南》中阅读理解能力的目标与内容从典型行为表现上大致可以分为三个维度：一是对作品内容的理解；二是对图书画面的理解；三是对整体作品的理解。

①对作品内容的理解："听懂儿歌或故事"→"大体讲出故事内容"→"说出所阅读文学作品的主要内容"。

②对图书画面的理解："单个画面"→"连续画面"→"根据故事或画面线索猜想、续编、创编"。

③对整体作品的理解："理解文字与画面的对应性"→"体会作品的情绪情感"→"表达对故事或作品的看法"→"感受文学语言的美"。

由此可以看出，随着幼儿年龄与学习经验的增长，他们能逐步理解内容较为丰富、线索较为复杂、题材较为多样、情感较为多元的文学作品与图画书，能够欣赏、理解并感受文学语言，学会用口头语言说出对文学作品与图画书的理解。

具有初步的阅读理解能力		
3—4岁	4—5岁	5—6岁
①能听懂短小的儿歌或故事。 ②会看画面，能根据画面说出图中有什么，发生了什么事等。 ③能理解图画书上的文字是和画面对应的，是用来表达画面意义的。	①能大体讲出所听故事的主要内容。 ②能根据连续画面提供的信息，大致说出故事的情节。 ③能随着作品的展开产生喜悦、担忧等相应的情绪反应，体会作品所表达的情绪情感。	①能说出所阅读的幼儿文学作品的主要内容。 ②能根据故事的部分情节或图书画面的线索猜想故事情节的发展，或续编、创编故事。 ③对看过的图书、听过的故事能说出自己的看法。 ④能初步感受文学语言的美。

幼儿在阅读中接触到的图画书语言具有书面语言的特点。当幼儿在日常生活中阅读图画书时，他们可以通过阅读与图画、文字、符号互动，用口头语言来表达他们对图画书内容的理解，获得口头语言与书面语言对应关系的认识，逐步获得初步的阅读理解能力。教师通过提问、情境表演等方式帮助幼儿理解文学作品的内容，教给幼儿阅读的方法，通过系列活动，引导幼儿深入阅读，增强阅读理解的能力。同时创设阅读区、语言表演区等丰富多样的语言环境，帮助幼儿通过角色扮演、讲故事、诗歌表演等，多感官体验、感知、理解图画书的内容。

(3)早期书写行为的目标与内容。

幼儿在听读与阅读中萌发初步的书写意愿与意识。他们通过观察周围环境、图画书中的图画、文字、符号，逐步积累初步的书面语言知识，学习握笔、涂画和书写的基本方法。他们喜欢通过在墙上、纸上涂涂画画来表达自己的想法，喜欢模仿"画字"、创造字，能使用图画、符号、文字等多种形式，有创意地表达。这些"非正规"的文字书写能够帮助幼儿建立并巩固纸笔互动的经验，了解文字与符号的功能，知道符号和文字在书写表现形式上的独特性，感知文字的基本规律，习得一定的符号和文字规则意识。

《指南》中早期书写行为的目标与内容从典型行为表现上大致可以分为两个维度：一是写画意愿；二是写画姿势。

具有书面表达的愿望与初步技能		
3—4岁	4—5岁	5—6岁
喜欢用涂涂画画表达一定的意思。	①愿意用图画和符号表达自己的愿望与想法。 ②在成人提醒下，写写画画时姿势正确。	①愿意用图画和符号表现事物或故事。 ②会正确书写自己的名字。 ③写画时姿势正确。

为幼儿创设自由表达墙、游戏计划本、图书阅读记录表、晨到签到表等，鼓励幼儿通过涂涂画画，借助文字、符号等进行表达。通过作品展示墙展示幼儿的绘本作品、美术作品等，鼓励、肯定、增强幼儿写写画画的意愿。

步骤二：掌握幼儿语言教育的基本观点

幼儿语言教育的基本观点是教师在创设适宜的语言教育环境过程中可以遵循的基本理念，它对语言教育有着积极的促进作用。目前，认可度较高的语言教育基本观点主要包括：完整语言教育观、整合语言教育观和活动语言教育观。

1. 完整语言教育观

完整语言教育观强调幼儿语言教育目标应当是完整的，幼儿语言教育的内容应当是全面的，幼儿语言教育活动应当是真实的、形式多样的。

(1)幼儿语言教育目标应该是完整的，即培养幼儿的听、说、读、写四个方面的能力。

(2)幼儿语言教育的内容应该是完整的。幼儿语言教育的内容，既要引导幼儿学习口头语言，也要引导幼儿学习书面语言；既要引导幼儿理解和运用日常生活用语，也要引导幼儿学习文学语言。

(3)幼儿语言教育活动的过程应该是丰富的、形式多样的。完整语言教育观强调语言教育活动的真实性，语言教育的过程应该是教师与幼儿共同建设的、积极互动的过程。

2. 整合语言教育观

整合的语言教育观是把幼儿语言学习看成一个整合的系统，充分意识到幼儿语言发展与其智能、情感等方面发展是一体的关系。离开了幼儿其他方面的发展，语言学习无法独立进行。在语言活动中，整合的语言教育观分别表现为：

(1)语言教育目标的整合。要求在制订幼儿语言教育目标时，既要促进幼儿知识、情感和能力的发展，也要考虑哪些语言教育的目标可以在其他领域教育中得以实现，使语言教育目标成为以促进幼儿的语言发展为主线，同时促进幼儿其他方面发展的整合的目标体系。只有树立了整合的语言教育目标意识，才能实现语言教育内容和方式的整合。

(2)语言教育内容的整合。即在设计幼儿语言教育活动时，要将语言知识、认知知识和社会知识整合在一起，由此构成幼儿语言教育活动的内容。如在选择种植类绘本时，不仅要注重植物生长的知识，还要有能够体现社会领域、健康领域的知识内容。如经典绘本《安的种子》中不仅有关于四季、种植的适宜条件、遵守自然规律的认知知识，还有保持耐心、平静、学会等待的社会知识。

(3)语言教育方式的整合。目标与内容的整合,同时牵制着语言教育方式的整合走向。语言教育方式整合的突出特点,是以活动的组织形式来构建语言教育内容,其中包括专门的语言活动以及与其他活动相结合的语言活动。在活动中,整合多种促进幼儿发展的因素,允许多种与幼儿发展有关的符号系统的参与,从而促使幼儿在外界环境因素的刺激和强化作用下,产生积极运用语言与人、事、物交往的愿望和需要,并主动通过各种符号手段(包括语言、音乐、美术、动作等)作用于环境,在整合的语言教育环境中获得语言和其他方面的共同发展。

3.活动语言教育观

幼儿活动语言教育观,是指以活动的形式来组织幼儿语言教育的过程,幼儿在活动中学习语言、运用语言、掌握语言。教师应当更多地为幼儿提供充分操作语言的机会,鼓励幼儿以多种方式操作语言,发挥幼儿在操作语言过程中的主动性。

(1)提供充分操作语言的机会。幼儿的语言发展是个体在外界环境中与各种语言和非语言材料的交互作用中得以逐步获得的。幼儿的发展需要获取外界环境中的人、事、物的各种信息,但这些信息需要幼儿在宽松自由的环境中通过自身积极地与之相互作用而主动获得。幼儿语言教育便是引导幼儿积极地与语言及其相关信息进行相互作用的过程。

(2)幼儿语言的发展需要通过多种形式的操作。用活动的形式来组织幼儿语言教育,能够让幼儿在动手、动嘴、动脑的学习中获得亲身经验,让幼儿更积极主动地投入学习的过程中。相反,机械的语言训练或是机械背诵,对幼儿的语言和其他方面的发展未必具有长远效益。

(3)要注意发挥幼儿在活动中的主体地位和教师在活动中的主导作用。所谓主体地位是指在设计和组织活动时,要充分考虑内容和形式要适应幼儿的发展水平和需要,幼儿才能在活动中具有积极的动机、浓厚的兴趣和主动参与的意愿。同时,教师的主导作用主要体现在为幼儿创设良好的语言教育环境(语言材料、操作材料、想说敢说的环境);教师通过提示、提问、讲述、暗示、示范等方法,引导幼儿感知和探索,帮助幼儿找到获得知识的途径,引导幼儿完成学习任务;教师也要考虑幼儿的个性差异和知识经验的个体差异,进行针对性的指导,争取每个幼儿都能得到进步。

步骤三:掌握幼儿语言发展案例分析的基本要点

幼儿语言发展案例,是指在幼儿语言发展或开展幼儿语言教育教学实践过程中发生的典型事件。它能代表性地反映幼儿在语言发展或语言教育教学实践过程中实际出现的具有普遍性的核心问题。同时,该事件有助于教师层层深入地认识与剖析幼儿语言发生发展规律与教育教学规律。

幼儿语言发展案例分析要求分析者根据给出的案例,综合运用所学的理论知识和自身所掌握的技能,对某一核心问题进行剖析和诊断,以达成解决实际问题的目标。

分析者可按照以下四个步骤对幼儿语言发展案例进行分析。

1. 整体阅读，提取信息

通过整体阅读案例，审清题意，抓住关键字词句，提取有效信息。如二维码案例中可提取的关键信息包括：杰杰总喜欢到“聊天吧”，和好朋友聊天，介绍自己收集的“宝贝”，交流喜欢的动画片和图书情节，认真倾听，一起讨论并耐心解答，生动、有趣地讲述等。

2. 根据信息，寻找理论

结合案例中的关键信息，思考可用于分析案例的理论，结合理论对信息做出基本判断。例如本案例可用《指南》中关于幼儿口头语言发展的三个目标：①认真听并能听懂常用语言；②愿意讲话并能清楚地表达；③具有文明的语言习惯。

案例分析

3. 结合理论，分析信息

结合理论，对案例中幼儿的具体行为表现进行针对性分析，理论和典型表现能够一一对应。如本案例中的杰杰喜欢在小范围内与好朋友聊天，并乐意分享自己喜欢的事物、亲身经历的事件等。他的表现符合《指南》中口头语言“目标2 愿意讲话并能清楚地表达”中4—5岁幼儿的典型表现“愿意与他人交谈，喜欢谈论自己感兴趣的话题”。再比如，杰杰的讲述生动、有趣，符合《指南》中口头语言目标2中5—6岁幼儿的典型表现“能有序、连贯、清楚地讲述一件事情；讲述时能使用常见的形容词、同义词等，语言比较生动。”由此可以判断，杰杰具有符合其年龄段的讲述水平。

4. 联系实际，提供建议

结合案例中幼儿的语言发展需要，分别从幼儿园、家庭、社会环境等方面入手，结合语言教育基本观点，提供切实可行的建议。如本案例中的杰杰有较好的讲述能力，教师可以从活动语言教育观的角度思考，为杰杰提供丰富的讲述环境，鼓励杰杰面对全体幼儿发表个人想法，如成为幼儿园小小播报员、参与幼儿园故事大王比赛等。再比如，杰杰喜欢分享自己感兴趣的事，教师可以从整合语言教育观的角度思考，指导杰杰的爸妈为杰杰提供更加丰富多元的生活经验，进一步丰富杰杰的谈话主题。

三、任务表单

请观察记录一位幼儿在语言区中的活动片段，分析其语言发展的典型表现。思考所创设的环境是否适宜，并提出改进环境的教育策略，完成任务表单2.2。

任务表单2.2

分析识别适宜的幼儿语言教育环境

观察对象	
观察记录	
案例分析	
关键信息	
锚定理论	
分析信息	
策略建议	

四、任务评价与改进

1.请你对任务二的完成情况进行自我评价。

学习任务	合格	良好	优秀
分析识别适宜的幼儿语言教育环境。	□能识别出幼儿语言发展的典型表现。	□能识别出幼儿语言发展中的典型表现，并联系理论进行分析。	□能针对语言教育中幼儿和教师的行为提供支持策略。

2.针对任务二，你觉得自己还有哪些需要改进的地方？

存在问题：________________

产生原因：________________

____

解决办法：________________

____

◆ 岗位链接

一、综合应用

小(一)班的林老师发现,班上有位叫小明的幼儿很少和同伴交流,常常一个人在玩玩具。有一天,小明正在玩车,林老师主动来到他的身边,问:“小明,你在玩什么?”小明看看林老师,什么也没有说,继续玩他的车。林老师又说道:“我看到你正拿着两辆小车,我猜它们是在赛车,是吗?”小明没有抬头,微微笑了笑,轻轻地应了一声“嗯”。林老师接着说:“能不能给我一辆车,这样,我就可以和你一起玩赛车了。”小明抬起头,小声地说:“我,我,我的dei你……(指着另一辆)是我de de的”。

如果你是林老师,你将如何利用幼儿园与家庭环境,引导小明愿意大胆表达个人想法,做到想说、敢说、会说?

二、岗位拓展

社工王老师主要的任务就是入户指导家长开展家庭教育工作。这天,王老师去了一户三胞胎姐妹家里。进门之后妈妈客气了几句,就去忙自己的事情了。王老师说明了来意并在家里安静观察孩子和家长的表现。王老师看到,有一个女孩子打开抽屉,拿出了工具螺丝刀,她拿着螺丝刀来到皮沙发旁用力地戳沙发,没一会儿,就戳出了很多个洞,妈妈转头看到了,但她并没有过来制止;另外一个女孩子爬到了阳台旁边的凳子和柜子上,很危险,妈妈也没有过来制止;还有一个小女孩很无聊地躺在沙发上,眼神空洞地看着天花板。一上午的时间,孩子们各玩各的,妈妈没有过来和孩子沟通,只是做家务或者一个人待着。客厅里没有看到任何属于孩子的玩具或者书籍。王老师询问爸爸的情况,妈妈说爸爸一般要到十一点才回家。

问题:

(1)请根据材料分析该三胞胎的家庭教育环境存在哪些问题。

(2)请根据幼儿环境创设的原则,提出可行的建议。

三、创新实践

大班的李老师在阅读区投放了绘本、广告、拼图、纸和笔等。洋洋经常光顾阅读区。一天洋洋说:“我要做一本自己的书。”他在纸上画了些线条和圆圈,李老师走过去问需不需要帮他在上面写一些话语,洋洋用手指着他画的圆圈说:“就写在这里,这个是写给妈妈的话。”李老师就帮他在画圆圈的地方写了。

问题:

(1)结合材料,简述洋洋在阅读与书写准备方面的典型表现。(4分)

(2)评析李老师的支持行为。(5分)

【2019年福建省教师招聘考试真题】

◆ 学习评价

评价指标	具体表现	达成情况
爱国精神	协助营造和谐、友好、平等的有利于幼儿参与的家庭和社会语言教育环境。	☆☆☆☆☆
工匠精神	在观察与访谈中，增强语言教育的环境意识、职业责任感和工匠精神。	☆☆☆☆☆
科学精神	1. 能够客观观察与分析幼儿园语言教育环境。 2. 能运用幼儿园语言教育环境创设原则，对环境进行分析，并提出改进建议。 3. 能运用案例分析方法，根据幼儿语言发展的典型表现，分析识别适宜的语言教育环境，并提出改进建议。	☆☆☆☆☆
团队协作	积极主动与同学合作，共同完成小组任务。	☆☆☆☆☆
言优善行	1. 与幼儿、家长交流时，展示出积极良好的语言风貌。 2. 能遵守师范生教师职业规范，做到待人处世诚信友善。	☆☆☆☆☆

◆ 学习感悟

在上这门课之前，我进到幼儿园只会觉得幼儿园色彩丰富，很漂亮。现在，再到幼儿园，我开始关注和思考幼儿园语言教育环境的创设。我会看幼儿园门口的标语、等待区的陈设能否为幼儿书面语言学习提供机会？班级内有没有触目可及的图画书？幼儿园有没有独立的、空间适宜的阅览室？等等。我不仅能捕捉到语言教育的契机，还能结合《指南》精神，思考改进方案。这让我非常有成就感，也许，这就是教师专业化的体现吧！

◎教师评语：教师专业发展来自理论的学习，更来自理论在实践中的运用，专业自信源于实践过程中的成就感！

模块二

幼儿口头语言发展与指导

项目三

设计幼儿园谈话活动

项目三 教学资源

学习导言

谈话是两个或两个以上的人围绕某一主题进行交谈。它是口头语言的重要组成部分,是人们最常使用的一种语言运用形式,也是发展幼儿语言交流能力的重要途径。

谈话活动是以对话形式进行的语言交往,是教师有目的、有计划地组织引导幼儿学习运用口头语言,围绕一定的话题与他人交谈,大胆表达自己的想法与感受,学习交流与表达的规则,学习初步的谈话策略的学习活动。

幼儿的语言能力是在交流和运用的过程中发展起来的。谈话则为幼儿的语言交流与运用创造了良好的学习途径。因此,教师组织引导幼儿参加谈话活动至关重要。

学习任务与关联知识架构图

- 设计幼儿园谈话活动
  - 复写与评析幼儿园谈话活动
    - 活动名称的规范复写
    - 活动目标的规范复写
    - 活动准备的规范复写
    - 活动过程的规范复写
    - 活动延伸的规范复写
  - 设计与调整幼儿园谈话活动
    - 选定谈话活动类型
    - 选择谈话活动话题
    - 制订谈话活动目标
    - 思考谈话活动准备
    - 设计谈话活动过程
    - 斟酌谈话活动延伸

学习目标

素养目标	1. 乐于参与幼儿谈话，尊重并积极回应幼儿。 2. 主动参与小组讨论，乐意与同伴分享、互助。 3. 对问题有探究兴趣，认真完成工作表单，主动反思学习成效。
知识目标	1. 熟悉幼儿园语言教育活动设计的基本规范。 2. 理解与运用谈话活动的特征、目标与基本步骤。
能力目标	1. 能结合时事热点与地域文化，基于幼儿生活经验，选择适合幼儿谈论的话题。 2. 能运用活动设计的基本规范，评析幼儿园谈话活动。 3. 能运用谈话活动的目标及组织实施基本步骤，设计并调整幼儿园谈话活动。

政策导学

<table>
<tr><th>序号</th><th>文件</th><th>政策要点速览</th><th>对应任务</th><th>融合育人</th></tr>
<tr><td>1</td><td>《3—6岁儿童学习与发展指南》</td><td>•应为幼儿创设自由、宽松的语言交往环境，鼓励和支持幼儿与成人、同伴交流，让幼儿想说、敢说、喜欢说并能得到积极回应。</td><td>任务二</td><td rowspan="5">课岗融通</td></tr>
<tr><td>2</td><td>《幼儿园教育指导纲要（试行）》</td><td>•养成幼儿注意倾听的习惯。
•鼓励幼儿大胆、清楚地表达自己的想法和感受。</td><td>任务二</td></tr>
<tr><td>3</td><td>《幼儿园教师专业标准（试行）》</td><td>•制订阶段性的教育活动计划和具体活动方案。
•在教育活动的设计和实施中体现趣味性、综合性和生活化，灵活运用各种组织形式和适宜的教育方式。
•提供更多的操作探索、交流合作、表达表现的机会，支持和促进幼儿主动学习。</td><td>任务一
任务二</td></tr>
<tr><td>4</td><td>《幼儿园保育教育质量评估指南》</td><td>•采用小组或集体的形式讨论幼儿感兴趣的话题，鼓励幼儿表达自己的观点。
•幼儿能放心大胆地表达真实情绪和不同观点。</td><td>任务二</td></tr>
<tr><td>5</td><td>《儿童权利公约》</td><td>•应确保有主见能力的儿童有权对影响到其本人的一切事项自由发表自己的意见。</td><td>任务二</td></tr>
<tr><td>6</td><td>《学前教育专业师范生教师职业能力标准（试行）》</td><td>•具有反思意识和批判性思维素养，初步掌握教育教学反思的基本方法和策略，能够对教育教学实践活动进行有效的自我诊断，提出改进思路。</td><td>任务一
任务二</td><td rowspan="2">课证融通</td></tr>
<tr><td>7</td><td>《中小学和幼儿园教师资格考试标准（试行）》</td><td>•能根据教育目标和幼儿的兴趣需要和年龄特点选择教育内容，确定活动目标，设计教育活动方案。
•关注个体差异，能根据幼儿的个体需要给予指导。</td><td>任务一
任务二</td></tr>
<tr><td>8</td><td>全国职业院校技能大赛高职组“学前教育专业教育技能”赛项</td><td rowspan="2">•教学设计评价标准
•专家提问评价标准</td><td rowspan="2">任务一
任务二</td><td rowspan="2">课赛融通</td></tr>
<tr><td>9</td><td>《高校师范生教学技能大赛评分标准》（以福建省为例）</td></tr>
</table>

任务一

复写与评析幼儿园谈话活动

一、任务导入与学习目标

学习规范撰写活动设计是教师有效开展教学活动的前提。本任务将为大家提供幼儿园语言教育活动设计撰写的基本规范，协助大家达成以下学习目标：

1. 客观全面复写教学活动设计，乐于分享、互助并倾听同伴的不同意见。
2. 熟记幼儿园语言教育活动设计的基本规范。
3. 运用活动设计的基本规范，评析幼儿园谈话活动。

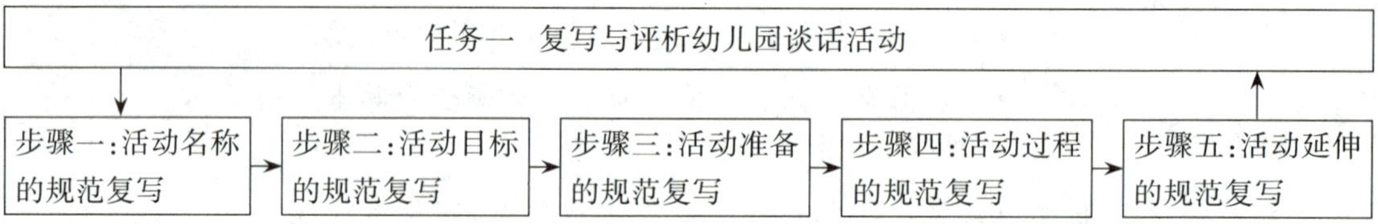

图 3.1　任务一学习流程图

二、任务步骤与关联知识

幼儿园语言教育活动设计的要素主要包括：活动名称、活动目标、活动准备、活动过程与活动延伸。

步骤一：活动名称的规范复写

活动名称体现的是语言教育集中教学活动的主题。活动名称的撰写要清晰明了、简洁规范、主题鲜明，交代清楚活动面向的年龄班、活动类型及活动内容。如中班看图讲述活动《熊猫胖胖的梦想》、小班谈话活动《幼儿园真好玩》、大班故事欣赏活动《有朋友真好》。

步骤二：活动目标的规范复写

活动目标是幼儿通过本次集中教学活动的学习应该达成的具体目标。一般情况下，某次集中教学活动的具体目标不要过大，条目不要过多，以2—3条为宜。目标设计要体现：

（1）活动目标的内容和要求在方向上要与幼儿语言教育总目标、年龄阶段目标一致。幼儿园语言教育活动的具体目标要为年龄阶段目标及幼儿园语言教育的总目标服务。因此，教师一要思考本班幼儿所在年龄阶段的典型行为表现及发展水平，二要思考本次语言教育集中教学活动可关联的幼儿园总目标是什么。通过“具体目标—年龄阶段目标—幼儿园语言教育总目标”三级目标结构的层级关联，能有效帮助教师明晰目标指向并实现教学目标。

（2）活动目标要符合幼儿已有的认知发展水平。活动目标的设计要充分考虑幼儿已有的认知发展水平。教师要思考本班幼儿已经会了什么、能学习什么、怎么学习更适合。目标设计对本班大部分幼儿来说不能太难，也不能太简单，在充分分析最近发展区的基础上让幼儿“跳一跳，够得着”。

（3）活动目标要全面。幼儿园语言教育的目标要涵盖认知、能力与情感态度3个维度，缺一不可。

①认知目标主要是指在本次活动中要完成的具体任务或者要达到的水平。在设计语言教育活动目标时用词如：认识、了解、知道、理解、领会、记住、区别、判断等。

②能力目标主要是活动过程中某种能力的形成。在设计语言教育活动目标时用词如：说出、复述、讲出、描述、学说、创编、运用、掌握、提高等。

③情感目标主要是活动过程中幼儿情感的体验或形成某种积极的态度。在设计语言教育活动目标时用词如：乐意、愿意、喜欢、热爱等。

【目标设计举例】大班诗歌欣赏活动《落叶》

①通过动作表演、欣赏、讨论的方式理解作品内容，理解“飘落”的含义。

②大胆想象，按照作品的句式结构进行仿编，并在同伴面前有感情地朗诵。

③感受“风起叶落”的优美意境。

（4）活动目标要重点突出关键经验。幼儿园语言教育活动的基本类型有谈话活动、讲述活动、听说游戏、文学作品欣赏活动与早期阅读活动，每种活动类型都有其特定的关键经验。教师在设计教学活动目标时，要充分考虑所属活动类型的关键经验，突出活动设计的目标重点。

【目标设计举例】在中班看图讲述活动《小鸭子找朋友》中，教师设计的目标重点是“使用丰富多样的词句进行有条理的讲述”。其目标表述如下：

①愿意耐心地倾听同伴的表述，体验表达的乐趣。

②理解故事内容，学说拒绝别人的礼貌用语，学习词汇：孤单、蹦蹦跳跳。

③能对动物进行观察比较，了解小动物们的生活习性，并尝试连贯讲述故事的主要情节。

(5)活动目标应从幼儿学习成果的角度进行表述。活动目标陈述应体现幼儿通过教育活动之后,在语言等方面发生的变化,即以幼儿为行为主体,表述幼儿通过学习活动后应该达到的发展程度。

(6)活动目标表述应具体、准确、可观察、可测量。行为目标要以幼儿具体的、可观察的行为来表述,要指向幼儿所发生的行为变化,要客观、可操作性强,避免笼统和抽象。

【目标设计举例】中班早期阅读活动《谁的自行车》目标设计清晰,明晰地指出了幼儿的学习内容与目标达成程度。其目标表述如下:

①关注绘本的画面细节,理解故事内容,能根据动物特性和车子特征推测自行车的主人。

②大胆想象,积极参与讨论,尝试说出自己喜欢的1—2个故事情节。

③体验阅读和猜想的乐趣。

步骤三:活动准备的规范复写

周全细致的活动准备是语言教育活动顺利开展的前提,通常包括物质准备和经验准备。

(1)物质准备。主要是教具、学具、教学设备及场地等的准备;要求写清楚名称、数量与具体要求。物质准备不宜多、复杂,要视具体活动目标与内容的需求,要有利于活动的顺利开展。

(2)经验准备。主要是幼儿的已有相关知识信息、语言经验和心理准备等。活动开展之前,教师要充分考虑幼儿是否具备充分的生活或学习经验以支持活动的开展;还要考虑通过哪些途径和方式来丰富幼儿的相关生活经验。如谈话活动《美味的家乡小吃》,活动前教师可以设计调查表,引导家长和幼儿共同调查家乡的美食。

步骤四:活动过程的规范复写

活动过程是教学活动设计的重要部分。设计中要注意以下几点:

(1)活动过程要完整,包含开始部分、基本部分与结束部分。

开始部分即活动导入,要在较短的时间内引起幼儿的注意与兴趣。活动导入方式多种多样,有儿歌和谜语导入、演示导入、承接方式导入、悬念导入、歌曲导入、情境表演导入、游戏导入等,教师要视具体活动内容选择。

基本部分是活动设计的主体部分。不同类型语言教育活动的基本部分都有特定结构,教师要根据活动类型的特定结构进行设计。

结束部分因活动内容而有较大差异。一般有总结性结束、悬念性结束、活动性结束,要求简洁明快、生动有趣。

(2)活动过程要按环节凝练出层级标题。标题/小标题的撰写要清晰具体,体现教师行为/幼儿行为以及活动目的,即"用什么?""做什么?""为什么?"

【过程设计举例】大班谈话活动《手机功能大》的活动环节：

①以问题导入，调动幼儿参与谈话的兴趣。

②幼儿讨论手机功能，教师梳理幼儿经验。

③出示情境图片，围绕“手机”话题扩展谈话内容。

④畅想未来的手机，说一说未来手机的功能。

（3）每个环节要撰写清楚教师的提问与引导语。教师的提问是重点，教师在活动中的具体提问、可能的追问及引导语要在活动设计中体现出来。

引导语：可以说一说弟弟妹妹叫什么，和弟弟妹妹之间发生过什么有趣的事情。

提问：你们觉得他们小组判断得对不对？你们有什么不一样的观点？为什么觉得图片上的做法是错误的？

（4）重要环节要体现教师的指导要点/观察要点。在活动的重要环节，特别是幼儿的自主操作或分组讨论时间，教师要写清楚指导要点或观察要点。

指导要点：教师引导幼儿用简单的符号记录讨论内容，并用序号清楚记录，以免遗漏。

（5）活动过程要紧扣目标。教师要明确每个环节的设计与实施是为了教学目标的实现。尤其是重点目标，教师要思考在活动过程中是否体现、如何体现、体现程度等问题。如大班谈话活动《手机功能大》的学习目标有“用简单的符号记录讨论内容”“以讨论补充的方式相互交流自己的想法”，那么在活动过程中就需要体现教师如何引导幼儿讨论并记录结果，如何引导幼儿在交流过程中相互补充。

步骤五：活动延伸的规范复写

活动延伸是为了保持教育活动的连贯性与完整性，同时照顾幼儿的学习兴趣与个体差异。语言教育活动的延伸可以是领域渗透、家园共育、区域活动、环境创设、户外活动等。教师在设计活动延伸时要考虑活动延伸是否具有可行性，活动延伸是否有效延伸本次活动的学习经验，活动延伸是否能兼顾幼儿兴趣与个体差异，同时还要根据活动实施的具体情况适时调整。

三、任务表单

请观看大班谈话活动，结合幼儿园语言教育活动设计撰写的基本规范，复写出完整的活动设计；同时对复写情况展开自我或者小组的评析与修订。

大班谈话活动

任务表单3.1

幼儿园谈话活动复写评析表

基本要素	复写要求	复写记录	自我/小组评析与修订
活动名称	1.清晰明了,简洁规范。 2.交代清楚年龄班、活动类型及活动内容。		
活动目标	1.与总目标、年龄阶段目标一致。 2.符合幼儿已有的认知发展水平。 3.要全面。 4.重点突出关键经验。 5.从幼儿学习成果的角度表述。 6.应具体、准确、可观察、可测量。		
活动准备	1.写全物质准备与经验准备。 2.物质准备写清楚名称、数量与具体要求。 3.经验准备写清幼儿已具备的生活或学习经验。 4.活动准备描述要清晰、准确、具体。		
活动过程	1.完整,包含开始部分、基本部分与结束部分,不漏项。 2.按环节凝练出层级标题,标题/小标题的撰写要清晰具体,体现教师行为/幼儿行为以及活动目的。 3.每个环节要撰写清楚教师的提问、追问与指导语。 4.重要环节要体现教师的指导要点/观察要点。 5.要紧扣目标。		
活动延伸	1.描述要清晰、准确、具体。 2.要与本次活动内容相关。		

四、任务评价与改进

1.请你对任务一的完成情况进行自我评价。

学习任务	合格	良好	优秀
复写与评析幼儿园谈话活动。	□能根据活动组织实施视频,基本完整复写活动设计。	□能对复写完成情况展开自评与他评,并说明理由。	□能针对复写完成情况,提出具体、适宜、可行的建议并修订完善。

2.针对任务一,你觉得自己还有哪些需要改进的地方?

存在问题:____________________

产生原因:____________________

____

解决办法:____________________

____

任务二

设计与调整幼儿园谈话活动

一、任务导入与学习目标

学习设计与调整幼儿园谈话活动，能帮助大家明晰教学思路，聚焦谈话活动的核心，有效开展教学活动。本任务将为大家提供幼儿园谈话活动的类型、特征、目标、组织实施步骤，协助大家达成以下学习目标：

1. 秉持严谨规范的态度撰写活动设计。
2. 理解并熟悉谈话活动的特征、目标与基本步骤。
3. 能选择适合幼儿谈论的话题，会设计并调整幼儿园谈话活动。

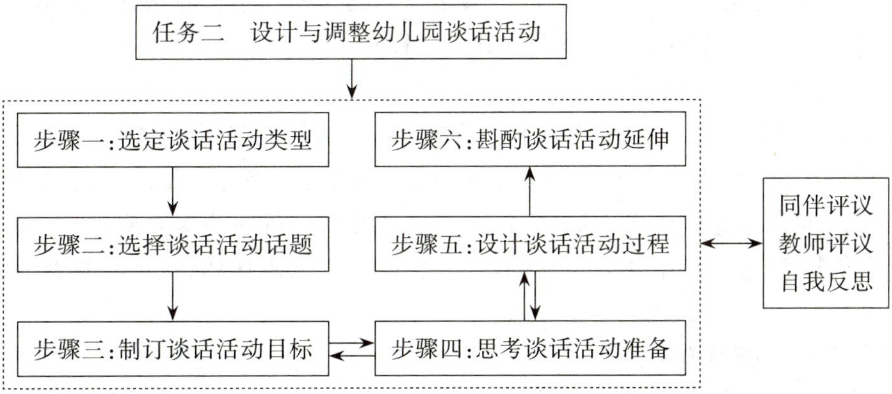

图 3.2　任务二学习流程图

二、任务步骤与关联知识

步骤一：选定谈话活动类型

幼儿园的谈话主要有日常谈话与集体谈话两种形式，其主要区别如下表所示：

类型	日常谈话	集体谈话
话题	不固定	相对固定
时间	一日生活的各个环节	正式活动时间
形式	日常个别谈话、日常集体谈话	教师组织的集体活动
参与对象	有教师参与，也可以没有	教师参与
特点	情境性与随机性较强 即时关注儿童的谈话兴趣 关注儿童语言的个别差异	计划性与目的性强 有明确的活动目标与活动实施步骤

步骤二：选择谈话活动话题

常见谈话话题

一个有趣的中心话题能够帮助幼儿明确谈话的方向，聚焦谈话的内容。幼儿园谈话话题的选择要考虑以下要点：

1. 话题是否是幼儿熟悉的

幼儿要有话说，就需要具备丰富的谈话素材。而谈话素材的多少则取决于他们对话题的熟悉程度。因此，中心话题的选择要考虑是否绝大部分幼儿有过共同的或者相似的生活经验。如家乡的风味美食、有趣的端午节、我的好伙伴、我最喜欢的游戏等。这些主题，每个幼儿都经历过，且有自己独特的感受和想法。他们不仅有很多话要说，还说得不一样，在语言交流的过程中，信息就得到分享与补充。

2. 话题是否是具体明确的

受认知水平的影响，幼儿谈话的中心话题一定要具体明确，切忌模糊不清、模棱两可。谈话话题具体，谈话内容明确，既指明了方向，又限定了范围，幼儿谈话的思路也更加清晰，知道可以围绕话题说什么。如家乡的小吃，幼儿可以说一说家乡有哪些小吃，它们有什么特别的味道，它们是用什么材料制作的，它们是怎么制作的，这些小吃背后有什么故事等。

3. 话题是否是新鲜有趣的

新鲜有趣的话题能够激发幼儿想说的欲望。因此，话题的选择要考虑幼儿身边正发生的事情，要考虑他们对这些事情的兴趣。如最近幼儿园正在搬迁，幼儿最感兴趣的便是新园、新班级的样子。教师可以以此为契机，带领幼儿参观后，一起说一说。

4. 话题是否是正面积极的

幼儿谈话的话题内容必须是正面积极的，不能对幼儿的身心发展及价值观的树立造成不良影响。幼儿生活中可能会接触的不良习俗及封建迷信，教师要辨别并合理引导。

步骤三：制订谈话活动目标

幼儿谈话能力发展

幼儿园谈话活动着重从情感态度、能力和认知三个方面培养幼儿运用口头语言与他人交往。

1. 情感态度目标：认真倾听他人讲话，乐意参与交谈活动

倾听是交流、沟通的基础，认真倾听并理解他人讲话是确保谈话活动顺利开展的前提，是幼儿学习谈话的第一步。良好的倾听习惯和能力是幼儿发展谈话能力的首要核心经验。幼儿园阶段，幼儿倾听的习惯与能力是逐步养成的，逐渐从有意识的倾听、辨析性的倾听到理解性的倾听。

有意识的倾听：有主动倾听他人交谈的意愿，能集中注意倾听他人讲话，感知交谈的信息并做出回应。如在谈话活动《我的弟弟妹妹》中，幼儿两两交谈图册内容时，你一言我一语，幼儿能集中注意主动倾听同伴说话便是有意识的倾听。

辨析性的倾听：在交流过程中对交谈对象言语的声调变化及表现出的不同情绪有感知，能区别交谈对象表达的不同信息。如在谈话活动《我的弟弟妹妹》中，当个别幼儿分享与弟弟妹妹相处的趣事时，作为听众的其他幼儿能根据说话者的语气、语调感受出他此时的心情是高兴的还是难过的，这便是辨析性的倾听。

理解性的倾听：幼儿在充分感知交谈语境的基础上，连接交谈过程中前言后语的相关信息，理解交谈对象表达的主要内容与意图，并形成自己的观点与见解。如在谈话活动《我的弟弟妹妹》中，当个别幼儿分享完与弟弟妹妹相处的趣事后，教师面向全体幼儿提问："你们有什么问题想问他吗？"随即有几名幼儿发问："你的妹妹几岁了？""你爱你妹妹吗？""你平时都跟妹妹玩多长时间？"等等。幼儿是在综合分析并判断说话者说话信息与说话意图的基础上形成这些问题的。这便是理解性的倾听。

谈话既发展幼儿的口头语言能力，又培养其人际交往与社会适应能力。教师应当引导幼儿积极参与小组与集体的谈话，大方、大胆地与人交流。例如：

（1）愿意在集体中讲话，乐意用语言表达自己的想法与感受。

（2）主动、愉快地参与交谈，积极回应他人的言语。

（3）乐于参与讨论，敢于发表不同意见。

2. 能力目标：围绕话题充分表达，学习运用初步的谈话策略

幼儿要学习围绕一定的话题进行交谈，做到不偏题、不跑题，不说与话题无关的信息。交谈过程中清楚地表达自己的想法、观点、请求、愿望、需要、感受等，发音清楚，音量、语速适中，便于他人倾听与理解。

在谈话和交流的过程中，为了使谈话的信息得到充分分享、谈话的话题得到充分延展，幼儿还需要学习运用一定的谈话策略。如谈话者往往会提高声调、语气以表达自己的坚定立场；会使用摇头、摆手等表情或其他肢体动作表示不赞同他人的观点；会通过举例来解释自己的观点和想法；会通过提问、追问得到进一步的信息；会通过修正、补充来完善自己的表达等。谈话策略的有效使用能更好地帮助交谈对象互相理解，并及时调整谈话信息与内容，进一步维持谈话，确保谈话顺利、流畅。

3. 认知目标：知道要礼貌交谈，理解交流与表达的基本规则

谈话是一种集体交往行为，需要一定的规则对交谈对象的行为进行适当的约束。缺乏这些规则，谈话活动就会受到干扰、打断与破坏，一个完整、有序的谈话活动将无法进行。因此，幼儿需要学习语言交往的基本规则，如使用文明礼貌用语；认真倾听他人讲话，能及时给予回应；轮流说话，不抢话、不插嘴；发言时会先示意等。

谈话活动目标范例

上述三类目标统一在谈话活动的整体目标之中，各个目标之间不是孤立的，它们相互联系、补充。在具体谈话活动中，教师要根据幼儿身心发展的特点和需要进行适当的调整和整合。

常见问题1：谈话活动“重说轻听”

谈话活动的核心目标是提高幼儿与人交谈的语言能力，但谈话是一种交流互动，“说”只是谈话的一部分，“说得好”“说得多”离不开幼儿的有效倾听。“听”能帮助幼儿在交流交往中及时捕捉重要的、有效的语言信息。只有“听到了”“听懂了”，幼儿才能及时反馈、轮流表达。

因此，教师在组织实施谈话活动过程中，要注意培养幼儿的倾听能力，可以通过以下方式：①创设有序的环境，安排座位，确保每个幼儿在教师的视线范围；②运用眼神、表情、体态、活动前的规则明确、活动中的语言提醒，如“你先听听他是怎么说的”等提醒幼儿尊重他人的发言；③借助巧妙提问，如“你同意他的想法吗？”“你有什么需要补充的吗？”等问题提醒并判断幼儿的倾听情况。

常见问题2：谈话活动“强调句式”

谈话活动与讲述活动虽然都是培养幼儿口头语言表达能力的基本途径，但二者各有侧重。谈话活动侧重运用口头语言与他人交流；讲述活动侧重清楚、完整、连贯的语言表述。与讲述活动相比，谈话活动中语言使用更加随意、自由，语言表达不强求规范、严谨，语言环境更加宽松、活泼，语言形式是不拘的，以说明想法为目的。教师不应当因为发音不标准、用词不恰当、语法不规范等问题随意打断幼儿的话，不要刻意“纠正”、抢着“教学”，让幼儿重复练习。出现这种情况，教师可以用正确的表达方式看似随意地说一遍，暗示幼儿发现自己的错误，学习正确的表达，以免打击幼儿说话的积极性。

步骤四：思考谈话活动准备

幼儿园谈话活动的顺利开展需要幼儿具备较为丰富的谈话素材，而谈话素材的多少取决于活动前幼儿相关经验的积累，积累越多，说得越多。因此，谈话活动的准备至关重要，除了要准备相应的环境材料支持活动开展，更为重要的是幼儿经验的准备。如谈话活动《我的家人》，活动前教师可以设计一份问卷调查表，引导幼儿在调查表上记录家人的喜好、家人的特长等，帮助幼儿更好地了解自己的家人。再如谈话活动《手机功能大》，活动

前教师可以引导幼儿和家长一起通过图书、网络等方式了解手机电子产品的发展历史、多种功能与发展趋势，帮助幼儿全面掌握所谈话题的信息。

步骤五：设计谈话活动过程

1.谈话活动的特征

（1）是多方交流的互动过程。

师幼多方交流片段

谈话是交流、是互动，是对话语言。无论是何种形式的谈话，每个人每次说话的时间都不会很长。当一个人讲出一件事情、说出一个观点、提出一个问题、表达一个想法后，就会有交流对象进行回应，或赞同，或反驳。针对同一个话题或问题，不同交流对象的认识、看法或观点也不尽相同。因此，谈话活动是一个多方交流、多信息循环流动的互动过程。教师在组织谈话过程中要避免一问一答，应尽可能为幼儿创设双方或多方、幼幼或师幼之间的交流机会，让孩子想说、敢说、有机会说。

（2）是轻松自由的交流氛围。

谈话活动的语境是轻松自由，没有负担的。幼儿不必担心因为说错、说不好而受到批评或者惩罚。教师在创设宽松自由的谈话语境时，要注意以下几点：

①谈话内容没有统一标准，不要要求幼儿统一认识。只要是围绕中心话题展开交流与讨论，不破坏交流与表达的规则，幼儿可以根据自己的意愿与内心感受自由表达个人的想法与见解，说自己想说的话，说自己独特的经验。如有的幼儿觉得在室内玩游戏好玩，因为室内有好多玩具，可以遮风避雨；有的幼儿觉得还是在户外玩游戏好玩，户外可以随处跑动，空气清新，可以玩沙玩水。每个人的生活经历和感受不一，表达的观点自然也不同。在没有对错与标准的语言环境中，幼儿更能充分地表达与交流。

②谈话形式自由，不要强求幼儿使用规范语言。人们在交流表达的时候，往往是一边在头脑中高速组织语言，一边快速输出言语表达观点。受思维水平发展的制约，幼儿难以在短时间内迅速、高效地组织言语，难以用完整、清晰、连贯的语言生动形象、有条有理地输出言语。因此，教师在谈话活动中不要特别强调语言的规范化，不要打断幼儿的表达，不要要求幼儿刻意去学习某种句式，允许幼儿语言表达形式自由，想说就说。

（3）教师起间接引导的作用。

谈话活动中，教师是随时准备回应的倾听者，是随时准备加入的参与者。其间接引导作用主要体现在：

①创设宽松、自由、平等的交流语境与氛围，引导幼儿消除疑虑恐惧，大胆表达。

②巧用提问引出话题、转换话题、拓展话题，帮助幼儿明晰谈话思路，深入表达。

③充分运用平行谈话、隐性示范、策略引导，支持幼儿学习谈话经验，达成交往。

2.谈话活动的基本步骤

一般来说，可将谈话活动分为三个步骤进行设计与指导。

（1）创设情境，引出话题。

谈话活动范例

谈话活动设计的第一步是创设谈话情境，引出谈话话题，帮助幼儿聚焦谈话的对象与内容。谈话情境的创设或谈话氛围的营造,能够激发幼儿参与集体谈话的积极性,调动幼儿对话题有关经验的联想,打开谈话思路,做好参与谈话的准备。创设谈话情境的主要形式有:

①以实物等可视形象创设情境。教师通过区域布置、环境墙饰、实物摆设、图片、模型等为幼儿提供与谈话主题有关的可视形象,调动他们关于谈话主题的感性经验,打开谈话的思路,加强对话题的持续关注与兴趣度。如在大班谈话活动《美味的家乡小吃》中,教师将家长和幼儿提前准备的有关家乡美食的图片、黏土玩具等布置成"美食展览",幼儿可以一边参观,一边回忆他们关于家乡美食的相关经验。

②用形象生动的语言创设情境。教师可以通过形象生动的语言说一段话或提一些问题唤起幼儿对谈话主题的回忆,调取他们的生活经验与关联信息,自然切入话题进入谈话情境。同样在大班谈话活动《美味的家乡小吃》中,教师可以通过这样一段话:"小朋友们,每个人都有自己的家乡,你们的家乡在哪里？老师的家乡在福州,福州有一种特别的小吃,叫作'鼎边糊'。你们知道你们家乡有哪些特别的小吃吗?"吸引幼儿的注意力。

游戏导入范例

③用游戏或表演形式创设情境。游戏或表演的形式好玩有趣,也更容易引发幼儿的兴趣。如在大班谈话活动《小螃蟹找工作》中,教师充分利用小螃蟹的动画形象,逐步出示"五彩泡泡—螃蟹身体—螃蟹眼睛—螃蟹钳子",鼓励幼儿大胆猜测活动的主人公以及它会找什么工作。有趣的动画、无限的想象、好玩的猜谜游戏瞬间将幼儿的注意力高度集中,激发幼儿表达自己的想法。

④以其他活动延伸的话题创设情境。谈话话题也可能来源于幼儿在其他活动中的思考或活动延伸。例如幼儿在阅读图画书《小真的长头发》之后,引出"长头发好还是短头发好"的话题。教师可以充分结合前期活动中幼儿的问题、困惑与思考,引出此类话题。

> 教师在创设谈话情境时要注意:
>
> ①情境创设是为话题交流服务的。无论以何种方式创设情境,都必须以有利于谈话为前提。过于花哨、复杂的形式反而会分散幼儿的注意力。教师要避免将过多的注意力用于环境创设、实物摆设、游戏玩耍、情境表演,而忽略了谈话话题本身的聚焦性。
>
> ②情境创设形式宜简洁明了。紧扣中心话题,直接连接话题内容,引题时间一般不超过3分钟。

(2)围绕话题自由交谈。

引出谈话话题后,教师要给予幼儿充足的时间和机会围绕话题进行自由交谈。这一步骤的目的在于调动幼儿个人有关中心话题的知识与信息储备,运用已有的谈话经验自由表达自己对话题的见解与感受,体会谈话交流的乐趣。教师设计与组织这一环节时要注意:

①提供支持表达的材料。为了让幼儿把更多的精力投入话题的交流中,避免因谈话素材或信息的搜索不足而导致"无从开口"或"无话可说"。教师可以结合谈话话题,适当

提供实物、图片或多媒体动画等，让幼儿在看、听、体验中更好地回忆已有的生活经验，使谈话更具体、更深入、更生动。如在谈话活动《我的弟弟妹妹》中，幼儿一边拿着与弟弟妹妹在一起的相册，一边与同伴进行交流。

②让幼儿自由交谈。不管是幼儿与幼儿之间、教师与幼儿之间的两两交流，还是小组的集体交流，只要是围绕中心话题，教师应允许幼儿说任何跟话题有关的想法，不需要做示范，不需要给幼儿提示，不需要纠正幼儿的发音或用词造句的错误，而是要支持幼儿想说、敢说、多说。

③关注谈话的多向交流。教师要鼓励每一位幼儿积极参与谈话，允许幼儿自由选择交流对象，可以两个、三个或者多个组成交流小组，真正形成双向或多向的交流，实现信息最大程度的共享，也让谈话的氛围更加轻松、融洽。教师在提问的过程中，也应该“由点到面”，引导幼儿在倾听理解他人讲话的基础上，进行补充、质疑或反驳，形成幼幼、师幼间的多方联动。

④适当增加操作的机会。语言的重复练习容易让幼儿失去兴趣。因此，教师可以根据话题的需要，在谈话活动中适当增加动手动脑的操作活动。如在大班谈话活动《小螃蟹找工作》中，针对“小螃蟹适不适合当图书管理员”这一问题，教师请幼儿用剪刀当作螃蟹的小钳子来整理书架，一起试一试。这样的设计极大维持了幼儿的谈话兴趣，也使幼儿通过动手尝试更加明确自己的想法和观点。

⑤教师在场并参与谈话。幼儿自由交谈时，教师必须在场。教师在场会让他们感觉到自己的谈话是有价值的。教师可以采取轮番巡视的方式加入幼儿的谈话，听一听他们的想法，看一看他们的参与程度，说一说自己的想法，评一评他人的想法。用微笑、点头、凝视、抚肩等体态语言或是提问、追问等方式给予幼儿鼓励、提醒与回应。

⑥及时关注个体差异性。幼儿之间口头语言的差异在自由谈话环节更突显。性格外向、语言表达能力强的幼儿往往能说会道，敢于表达；性格内向、语言表达能力弱的幼儿常常光听不说，显得被动。教师可以考虑把不同语言发展水平和不同个性的幼儿安排在一起，以强带弱，相互促进；同时为性格内向、语言表达能力弱的幼儿多创造说话的机会，给予他们鼓励与支持。

(3)逐步拓展谈话范围。

当幼儿自由交谈之后，教师要集中引导幼儿逐步拓展谈话范围，深入谈话内容。可以根据不同的观点进行分组，以小组为单位展开表达不同的意见。这一步骤是谈话活动的重点与核心。教师通过提问或启发的方式帮助幼儿扩展谈话思路，回忆起更多的生活体验与经验信息，引导幼儿进一步学习运用新的谈话经验，提高幼儿的谈话水平。

所谓谈话经验，是谈话思路、谈话规则和谈话方式的总和。教师不能片面理解谈话经验，将谈话经验等同于对某种词汇或句式的学习。每一次谈话活动要根据幼儿园语言教育的总要求、谈话活动的特征、谈话活动的目标分析本次谈话活动中幼儿谈话经验的“增长点”。

教师设计与组织这一环节时要注意：

①话题拓展是逐步深入、层层递进的。自由交谈环节结束之后，教师要重点思考，根据幼儿的生活经验还可以引导他们围绕中心话题谈论什么？先谈什么？再谈什么？一般情况下，要由浅入深，先从幼儿熟悉的生活经验谈起，即他们经历过的具体事件，如吃了什么、做了什么、看了什么、玩了什么等。再谈论自己的想法、感受，如喜欢什么、不喜欢什么，赞同什么、不赞同什么等。大班谈话活动《我的弟弟妹妹》中话题是这样拓展的：介绍自己的弟弟妹妹—平时和弟弟妹妹一起做了什么—什么时候喜欢或不喜欢弟弟妹妹—怎样当一个好哥哥或好姐姐。话题层层深入，逐步开拓谈话内容。

②有效提问支持幼儿谈话经验的获得。教师在这一环节的说话内容和提问方式直接关系到幼儿语言学习经验的获得。

a.重视幼儿的不同观点与感受、独特经验与想法以及困惑的表达。如有的孩子说不喜欢自己的弟弟妹妹。教师要给予充分的时间和机会引导幼儿大胆表达“发生了什么特别的事情让你不喜欢弟弟妹妹”。

b.教师可以以提问或平行谈话的方式展示新的谈话经验，以隐性示范的方式将这种经验逐步传递给幼儿，引导幼儿沿着谈话思路去说，潜移默化地学习运用新的谈话经验。

c.善于借助发散性与开放性的提问引发幼儿深入思考。如“弟弟妹妹做了什么让你不开心?”“爸爸妈妈为什么会这样对弟弟妹妹?”“你们同意他们的做法吗，为什么?”“你有没有更好的办法?”等，充分地让幼儿在不同问题之间进行思考。

常见问题3：谈话活动“一言堂”

谈话是多方交流的活动，教师在组织实施谈话活动时切忌“一言堂”，避免教师说得多，幼儿说得少；有的幼儿说得多，有的幼儿说得少。教师的平行谈话只是为幼儿的谈话思路起到指引与示范作用，而不是长篇大论、滔滔不绝，甚至取代幼儿成为“主角”。在两两交流与分组交流中，教师可以尝试强弱组合，以强带弱，鼓励能力强的幼儿多倾听，能力弱的幼儿多表达，加强彼此的互动；教师也可以加入幼儿的谈话，尤其是关注谈话能力与主动性较弱的幼儿，多鼓励多倾听、少批评少要求，避免打击其自尊心与自信心，真正让其想说、敢说、有机会说。

步骤六：斟酌谈话活动延伸

幼儿的学习是持续的、整合的。一次活动结束后，教师要结合幼儿的学习情况与学习兴趣，思考通过何种方式来延续学习经验。活动延伸不可成为可有可无的形式主义。教师需要分析本次活动的学习经验与幼儿近期学习内容的关系，并细细斟酌是延伸到其他领域，还是延伸到区域活动；是延伸到班级环境创设，还是延伸到幼儿家庭学习；等等。延伸学习不在多，而在于切实开展并形成学习经验的有效连接。如在谈话活动《我的弟弟妹妹》中，教师将活动延伸到家庭学习与环境渗透中。①家园共育：请幼儿在家中通过画一画的方式记录自己与兄弟姐妹相处的趣事；②环境渗透：在班级中创设“我爱弟弟妹妹”墙饰，展示幼儿关爱弟弟妹妹的照片、图画等。

三、任务表单

请依据谈话活动设计的要点与步骤，自选或根据教师要求选定年龄班，设计一份谈话集中教学活动。要求：

1. 设计应符合谈话活动的核心经验和不同年龄幼儿语言发展特点。
2. 方案结构完整，包含话题分析、活动目标、活动准备、活动过程、活动延伸等内容。
3. 按照活动设计与实施的步骤列出活动过程每一环节的要点。

任务表单3.2

幼儿园谈话活动设计表

设计步骤	设计内容	反思改进
活动名称		
话题分析		
活动目标		
活动准备		
活动过程		
活动延伸		

幼儿园谈话活动设计评价标准

四、任务评价与改进

1. 请你对任务二的完成情况进行自我评价。

学习任务	合格	良好	优秀
设计与调整幼儿园谈话活动	□能根据谈话活动步骤，完成教学设计。	□设计合理规范，重难点突出，方法得当。	□设计富有创意，方法多元有效。

2. 针对任务二，你觉得自己还有哪些需要改进的地方？

存在问题：________________

产生原因：________________

____

解决办法：________________

____

◆岗位链接

一、综合应用

大(三)班的宣宣前两天跟爸爸妈妈一同参加了舅舅的中式婚礼。回到幼儿园，他就迫不及待地跟同伴分享起婚礼中好玩的事情，如新娘新郎的服装、接亲迎亲、婚宴上的食物等。宣宣的话题勾起了很多小朋友关于参加各种婚礼的回忆，大家你一言我一语，聊得不亦乐乎。

张老师认为婚礼的话题不适合幼儿，便打断了他们的谈论。她试图引导幼儿围绕“手机的功能”展开谈话。“手机可以打电话”“可以听音乐”“买东西”“看时间”“看公交路线”“打视频电话”……小朋友们叽叽喳喳地表达自己的想法。张老师得意地对主班徐老师说：“看咱们班的孩子多会谈话！”

徐老师却陷入沉思，她觉得“谈话”不是简单的“一问一答”，大班幼儿的谈话水平也不应该停留在简单的回应上。

你同意徐老师的看法吗？你会给张老师哪些建议？

二、岗位拓展

学前教育专业毕业的张老师积极响应国家发展特殊教育的号召，毅然来到特殊教育学校参加工作，成为融合班的一名教师。班级里有一个5岁的孩子贝贝，经过长时期的语言康复训练，从开始的无语言到现在可以在有需求的时候，进行正确的表达，如“我要喝水”“我想要汽车”，也建立起了一些常规用语，如“老师好”“老师再见”。随着语训的进一步深入，贝贝在训练过程中也出现了一些问题，如与人交流意愿不强、与人交流时无法等待(总是着急打断)、表达不清晰等问题。我们一起来帮这位张老师想想办法吧！列举1—3条提升贝贝语言沟通能力的策略。

三、创新实践

1. 幼儿园准备组织一次春游，大(一)班的小朋友很高兴。有的说要去这里玩；有的说要去那里玩；有的说坐地铁去；有的说还是乘汽车好；有的在谈论自己要带什么美食……

陈老师想，既然小朋友有这么多问题，那么是否可以生成一个教育活动，带着小朋友一起研究解决这些问题呢？

要求：请帮助陈老师设计一个"我们要去春游了"的谈话活动，写出活动目标、活动准备和活动过程。

【改自2021年上半年全国教师资格证考试真题】

2. 大班的江老师出差两天，回来以后，孩子们都过来告亮亮的状，说亮亮总是搞破坏。江老师把亮亮请来一起解决问题。亮亮说："我不是破坏，我是在表演孙悟空打妖怪！"晶晶一听赶快说："我不是妖怪！我是唐僧！""我也不是妖怪！我是玉皇大帝！""我也是孙悟空！""我也要扮演孙悟空！"孩子们七嘴八舌，早就忘记了告状这件事，都在讨论自己要扮演什么。

问题：请设计一个谈话活动，从孙悟空的行为目的和意义开始，将幼儿的破坏性扮演行为引导成为表演性游戏行为。要求写出活动名称、活动目的和活动过程。

【改自2022年上半年全国教师资格证考试真题】

◆整体学习评价

评价指标	具体表现	达成情况
爱国精神	能结合时事热点与地域文化，基于幼儿生活经验，选择适合幼儿谈论的话题。	☆☆☆☆☆
工匠精神	对问题有探究兴趣，认真完成工作任务，主动反思学习成效。	☆☆☆☆☆
科学精神	1. 能根据活动设计的基本规范，评析幼儿园谈话活动。 2. 能根据谈话活动的目标制订方法及组织实施的基本步骤，设计并调整幼儿园谈话活动。	☆☆☆☆☆
团队协作	主动参与小组讨论，乐意与同伴分享、互助。	☆☆☆☆☆
言优善行	1. 乐于参与幼儿谈话，尊重并积极回应幼儿。 2. 能遵守师范生教师职业规范，做到待人处世诚信友善。	☆☆☆☆☆

◆**学习感悟**

在完成这个项目之前，我在网络上也看到了各种各样的教学设计（教案），有的这样写，有的那样写。我感觉很困惑。通过对这个项目的学习，在老师的带领和同伴的协助下，我了解到教学设计的重要性，也掌握了幼儿园语言教育活动教学设计的基本规范。写好一份科学、规范的教学设计并不容易，需要我们下很大的功夫。

在未来的教师职业生涯中，需要撰写更多的教学设计。我会扎扎实实地运用课堂中所学的知识，一步一个脚印，不断提升自己教学设计的能力。

◎教师评语：秉持科学、专业、规范的态度撰写教学活动设计是教师的基本素养。

项目四

设计与组织幼儿园讲述活动

项目四 教学资源

学习导言

学前儿童讲述活动是让幼儿凭借一定的讲述对象，在相对正式的语言环境中独立完成语言表达的活动。讲述活动以培养幼儿独立构思和独自表达的语言能力为基本目的，要求幼儿运用完整连贯的语言讲述自己感知过的事情，表达自己的观点与想法。

讲述活动对幼儿独白语言的发展尤为重要。通过讲述活动，幼儿有机会在集体里独立讲述自己的想法，并在教师的指导下，能够把事情讲得完整、清楚、连贯，从而促进幼儿语言倾听与表达能力发展。因此，教师组织开展幼儿讲述活动十分必要。

学习任务与关联知识架构图

- 设计与组织幼儿园讲述活动
  - 选择适宜的讲述凭借物
    - 选择适宜的讲述凭借物
    - 明确讲述方式
  - 观摩、评析与调整幼儿园讲述活动
    - 符合讲述活动的基本特点
    - 符合讲述活动的目标
    - 符合讲述活动的基本步骤
  - 设计幼儿园讲述活动
    - 撰写活动名称
    - 撰写设计意图
    - 撰写活动目标
    - 撰写活动准备
    - 撰写活动过程
    - 撰写活动延伸
  - 组织与开展幼儿园讲述活动说课
    - 说设计意图
    - 说活动目标与重难点
    - 说活动准备与教学方法
    - 说活动过程与活动延伸
    - 开展讲述活动说课

学习目标

素养目标	1. 自主学习，能够积极、主动、认真地完成各项任务。 2. 主动参与小组评析，敢于承担说课任务。 3. 精益求精，不断优化讲述活动设计。
知识目标	1. 理解与运用讲述活动的特征与基本步骤。 2. 掌握幼儿讲述活动的目标。 3. 知道说课的基本要素和内容。
能力目标	1. 能观察和记录幼儿的讲述过程，并根据幼儿讲述发展的特点与规律对幼儿讲述内容进行分析与评价。 2. 能规范撰写讲述活动设计及说课稿。 3. 能够开展说课活动，并进行反思与评价。

政策导学

<table>
<tr><th>序号</th><th>政策文件</th><th>政策要点速览</th><th>对应任务</th><th>融合育人</th></tr>
<tr><td>1</td><td>《3—6岁幼儿学习与发展指南》</td><td>•为幼儿创造说话的机会并体验语言交往的乐趣。鼓励和支持幼儿与同伴一起玩耍、交谈，相互讲述见闻、趣事或看过的图书、动画片等。
•引导幼儿清楚地表达，幼儿因为急于表达而说不清楚的时候，提醒他不要着急，慢慢说。
•要耐心倾听，给予必要的补充，帮助他理清思路并清晰地说出来。</td><td>任务一
任务二
任务三</td><td rowspan="3">课岗通融</td></tr>
<tr><td>2</td><td>《幼儿园教育指导纲要(试行)》</td><td>•鼓励幼儿大胆、清楚地表达自己的想法和感受，尝试说明、描述简单的事物或过程，发展语言表达能力和思维能力。</td><td>任务三
任务四</td></tr>
<tr><td>3</td><td>《幼儿园教师专业标准(试行)》</td><td>•在教育活动中观察幼儿，根据幼儿的表现和需要，调整活动，给予适宜的指导。
•在教育活动的设计和实施中体现趣味性、综合性和生活化，灵活运用各种组织形式和适宜的教育方式。</td><td>任务二
任务三
任务四</td></tr>
<tr><td>4</td><td>《学前教育专业师范生教师职业能力标准(试行)》</td><td>•能够根据《幼儿园教育指导纲要(试行)》《3—6岁儿童学习与发展指南》的要求，以及幼儿的兴趣需要和年龄特点，选择教育内容，确定活动目标，设计教育活动方案。
•学会运用各种适宜的方式实施教育活动，鼓励幼儿在活动中主动探索、交流合作、积极表达，能够有效观察幼儿在活动中的表现，并根据幼儿的需要给予适宜的指导。</td><td>任务二
任务三
任务四</td><td rowspan="2">课证融通</td></tr>
<tr><td>5</td><td>《中小学和幼儿园教师资格考试标准(试行)》</td><td>•掌握教学设计、教学实施和教学评价的基本原理和方法，并能在教学实践中正确运用。
•能根据教育目标、幼儿的兴趣需要和年龄特点选择教育内容，确定活动目标，设计教育活动方案。</td><td>任务二
任务三
任务四</td></tr>
<tr><td>6</td><td>全国职业院校技能大赛高职组“学前教育专业教育技能”赛项</td><td rowspan="2">•教学设计评价标准
•专家提问评价标准</td><td rowspan="2">任务二
任务三
任务四</td><td rowspan="2">课赛融通</td></tr>
<tr><td>7</td><td>《高校师范生教学技能大赛评分标准》(以福建省为例)</td></tr>
</table>

任务一

选择适宜的讲述凭借物

一、任务导入与学习目标

讲述凭借物是教师为幼儿开展讲述活动而准备的或幼儿自己参与准备的图片、玩具、实物、情境、多媒体课件或生活经历等讲述对象。幼儿的讲述需要一定的凭借物，它为幼儿的讲述提供了内容范围和指向。不同年龄幼儿讲述凭借物有所区别，在选择时应结合不同年龄特征选择适宜的讲述对象。

本任务将为大家提供讲述活动的基本类型与选材要点，协助大家达成以下学习目标：

1. 理解与掌握讲述活动的基本类型及选材要点。
2. 善于挑选与分析适宜的讲述凭借物。
3. 能根据幼儿年龄发展特征与需求以及不同的讲述方式选择恰当的凭借物。

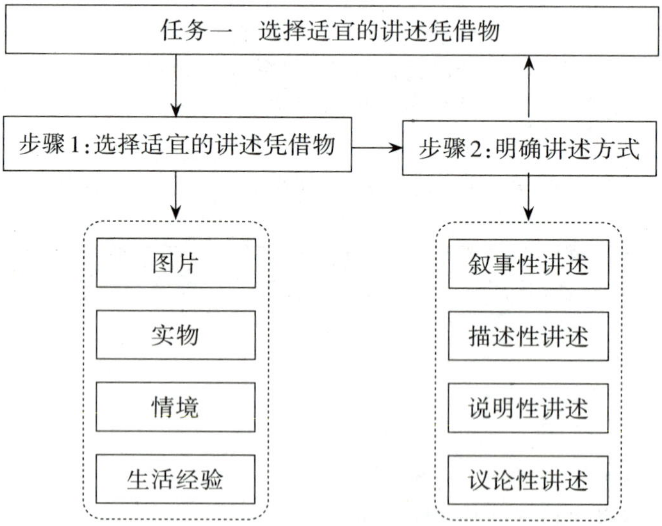

图4.1　任务一学习流程图

二、任务步骤与关联知识

凭借物是幼儿讲述的重要学习支持，它既为幼儿讲述提供了清晰的讲述对象，也为幼儿的讲述提供了明确的指向，支持了幼儿讲述目标的实现。因此，选择适宜的讲述凭借物尤为重要。那么，我们应该如何借助讲述凭借物开展语言教学活动呢？

步骤一：选择适宜的讲述凭借物

为实现讲述活动目标，我们需要选择适宜的讲述凭借物。凭借物可分为图片、实物、情境、生活经验等，其中，图片又分为单张图片、多张图片、排图、拼图、绘图等。受凭借物种类的影响，讲述目标与选择凭借物的要点也有所不同，具体内容如下表所示。

种类	子种类/种类说明	适宜年龄班	发展目标	选材要点
图片	单张图片	小班	能够完整地说简单的句子。在讲述中只要说出：图上有什么？在干什么？图片上主要对象的简单特征是什么？	单张图片上一般人物较少，人物形象突出，强调人物的动作，背景简单。
	多张图片	中班 大班	1. 能够观察、描述图片中的对象及主要特征、图片与图片间的联系，并用完整、连贯的语句表达出来。 2. 能够描述图片的细节、非显著特征，并观察到对象之间、事件之间的关系与联系。	中班：主题明确，线索较复杂，前后图片之间有一定联系；角色较小班略微增多，形象突出，有一定的动作和表情，能从图片中了解角色的心理活动；中班可选用多幅图，但不宜超过4幅，前后图片之间有一定联系。 大班：主题生动、鲜明，图片与图片之间有一定的衔接；画面内容能为幼儿提供想象的空间，角色的心理活动能从画面中反映出来，教师能根据图片的内容，激发幼儿联想画面以外的线索，使幼儿通过观察分析讲出画面上各个事物之间的相互关系；大班可用多幅图，不宜超过6幅。

续表

种类	子种类/种类说明	适宜年龄班	发展目标	选材要点
	排图	中班 大班	1. 能够仔细观察图片，发现图片之间的线索和内在逻辑。 2. 能够根据图片线索进行排列，按照不同排列顺序编出不同的，合乎逻辑的故事。 3. 能够根据不同的排列编构不同的故事情节。	1. 每幅图片的内容既要相对的完整，又要与其他图片有一定的内在联系，图片具有多种排列的可能。 2. 这组图片所反映的内容，必须是幼儿熟悉的。 3. 幼儿能根据图片信息按一种思路排序讲述，也可以按多种思路排序讲述。
	拼图	中班 大班	1. 乐意并能够根据自己的意愿与想象，将教师提供的各种拼图材料构成一个完整的、有情节的故事画面。 2. 能够根据画面进行想象，用连贯、生动的语言将画面清楚地表达出来。 3. 能够根据讲述的需要，发挥想象力、分析力、逻辑推理以及发散性思维，进一步调整、充实画面。	1. 教师在开展拼图讲述时，所选的主题应该是幼儿比较熟悉的、感兴趣的，能够调动幼儿的经验，能发挥幼儿的想象力。 2. 根据主题提供丰富的材料，不同层次、不同类型的拼图材料。
	绘图	小班 中班 大班	1. 能够运用绘画、泥工、折纸等方式，创作出具有完整画面意义的作品。 2. 能够对自己的作品进行整理、分析、概括，形成完整的故事情节。	1. 绘图讲述的主题要选幼儿生活中熟悉的、常见的事。 2. 选择幼儿感兴趣的主题能够激发幼儿讲述的欲望。
实物	选择可以被具体感知的实物作为讲述对象，具有真实可信的特点。	小班 中班 大班	1. 能够仔细地观察事物，提高观察能力与想象能力。 2. 能够清楚、有序讲述事物的主要特征、用途、使用的方法等多方面的内容。	选择贴近幼儿生活的、常见的、幼儿感兴趣的物品进行讲述。

续表

种类	子种类/种类说明	适宜年龄班	发展目标	选材要点
情境	以情境表演作为讲述对象，教师引导幼儿在观看完情境表演后，将表演中的情节、对话和内容完整、连贯地讲述出来。	小班 中班 大班	1. 能够通过视觉与听觉等多种感官，感知理解情境中不断变化的人物形象、动作、表情、语言、关系等。 2. 能够仔细地观察、倾听和理解情境表现的内容，并能够记忆情境内容。 3. 能够大胆地运用自己的语言讲述情境中的环节，并描述事件中的相关细节等。	1. 选择的情境要基于幼儿的生活，有利于幼儿联系自身经验进行理解。 2. 情境事件的发生、发展的线索比较单一，人物角色较少，语言动作较为简单，情节结构明显。 3. 内容符合幼儿欣赏习惯，富有童趣，充满想象。 4. 内容健康有益，积极向上，潜在的语言教育资源丰富。
生活经验	以幼儿经历过的生活事件作为讲述对象。	中班 大班	1. 能够根据不同的方式，回忆、梳理自己生活中印象最深、最感兴趣的事物。 2. 能够大胆、清楚、连贯地讲述生活中的所见所闻，说清事物发生的时间、地点与具体事件等。 3. 能够对事件的具体情节、细节等进行描述。 4. 能够表达自己的真实想法与观点。 5. 能够仔细倾听他人的讲述，积极与同伴分享交流。	1. 选择的主题应该能反映幼儿印象最深刻的、最感兴趣的事物。 2. 通过组织幼儿进行讨论，协商讲述的主题。 3. 根据幼儿在日常观察、游戏、教育活动与参观游览中所积累的生活经验来选择讲述的内容。

步骤二：明确讲述方式

基于幼儿语言发展的目标，应根据不同的讲述凭借物，选择不同的讲述方式。现将不同讲述方式的基本概念、发展目标、适宜凭借物以及指导要点梳理如下，帮助大家选择适宜的讲述方式。

叙事性讲述活动范列

描述性讲述活动范例

说明性讲述活动范例

讲述方式	概念	发展目标	常用凭借物	指导要点
叙事性讲述	叙事性讲述是用口头语言把人物的经历、行为或事情的发生、发展、变化讲述出来。一般要求幼儿能简洁清楚地按顺序讲述事件即可，或以第一人称讲给他人听，或用第三人称讲述他人经历的事情。	1.能够运用丰富多样的词句进行讲述，并对细节进行描述。 2.能够围绕主题，有顺序、有重点地讲述事情的发生时间、发生地点、人物、发生发展、结果。 3.能够围绕讲述的事物进行构思，表达自己的观点和想法。	1.图片 2.情境 3.生活经验	1.根据幼儿的已有经验选择讲述的主题，应选择幼儿感兴趣的、经历过的事情作为讲述的内容。 2.开展讲述活动时，应该为幼儿提供有效的支持，运用图片、图表、思维导图等引导幼儿讲述。 3.善于运用提问的方式启发幼儿，帮助幼儿进行讲述。
描述性讲述	描述性讲述是用生动形象的语言，把人物的状态、动作，或物体以及景物的性质、特征具体讲述出来。重点让幼儿初步尝试使用具体、生动、形象的词语说话，同时抓住事物的主要特征进行描述。	1.能够尝试运用形容词、动词等词汇生动地描述人物的语言、动作、表情。 2.能够描述事物发展的一些细节与主要的特征。	1.图片 2.实物 3.情境 4.生活经验	1.引导幼儿仔细观察人物的状态、动作或者事物的性质、特征，并具体描述出来。 2.拓展幼儿的词汇，引导幼儿使用生动、具体、形象的词语描述。
说明性讲述	说明性讲述是用简单明了的语言，把事物的形状、特征、功用等解说清楚。说明性讲述不需要使用生动形象的形容词，只要表述明白事物状态，交代清楚它的特点来源。	1.能够运用规范准确、简洁明了的词句讲述事物的各种特征。 2.能够按照一定的顺序讲述事物的特征，能够分清主次，有重点地讲述。	1.图片 2.实物 3.生活经验	1.活动前，帮助幼儿丰富讲述对象的相关经验。 2.选用多样化的凭借物激发幼儿讲述欲望。如让幼儿自己选择讲述的图片或者实物，或者通过动手操作的方式呈现讲述对象。 3.根据凭借物选择不同的活动方式开展讲述活动。
议论性讲述	议论是讲道理或论是非，议论性讲述通过摆观点、摆事实来说明自己赞成什么或反对什么。	1.能够进行独立构思，表明自己的立场，清楚、连贯地讲述自己的观点与想法。 2.能够在讲述的过程中清楚地说明自己的理由。	1.图片 2.情境 3.生活经验	1.帮助幼儿明确自己的立场。 2.通过引导幼儿举例子、摆观点来梳理自己的观点与想法。

三、任务表单

从讲述凭借物中为不同年龄段幼儿各挑选一个适宜的讲述凭借物，并选择适宜的讲述方式，说说你的选择理由。

任务表单4.1

讲述凭借物分析表

年龄段	讲述方式	凭借物	说明理由
小班			
中班			
大班			

讲述凭借物范例

四、任务评价与改进

1. 请你对任务一的完成情况进行自我评价。

学习任务	合格	良好	优秀
选择适宜的讲述凭借物。	□能初步选择适宜的凭借物，但无法分析凭借物的特点，与讲述方式的匹配度。	□能选择适宜的凭借物，分析凭借物的特点。依据凭借物选择适宜的讲述方式进行讲述。	□选择适宜的凭借物，准确分析凭借物的特点，运用适宜的讲述方式进行讲述。

2. 针对任务一，你觉得自己还有哪些需要改进的地方？

存在问题：________________

产生原因：________________

____

解决办法：________________

____

任务二

观摩、评析与调整幼儿园讲述活动

一、任务导入与学习目标

观摩、评析与调整一个幼儿园较为成熟的讲述活动，不仅能帮助大家快速了解讲述活动，还能为大家提供范例，少走弯路错路。本任务将厘清幼儿园讲述活动的基本特征、目标与组织实施的基本步骤，协助大家达成以下学习目标：

1. 积极发现他人教学之长处，敢于提出个人的不同想法，做到客观公正地开展评课议课活动。

2. 掌握幼儿园讲述活动的基本特征、目标与组织实施的基本步骤。

3. 能结合幼儿园讲述活动的基本特征、目标与组织实施的基本步骤，观摩、评析与调整范例活动。

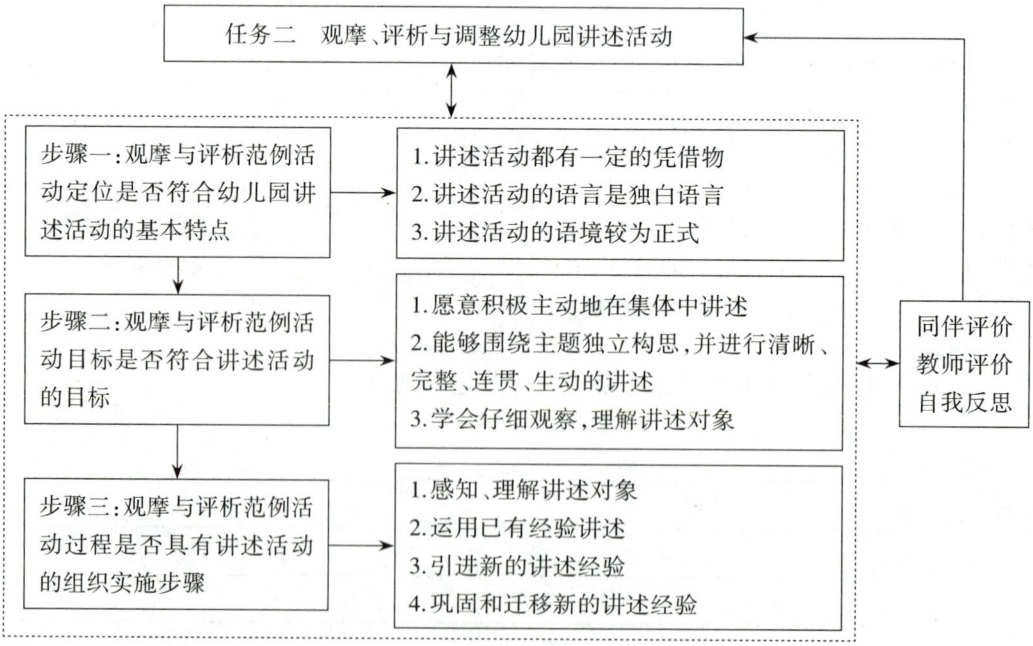

图4.2　任务二学习流程图

二、任务步骤与关联知识

步骤一：观摩与评析范例活动定位是否符合幼儿园讲述活动的基本特点

幼儿园讲述活动应具有以下基本特点：

1. 讲述活动都有一定的凭借物

所谓凭借物即幼儿在活动中讲述的对象，这决定了幼儿讲述内容的范围和指向。这里所说的凭借物是指教师准备的或幼儿自己参与准备的图片、玩具、实物、情境、多媒体课件或生活经历等讲述对象。幼儿的讲述需要一定的凭借物，这是讲述活动的独特之处。不同年龄幼儿讲述活动凭借物有所区别，应结合不同年龄特征选择适宜的讲述对象。

2. 讲述活动的语言是独白语言

所谓独白就是需要说话的人独自构思和表达对某一方面内容的完整认识。这是一种复杂、周密的口头语言表达形式，它需要幼儿用完整、连贯的语言将内心的感受和体验准确无误地表达出来，并能得到他人的理解。讲述活动重在锻炼幼儿的独白言语，是培养、锻炼幼儿独白言语的特殊途径。

3. 讲述活动的语境较为正式

与宽松、自由的交谈不同，讲述活动为幼儿提供的是一种相对正式、规范的语言运用环境。它要求幼儿能够在集体中发表自己的见解、观点，大胆地表达自己的想法。讲述活动的语境较为正式，主要表现在两个方面：一是语言规范，幼儿在讲述活动中必须完整、连贯、清楚地表达；二是环境规范，一般在专门的语言教育或正式的集体语言学习环境中开展活动。

常见问题1：教师常混淆谈话活动与讲述活动

谈话活动和讲述活动对于幼儿语言运用能力的要求是有明显区别的。与讲述活动相比，幼儿在谈话活动中更为宽松、随意、自由，语言表达不强求规范、严谨。如幼儿在谈话活动中可能会存在用词不当，发音不准确，语法不完善，语言表达不完整、不连贯等问题，教师不需要马上纠正，更不要特别强调语言表达的连贯，避免打击幼儿交谈的积极性。教师可以通过隐性示范，用正确的表达方式来“暗示”幼儿，帮助幼儿在与同伴、老师的对话中自然发现自己的“错误”，学习正确的表达；而在讲述活动中，则对幼儿的语音准确、词汇恰当、语法严谨、表达规范上提出了更高的要求，并且要求幼儿能够独自构思，独立完成语言表达。

错误举例：

在谈话活动《假如我是孙悟空》中，教师在集体谈话“孙悟空”这一环节中，要求幼儿连贯地表述“孙悟空”的本领。

在看图讲述活动《住所的变化》中，教师要求幼儿以接龙的形式说出图片中住所的变化。

步骤二：观摩与评析范例活动目标是否符合讲述活动的目标

幼儿园讲述活动着重从情感态度、能力和认知三个方面培养幼儿独立构思，清晰、完整、连贯讲述的语言表达能力。

1.情感态度目标：愿意积极主动地在集体中讲述，能认真倾听别人讲述的内容

讲述活动目标范例

（1）幼儿应能积极主动参与小组讲述，愿意在集体中讲述。做到：

①愿意在熟悉的人面前独立讲述自己熟悉或者喜欢的事物。

②主动在集体中讲述。

③在集体中能主动地表达自己的想法，态度自然大方。

（2）幼儿在活动中要能认真地倾听别人讲述的内容，清楚别人的讲述是否与讲述主题一致、是否与自己相同，在倾听别人讲述的基础上不断地调节自己的讲述信息。做到：

①能够主动、安静地倾听别人讲话，不打扰。

②能够集中注意倾听别人讲述，听出他人的讲述与自己的异同。

③能够在倾听别人讲述的基础上调节自己的讲述信息，能够修补别人的讲述信息。

2.能力目标：能够围绕主题独立构思，并进行清晰、完整、连贯、生动的讲述

（1）讲述活动是在相对正式的语境中，围绕讲述主题进行独立的构思，讲述时不跑题、不偏题，能够清楚、连贯、完整地讲述事物。

（2）幼儿要学会有中心、有顺序、有重点，清楚、完整地讲述自己想说的内容。幼儿能围绕主题按照一定的顺序进行讲述，并讲清楚事物之间的关系；能够重点详细地描述印象最深刻的事件或事物最主要的特征。

（3）能够使用较为丰富的词句进行生动讲述。幼儿要学会运用恰当的词汇和运用不同形式的语句进行讲述。在讲述活动中幼儿逐渐积累丰富的词汇，如名词、动词、形容词、副词等，以及常用的句型，如陈述句、疑问句和反问句，并学会使用恰当、准确的语言形式进行，从而使自己讲述的内容更加生动、有趣。

3.认知目标：学会仔细观察，理解讲述对象

（1）幼儿学会认真观察，感知、理解讲述对象，了解事件发生的时间、地点以及事情发生发展的全过程，以及理解事物的主要特征。

（2）幼儿能够观察画面中角色的动作、神态、表情等，感知凭借物的形态、形状、颜色、气味等。

步骤三：观摩与评析范例活动过程是否具有讲述活动的组织实施步骤

一般而言，幼儿园讲述活动包括以下几个步骤：

1.感知、理解讲述对象

感知、理解讲述对象，主要是通过观察的途径进行，包括多种感官的运用，如用眼睛看、用耳朵听、用鼻子闻、用嘴巴尝、用手摸等。教师根据不同的凭借物或活动要求等引导幼儿感知、理解讲述的对象。如在叙事性讲述中，主要通过让幼儿仔细观察图片、情境表

演等来感知、理解讲述对象。这一步骤的重点是指导幼儿观察、感知、理解讲述对象，以便为讲述打好基础。

教师可从三个方面引导幼儿感知、理解讲述对象：

第一，依据凭借物的特点，感知、理解凭借物。如以图片为凭借物，教师引导幼儿调动视觉器官，认真仔细地观察画面，理解画面表达的意义以及画面之间的关系。若以实物作为凭借物，教师应引导幼儿充分调动多种感官，获得对讲述对象的认知经验，如通过看一看、摸一摸、闻一闻等，获得对讲述对象的形状、颜色、气味、味道等方面的经验。

第二，依据讲述方式的特点，感知、理解凭借物。如叙事性讲述应重点感知人物的经历、行为或事情发生、发展的先后顺序。而说明性讲述则应重点感知物体或景物的特征、性质等。

第三，依据具体活动要求，感知、理解凭借物。因为讲述活动的类型不同，或者年龄班不同，每一次讲述活动的目标要求就不一样。教师应该根据讲述活动的类型、年龄段和每次活动的具体目的，有针对性地引导幼儿感知、理解凭借物。在指导与组织这一步骤的活动时，教师大多是以提问的方式引导幼儿感知、理解凭借物。

常见问题2：引导幼儿感知和理解讲述对象时，缺乏指向性

在开展讲述活动时，帮助幼儿运用多种感官观察、理解讲述对象是幼儿讲述的基础。教师提供的凭借物有关信息多样，哪些信息才是幼儿讲述前所要关注和理解的呢？这需要教师分析幼儿的已有讲述经验和需要引入的新的讲述经验。但是教师在引导幼儿进行观察时，提问的设计往往缺乏指向性，常常东一榔头西一棒槌，幼儿只是获得关于讲述对象零星的经验，而难以获得相关讲述活动的核心经验。

如在《放风筝》在这个讲述活动中，幼儿很容易观察和零星地描述故事主要角色（小猫、大黄狗）和事件（放风筝）【这也是幼儿已有的讲述经验】，但未必能观察到角色（大黄狗和小猫）的表情进而揣摩和表达角色（大黄狗和小猫）的心情，未必能用恰当的词汇描述小动物的神态、动作的细节，以及大胆地想象小猫与大黄狗之间的对话内容等。因此，教师的提问需有明确的指向性，应引导幼儿观察大黄狗和小猫表情、神态的变化，从而感受大黄狗和小猫情绪情感的变化过程。

2.运用已有经验讲述

教师在指导幼儿运用已有的经验进行讲述时，应尽量放手让幼儿自由讲述，给他们充分的机会，实践并运用已有的经验讲述。教师要改变过去讲述活动几个人讲，多数人听的被动、单调的局面，幼儿自由讲述对活跃活动气氛，帮助教师了解每个幼儿的讲述水平，提高幼儿参与活动的积极性都起到重要的作用。组织幼儿运用已有经验进行自由讲述的方式很多，主要有集体讲述、分组讲述、个别交流等。

讲述方式	做法	作用	指导要点
集体讲述	教师请个别讲述目标达成度高的幼儿到班集体中进行示范讲述。在中大班也可以以小组为单位,每个小组进行讨论,推荐一名幼儿到班集体中进行讲述。	一般情况下,口语表达能力较强的、活泼外向的幼儿在集体中讲述的机会相对多些。采用这种方式组织讲述活动,可以起到榜样示范的作用。	1.教师在请个别幼儿讲述时,应注意幼儿的水平差异,先请中等水平幼儿,再请能力强与能力弱的幼儿讲述。 2.讲述过程中,教师可以给予幼儿适当的指导(支持)。
分组讲述	教师根据本班幼儿的口语表达能力、个性特征等方面的差异,有针对性地将幼儿分成人数相等的几个小组(4—6人一组),引导幼儿以小组为单位进行自由讲述。	保证每位幼儿都有足够的机会参与讲述。	1.分组时教师应注重幼儿的个体差异与个性特点,每组都有不同能力水平的幼儿。 2.分组讲述时教师应巡回指导,观察幼儿讲述的情况。
个别交流	是指一对一的讲述,即个别幼儿之间、教师与个别幼儿之间进行的讲述。	教师能够了解个别幼儿讲述的实际情况与水平。	1.在讲述之前,交代清楚讲述要求,提醒幼儿要围绕感知、理解的对象进行讲述。 2.在自由讲述过程中,注意倾听幼儿的讲述内容,发现幼儿讲述中的闪光点以及存在的问题。 3.不要过多指点,以指图提示、递词提示、简单提问等方式引发幼儿讲述。

引导幼儿运用已有的知识经验讲述是一种放手让幼儿讲的开放性活动步骤,如果缺乏这一步骤,幼儿园讲述活动的效果会受到明显的影响。

3.引进新的讲述经验

幼儿自由讲述之后,为了提高幼儿的讲述水平,教师要根据活动目标灵活运用各种方法,帮助幼儿学习新的讲述经验。此步骤是每次讲述活动的学习重点。新的讲述经验包括讲述的基本要素、基本思路、基本方法。

(1)讲述的基本要素。教师在引导幼儿进行讲述活动时,要帮助幼儿熟悉讲述的基本要素,即人物(动作、对话和内心感受)—地点—事件(发生、发展)—结果,要让幼儿意识到这些基本要素并将它们准确地表达出来,力求讲述的全面性。如在讲述活动《放风筝》中,教师通过提问的方式,帮助幼儿熟悉讲述的基本要素:图片上有谁(大黄狗、小白猫);它们在什么地方(草地上);它们在干什么(小白猫想和大黄狗一起放风筝,大黄狗拒绝了);发生了什么事(大黄狗的风筝挂在树上了,小白猫帮它拿了下来);结果怎么样了(大黄狗和小白猫一起放风筝)。

(2)讲述的基本思路。在讲述活动中,教师要帮助幼儿厘清讲述的思路,将讲述对象的基本内容按顺序、有条理地讲述出来,即先讲什么,后讲什么,重点讲什么。如在叙事性讲述时,应该按照时间、地点、人物(动作、对话、内心活动等),事件情节发展的过程来讲述;再如,在说明性讲述中,要培养幼儿按照从上到下,从左到右,从近到远,从大到小,从表面到本质等顺序进行讲述的能力。教师在讲述活动中要帮助幼儿厘清讲述的思路,避免重大事件或重要人物漏讲、少讲的现象发生。如在大班讲述活动《大象救小兔》中,教师在幼儿自由讲述之后,通过运用对话框的形式,引导幼儿着重讲述画面上各角色的心理变化。

小班讲述活动范例

(3)讲述的基本方法。在讲述活动中,教师要帮助幼儿了解凭借物的哪些部分是讲述的重点内容,要多讲、要讲清楚;哪些部分是次要内容,可以少讲。由于这种讲述方法对幼儿分析、概括等思维能力的要求较高,因此一般在中班后期才开始培养。如在中班讲述活动《我最喜欢的玩具》中,引导幼儿先简单地讲述玩具的名称、玩具的材料;重点引导幼儿具体讲述玩具的主要特征。

引进新的讲述经验常见的教学方式包括:

(1)教师示范新的讲述经验:教师在引导幼儿运用已有的经验进行讲述的基础上,以参与者的身份发表自己的见解,为幼儿提出一种新的讲述思路。要注意的是,教师的示范讲述只是提供一种思路,不是幼儿复制的模板,不能让幼儿一字不漏地照搬教师的讲述,避免打击幼儿讲述的积极性与创造性。

在《彩虹色的花》讲述活动中,教师示范讲述其中第一个情节"小蚂蚁",重点示范讲述:彩虹色的花看到小蚂蚁有点不开心,它会对小蚂蚁说什么呢?小蚂蚁会怎么回答?听了小蚂蚁的话,彩虹色的花会说什么?最后小蚂蚁说什么?

(教师示范)有一天,一只蚂蚁走来了。彩虹色的花问:"小蚂蚁,你为什么不高兴啊?"小蚂蚁说:"我现在要去奶奶家。可是雪融化了,原野中有一个很大的水洼,我过不去啊。"彩虹色的花说:"摘一片我的花瓣当小船吧。"小蚂蚁说:"谢谢你,彩虹色的花。"蚂蚁摘了一片橙色的花瓣当成船,高高兴兴地走了。

(2)教师通过提问引进新的讲述经验。教师可以用提问、插话的方法引导幼儿的讲述思路,为他们引入新的讲述经验。在这种方式中,教师不是通过显性示范来引进新的讲述经验,而是通过提问和插话的方式,不断地引导、改变着幼儿的讲述思路。

教师在提问时,应注意:

①提问要围绕主题,突出重点。提问要紧扣主题,指向性、目的性要明确,不提与主题无关的内容。

大班讲述活动范例1

在大班看图讲述活动《理发师的奇遇》中,对第一幅图可提问:"理发店里来了一位狮子先生,它是来做什么的呢?你从哪里看出来的?"将幼儿的注意力直接引到狮子与理发师身上,而不必去讨论"这是哪里""里面有什么"分散幼儿的关注点。

②提问要有顺序。教师要通过提问引导幼儿有次序地观察。根据幼儿的思维特点，由主到次、由浅入深、由易到难，构建一个指向明确、思路清晰、具有内在逻辑关系的“问题链”，分层提问、层层设问，按顺序引导幼儿从一部分观察到另一部分，使幼儿能有目的、有顺序地感知活动内容。

③提问要有启发性。教师应该遵循：一是帮助幼儿理解图文内容、结构；二是启发幼儿分析情节发展线索；三是引导幼儿抓准图文内容的中心思想；四是启发幼儿思考图文蕴含的深层寓意。设计有梯度的提问，引导幼儿思维步步深入，为幼儿提供适宜的“支架”。

④提问要有指向性。教师通过提问引导幼儿观察人物的表情进而揣摩和表达人物的心情；用恰当的词汇描述人物的神态、动作等细节，以及大胆地想象人物之间的对话内容等。

在中班讲述活动《放风筝》中，教师所有提问的指向都是通过引导幼儿重点观察大黄狗的表情，鼓励幼儿关注大黄狗心理（心情）的变化过程。

（图一）老师：图上有谁？发生了什么事情？大黄狗的表情是怎样的？它会说什么？小猫的表情是怎么样的？

（图二）老师：风筝怎么了？风筝取不下来，大黄狗的表情是什么样的？心情又是什么样的？

（图三）老师：谁帮大黄狗取下了风筝？大黄狗的表情和心情是什么样的？它会对小猫说些什么呢？

（图四）老师：结果怎么样了？大黄狗和小猫的表情是什么样的？

在整个故事的四张图片中，大黄狗对小猫的态度以及它的心情是随着情节发展而变化的。教师应引导幼儿用“凶巴巴”“恶狠狠”“着急”“满头大汗”“惭愧”“高兴”等形容词表达大黄狗的心情，鼓励幼儿大胆地想象并表述大黄狗与小猫之间的对话，帮助幼儿获得“运用较丰富的词句讲述”和“描述一些细节、对话，让讲述更加生动”的核心经验。

⑤提问要有差异性。教师提问时，目光应面向所有幼儿。一方面，设计一些能够鼓励全体幼儿参与的问题，让每个幼儿感到是在问自己，让每个幼儿都有回答问题的机会；另一方面，应尊重幼儿间的个体差异，对不同能力水平的幼儿应提出不同类型与层次的问题。

针对能力较强的幼儿，设计难度和灵活性较大的问题，引导幼儿重新组合所获得的信息来创造答案。幼儿通过思考回答，启发思维。

针对中等能力的幼儿，设计基础和综合性的提问。为了巩固教学效果，可以吸引大部分幼儿的注意，调动他们的积极性。

针对能力相对较弱的幼儿，要适当设计一些难度不大，经过认真思考能够回答出的问题，可以帮助这些幼儿恢复自信，提高学习兴趣。

(3)教师与幼儿一起讨论新的讲述经验。教师可从分析某一位幼儿的讲述内容入手，让幼儿就讲述的要素、讲述的思路、讲述的方法等方面充分发表自己的见解，教师与幼儿一起归纳新的讲述经验。

在说明性讲述活动《我最心爱的玩具》中，教师可以引导幼儿讨论新的讲述经验：刚刚××小朋友介绍了自己最心爱的玩具，她先讲了什么呢？（先讲了玩具的名称）然后呢？（玩具的大小、颜色和形状）接下来还说了什么呢？（玩具的玩法）最后说了什么？（为什么喜欢这个玩具）教师通过提问，和幼儿一起讨论讲述的思路，自然而然地引进了新经验。

4.巩固和迁移新的讲述经验

(1)新的讲述经验在相同内容中的巩固和迁移（由A及A）。在教师引入新的讲述经验并帮助幼儿厘清讲述思路后，让幼儿尝试用新的讲述方式来讲同一件事、同一情境。如在情境讲述活动《鼹鼠的故事》中，教师在引导幼儿观察、理解和讲述动画片段一和片段二后，请幼儿为动画片配音，巩固新的讲述经验。

(2)新的讲述经验在相关讲述内容之间的巩固和迁移（由A及A1）。在引入新的讲述经验后，教师可以在原讲述内容的基础上，给幼儿提供一个扩展或延伸原内容的讲述机会，让幼儿巩固和迁移新的讲述经验。如在中班拼图讲述活动《小动物的家》中，教师在引进新的讲述经验后，鼓励幼儿在已有的拼图的基础上增添新角色和新设计，再进行讲述。通过这样一个拓展环节，不仅让幼儿巩固和迁移新的讲述经验，而且也可以激发幼儿大胆地发挥自己的想象力，为小动物设计一个特别的“家”。

大班讲述活动范例2

(3)新的讲述经验在相似讲述内容间的巩固和迁移（由A及B）。在幼儿学习了一种新的讲述经验后，教师立即提供同类不同内容的讲述机会，让幼儿以新的思路去讲述。如教师在引导幼儿学习讲述了一件最喜爱的玩具之后，引导幼儿用同样的方法去讲述另外一件玩具，帮幼儿巩固和迁移新的讲述经验。

三、任务表单

请结合讲述活动的基本特征、目标与组织实施步骤，观摩中班活动范例，分析与举例说明本活动的优点与不足，并提出调整建议。

中班活动范例

任务表单4.2

讲述活动观摩评析调整表

活动名称：　　　　　　　　　　　　　　　　　　　　评价人：

幼儿园讲述活动实践评价标准

评价内容	观摩记录	分析评价	调整建议
活动定位			
活动目标			
活动过程			

四、任务评价与改进

1.请你对任务二的完成情况进行自我评价。

学习任务	合格	良好	优秀
观摩、评析与调整幼儿园讲述活动。	□能说出活动的优点与不足。	□能准确说出活动的优点与不足，并说明理由。	□能提出适宜的活动调整与改进建议。

2.针对任务二，你觉得自己还有哪些需要改进的地方？

存在问题：________________

产生原因：________________

____

解决办法：________________

____

任务三

设计幼儿园讲述活动

一、任务导入与学习目标

设计一节规范、有效的幼儿园讲述活动课是组织实施活动的重要准备工作。本任务将为大家提供幼儿园讲述活动设计的基本要点，协助大家达成以下学习目标：

1. 掌握并灵活运用讲述活动设计的基本要点。
2. 能综合运用原有的活动设计经验，能够规范设计讲述活动。
3. 精益求精，不断优化教学设计。
4. 自主学习，能够积极主动、认真地完成任务。

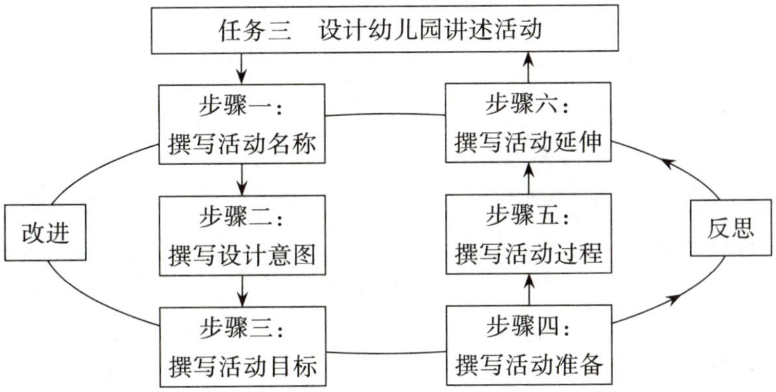

图4.3　任务三学习流程图

二、任务步骤与关联知识

步骤一：撰写活动名称

基本要求：

(1)活动名称的撰写要清晰明了，简洁规范。

(2)交代清楚活动面向的年龄班、活动类型及活动内容。

步骤二：撰写设计意图

基本要求：

(1)能基于幼儿语言发展目标、讲述方式，选择适宜的讲述凭借物，对凭借物特点与适宜性进行分析，并说明教师对凭借物的巧妙运用。

(2)能结合入园实践班级幼儿的年龄特点、身心发展状况、已有的知识经验、兴趣、行为习惯等对幼儿学习情况进行分析。

(3)能结合《纲要》《指南》等文件精神，对活动设计的理论依据进行分析。

步骤三：撰写活动目标

基本要求：

(1)活动目标要符合幼儿已有的认知发展水平。

(2)活动目标的内容和要求在方向上要与总目标、年龄阶段目标一致。

(3)活动目标要全面，涵盖认知、情感态度与能力三个维度。

(4)活动目标陈述应从幼儿学习成果的角度进行表述。

(5)活动目标表述要具体、准确、可观察、可测量。

(6)活动目标能体现讲述活动的学习经验。

常见问题3：混淆谈话活动与讲述活动的目标侧重点

幼儿教师在设置活动目标时，没有充分考虑到两种活动在目标侧重点上的不同，常常出现混乱现象。如在谈话活动《有趣的饼干》中，教师将目标设置为“学会运用完整连贯的语言描述最有趣的饼干”；而在讲述活动《五月五过端午》中，教师将其中一个目标设置为：能够围绕“过端午”的习俗展开讨论。在这两个活动中，教师将谈话活动与讲述活动的核心目标混淆了，前者是谈话活动，设置的却是讲述活动的目标，后者正好相反。这种现象在幼儿园语言教育活动中非常多见。

谈话活动和讲述活动是培养幼儿语言表达能力的基本途径，但又各有侧重。谈话活动的核心在于培养幼儿与人交谈对话的语言能力，旨在创造一个良好的语言环境，帮助幼儿学习倾听别人谈话，围绕一个中心话题进行谈话，习得与别人交流的方式、规则，培养与人交往的能力；讲述活动的核心在培养幼儿独自构思，独立表达的独白语言能力，即围绕一个凭借物(如图片、实物、情境等)，为幼儿提供不同于日常谈话的语用情境，要求幼儿积极参加命题性质的讲述实践，帮助幼儿逐步获得独自构思和完整连贯表述的语言经验。

步骤四：撰写活动准备

基本要求：

(1)写全物质准备与经验准备，有需要可加入讲述环境准备。

(2)物质准备写清楚名称、数量与具体要求。

(3)经验准备写清幼儿活动前已具备的相关生活或学习经验。

(4)讲述环境准备写清环境创设的内容与呈现效果。

(5)活动准备描述要清晰、准确、具体。

常见问题4:教师常常忽略创设相对正式的语境

在开展讲述活动中,教师往往只是简单地提供讲述的凭借物(图片、实物等),却忽略了对幼儿讲述环境的创设。如在集中教学活动中,幼儿实际面对的是威严的教师和呆板的教育环境,这样的环境不利于激发幼儿讲述的欲望。或是在日常讲述活动时比较随意,仅提供凭借物便开始讲述活动,往往忽视了相对正式的语境的创设。

开展讲述活动时,要为幼儿创造相对正式的语境。教师可以为幼儿创设小讲台、小小播音室等正式的讲述环境,也可以利用真实物品创设讲述情境,幼儿将看到的、观察到的东西融入自己的头脑,帮助幼儿厘清讲述思路;也可以利用角色表演创设教学情境,在开展讲述活动时,恰当地把故事表演、角色游戏等引进活动之中。通过情境创设,既提供了相对正式的语境,又有利于增强幼儿的理解力,激发幼儿讲述的兴趣,帮助幼儿进行清晰、连贯、生动的讲述。

步骤五:撰写活动过程

基本要求:

(1)活动过程要完整,包含感知、理解讲述的对象,运用已有的核心经验讲述,引进新的讲述经验,巩固和迁移新的讲述经验等环节。

(2)活动过程要按环节凝练出层级标题,标题/小标题的撰写要清晰具体,体现教师行为/幼儿行为以及活动目的。

(3)每个环节要撰写清楚教师的关键提问与必要追问。

(4)幼儿运用已有的核心经验讲述要体现教师的观察要点。

(5)引进新的讲述经验要体现教师的指导要点。

步骤六:撰写活动延伸

基本要求:

(1)活动延伸描述要清晰、准确、具体。

(2)活动延伸内容要与本次活动内容有关。

三、任务表单

请结合讲述活动目标、内容与组织实施步骤,依据讲述活动设计要点,自选或根据教师要求选定讲述活动类型、讲述凭借物,设计讲述活动。具体要求如下:

1.设计应符合讲述活动目标和不同年龄段幼儿语言发展特点。

2.方案结构完整,包含设计意图、活动目标、活动准备、活动过程、活动延伸等内容。

3.按照活动设计与实施的步骤列出活动过程每一环节的要点，写清楚每个环节的引导语、关键提问以及观察与指导要点。

任务表单4.3

幼儿园讲述活动设计表

幼儿园讲述活动设计评价标准

设计步骤	设计内容	反思改进
活动名称		
设计意图		
活动目标		
活动准备		
活动过程		
活动延伸		

四、任务评价与改进

1.请你对任务三的完成情况进行自我评价。

学习任务	合格	良好	优秀
设计幼儿园讲述活动。	□能根据讲述活动步骤，完成设计方案。	□设计合理规范，重难点突出、方法得当。	□设计富有创意，方法多元有效。

2.针对任务三，你觉得自己还有哪些需要改进的地方？

存在问题：________________________________

产生原因：________________________________

____

解决办法：________________________________

____

任务四

组织与开展幼儿园讲述活动说课

一、任务导入与学习目标

说课是教师通过对活动目标进行深入分析，全面阐述和完善教学设计的过程。说课以说为主，是教师对教案本身的分析和说明，是一种以口头叙述为主的教案分析。通俗地讲就是要说清教什么、怎么教、为什么这么教。教师在说的过程中不仅要将教学方案说出来，更要将隐含于教学方案背后的设计思想、教育理念、具体依据说出来，让听课教师更加明白应该怎样去教，为什么要这样教。教师说课的过程，也是一种自我反思，不断优化、修正教学方案的过程。本任务将为大家提供幼儿园语言集中教学活动说课的内容和要点，协助大家达成以下学习目标：

1. 主动参与小组评析，敢于承担说课任务。
2. 掌握幼儿园教育活动说课的基本要素和内容。
3. 能规范撰写讲述活动说课稿，开展讲述活动说课，并进行反思与评价。

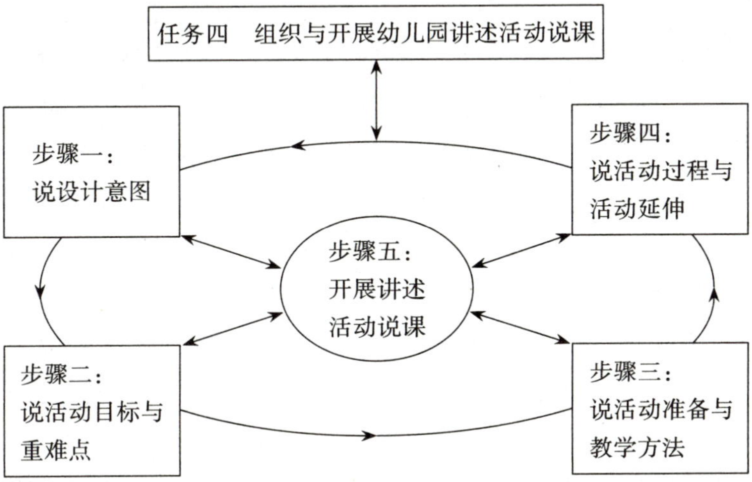

图4.4 任务四学习流程图

二、任务步骤与关联知识

步骤一：说设计意图

1.基本要求

（1）分析所选活动内容的来源、特点以及对教材的处理。

（2）分析幼儿的年龄特点、身心发展状况、已有的知识经验，以及幼儿的兴趣、动机、行为习惯等。

（3）说清教学构想，以及活动设计的理论依据。

2.撰写要点

（1）教材分析应把握对于幼儿语言发展的重要价值，以及教师对于教材的灵活处理。

（2）分析幼儿时应关注本班幼儿的年龄、身心发展规律、兴趣等，同时要关注内容本身的教育性、适宜性及可操作性。

（3）结合《纲要》《指南》进行分析。

讲述活动
说课稿范例

中班讲述活动《花花猫与灰灰鼠》说课稿——说设计意图

《纲要》和《指南》明确指出，中班幼儿要"能基本完整地讲述自己的所见所闻和经历的事情""讲述比较连贯"，这对于本班幼儿来说，既具备一定的经验水平，又具有挑战性。

一是对于大部分幼儿来说，他们能够围绕主题或画面内容进行简单的构思，并能够基本讲述事件发展的过程，但是不能够仔细观察与描述一些细节，如主角的动作、神态，角色之间的对话等。并且幼儿在讲述时语汇较为平泛，句式较单一。二是幼儿在集体中进行讲述时，表现出紧张、羞怯等，不能大胆自然地在集体中讲述。

《花花猫与灰灰鼠》这个故事讲述的是一只猫和几只老鼠之间的故事，虽然只有两张图，但故事主线脉络清晰，主体形象生动有趣，画面给予幼儿充分的想象空间，幼儿非常喜欢。本次活动以《花花猫与灰灰鼠》故事作为载体，开展叙事性讲述活动，帮助幼儿获得以下经验：①根据画面情节进行合理推测，大胆地想象角色间的对话，并能够运用恰当的语气、动作进行讲述。②能围绕画面的主要线索，在集体中较连贯、大胆地讲述整个故事。

同时，活动延伸通过自主阅读和故事表演活动，帮助幼儿进一步拓展以下经验：①在讲述人物对话的时候，能使用不同的句式和形象的词句。②完整讲述时，会使用常用的连接词，让故事情节更有条理。

3.评价要点

（1）能够简要、准确说明教学内容的结构特点与教育价值，能够针对幼儿特点创造性地处理和利用教材，有利于拓展幼儿的经验。

（2）能够客观地分析幼儿的发展状况和发展需求。

(3)能够结合《纲要》《指南》分析本活动设计的理论依据。

步骤二:说活动目标与重难点

1.基本要求

(1)说明本次活动的情感目标、认知目标和能力目标。

(2)说明活动目标的重难点,探索突破重点、难点的方法。

2.撰写要点

(1)说清本次活动目标并说明本次活动目标制订的依据。

(2)说明活动的重点,并说清楚运用什么样的教学方法引导幼儿掌握重点。

(3)说明活动的难点,教师运用怎样的方法帮助幼儿突破难点。

中班讲述活动《花花猫与灰灰鼠》说课稿——说活动目标与重难点

(一)说活动目标

根据本班幼儿已有经验以及中班幼儿讲述活动的发展需求,本次活动目标围绕幼儿讲述核心经验,主要包括以下三条:

1.认知目标:能围绕画面的主要线索,较连贯地讲述整个故事。

2.能力目标:根据画面情节进行合理推测,大胆地想象角色间的对话,并能够运用恰当的语气、动作进行讲述。

3情感目标:能够主动在集体中大胆地讲述。

(二)说重难点

本活动的重点在于根据画面情节进行合理推测,大胆地想象角色间的对话,并能够运用恰当的动作、表情、语气进行讲述。教师在引导幼儿仔细观察画面的基础上,巧妙地引入提示卡。教师将提示卡放置在角色上,引导幼儿大胆地想象角色的心理活动以及角色之间的对话,并且鼓励幼儿在讲述的过程中尝试运用恰当的动作、表情、语气进行讲述,从而促进幼儿独白语言能力的发展。

本活动的重点也是活动的难点,因而教师在活动中将从点到面的,先引导幼儿观察图中的猫,通过追问的方式,让幼儿关注到猫睡觉的地点、姿势和表情;再引导幼儿关注整个画面的信息,观察每一只灰灰鼠,并利用提示卡,大胆猜测、想象灰灰鼠们会说什么样的话,并通过对灰灰鼠所站位置和动作的观察,让幼儿理解每只老鼠所说的话都会不一样;最后引导幼儿配上动作与表情。除此之外,教师还提供了操作卡等,引导幼儿自主讲述,大胆想象。

3.评价要点

(1)目标的制订科学、具体、全面。

(2)活动目标制订具有一定的层次性,符合幼儿接受水平和发展水平,并且能说出制订的依据。

(3)重点明确合理,难点清晰透彻,适合幼儿的发展。

步骤三：说活动准备与教学方法

1.基本要求

（1）说活动准备包括说物质准备与经验准备。说明为开展活动做了哪些物质准备和经验准备，如何通过这些活动准备帮助幼儿理解教学内容、实现活动目标。活动准备必须与幼儿的能力、兴趣、需要等相适应。

（2）教学方法是教师有效地传递信息、指导幼儿的途径，说教学方法主要说明教学方法及教学手段的选择和运用。同时要根据教材的特点、幼儿的实际、教师的特长以及教学设备情况等，来说明选择某种方法或手段的依据。说教学方法时要着重说明自己独创的做法，特别是培养幼儿创新精神和实践能力的具体做法。

2.撰写要点

（1）说活动准备主要分为说物质准备与经验准备。说清楚为了本次活动，根据幼儿的能力、兴趣和需要都做了哪些准备，对本次活动有何意义。说活动准备应该言简意赅，这并不是说课的重点，不需要长篇大论。

（2）说教学方法，应说清运用了什么教学方法，选择该教学方法的依据，如何运用这种教学方法，能够对幼儿的学习起到什么作用。

中班讲述活动《花花猫与灰灰鼠》说课稿——说活动准备与教学方法

（一）说活动准备

幼儿的讲述应基于幼儿的生活经验，只有了解了猫和老鼠的生活习性等才能更好调动幼儿参与讲述的积极性，更易于激发幼儿的学习兴趣，调动幼儿与材料互动的积极性。同时，要激发幼儿进行大胆的想象，才能将画面内容讲述得更加完整、连贯、生动。为此，以《花花猫与灰灰鼠》故事内容为主要依据，做了以下活动准备：

一是经验准备：在活动前，引导幼儿先了解猫和老鼠的生活习性。知道猫会抓老鼠、吃老鼠；老鼠会偷吃食物，老鼠怕猫等相关经验，帮助幼儿在讲述时更好地猜测故事的情节，想象猫和老鼠的动作、表情以及角色间的心理与对话。

二是物质准备：在本次互动中我们为幼儿提供了提示卡，在活动中起到“支架”的作用，帮助幼儿大胆地想象不同角色的心理活动以及角色之间的对话，助力幼儿进行讲述；并且为幼儿提供了操作卡（《花花猫与灰灰鼠》图卡），帮助幼儿进行自主讲述。

（二）说教学方法

所谓教学方法是执教教师和幼儿为了完成一定的教学任务而在教学过程中采用的方式的总和。在本次活动中，我主要采用的教学方法如下：

一是提问法。教师通过逐步出示凭借物《花花猫与灰灰鼠》图片，层层递进地提问，引导幼儿仔细观察画面中猫和老鼠的位置、动作、神态，并通过拓展性提问启发幼儿大胆地想象，并尝试讲述画面中角色的动作、表情以及角色间的对话，运用恰当的语气，较为完整地讲述。

二是演示法。在活动过程中，教师通过出示讲述凭借物《花花猫与灰灰鼠》的图片、提示卡和适时示范与演示，帮助幼儿明确提示卡所表示的是猫或者老鼠心里想的话，或者它们之间的对话。

三是练习法。练习法是本次活动的主要方法，在活动中，教师提供了《花花猫与灰灰鼠》的小图卡以及对话框提示卡若干，为幼儿自主讲述提供“支架”。幼儿在与同伴反复充分的练习中提升语言表达能力。

3.评价要点

(1)物质准备与经验准备符合实现教学目标的要求，适当利用现代化教学手段，幼儿具备充分的相关学习、生活经验。

(2)环境材料形象生动、直观，具有美感，简洁高效，最大程度支持和满足幼儿学习、探索与操作。

(3)教学方法的选择科学、灵活，符合幼儿的年龄特点，有利于调动幼儿的学习积极性；教学方法讲究实效，富有启发性，突出重点，突破难点。

(4)体现《纲要》的教育理念，最大程度地调动幼儿学习的积极性和主动性，充分考虑幼儿如何参与；面向全体幼儿有助于每位幼儿在原有水平上得到提高。

步骤四：说活动过程与活动延伸

1.基本要求

说活动过程是说课的重点部分，因为通过对活动过程的分析才能看到说课者独具匠心的活动安排，它反映出教师的教学思想、教学个性与风格，也只有通过对活动过程设计的阐述，才能判断其活动安排是否合理、科学，是否具有艺术性。

说活动过程就是说明整个活动的流程，即各个活动环节的实施过程。按照活动的先后顺序说明每一环节所用的大概时间，重点说明主要环节的双边活动，要致力于对活动难点和重点的突破。

2.撰写要点

(1)说清各个环节的实施过程，以及与活动目标之间的关系。

(2)说明在各个环节中教师运用什么教学方法，实现什么样的活动目标。

(3)说清活动过程中幼儿的活动和教师的观察指导要点。

(4)说清为巩固与迁移讲述经验，教师设计了哪些活动。

中班讲述活动《花花猫与灰灰鼠》说课稿——说活动过程与活动延伸

(一)说活动过程

第一环节直接出示《花花猫与灰灰鼠》PPT1，通过提问幼儿，使其仔细观察画面，调动已有经验，尝试讲述画面中花花猫与灰灰鼠们的动作、表情等；然后教师出示提示卡，引导幼儿学习，帮助幼儿明确：提示卡表示花花猫和灰灰鼠们想做什么，会说什么。在本环节中,教师一方面要引导幼儿根据已有经验进行讲述;另一方面,通过提问的方式引进新的讲述经验。

第二环节是本次活动的核心环节。教师通过出示《花花猫与灰灰鼠》PPT2,引导幼儿根据画面情节进行合理想象,结合提示卡大胆地想象角色之间的对话内容,并鼓励幼儿尝试运用动作、表情与恰当的语气进行讲述。同时,借助师幼练习、幼幼练习的方式丰富讲述经验。在此环节中,幼儿充分发挥想象,大胆地想象不同老鼠之间的对话,幼儿不仅有话说还说得好。

第三环节是巩固与提升环节,即引导幼儿完整讲述两幅图的内容,并给故事取名。首先教师给予幼儿充分的自由讲述的机会,引导幼儿完整地讲述花花猫与灰灰鼠之间发生的有趣的事情,并尝试为自己讲述的故事取个名字。鼓励幼儿在集体中大胆表达、表现,给予说得好的幼儿一个向同伴分享经验的契机,也给予那些需要帮助的幼儿,如讲述不流畅,讲述无重点的幼儿完善不足的机会,从而帮助全体幼儿丰富讲述经验,体验讲述的乐趣。

(二)说活动延伸

为了给幼儿提供更多的表达机会,在表演区创设《花花猫与灰灰鼠》的情境,引导幼儿自由搭伴组合表演花花猫、灰灰鼠们的故事,尝试用语言、动作等大胆想象与表演故事中的情节,迁移与巩固讲述经验。

3.评价要点

(1)整体设计新颖、思路清晰、层次分明、结构完整。

(2)各环节之间过渡有承上启下的引领性问题,转换自然,使幼儿积极主动参与教学活动。

(3)教学方法、手段的选择符合教学原理,切合幼儿实际,符合教学内容的要求。

(4)过程中教师注重观察、参与、帮助和指导,使得教学目标有较高的达成度。

(5)教学有特色,富有创意。

步骤五:开展讲述活动说课

基本要求如下:

(1)说课整体要流畅。不做报告式、流水式的介绍,流程中许多环节的介绍过渡要自然。

(2)说课要有层次感。不要面面俱到,因为说课只是教学预案。要多谈谈幼儿在学习中可能碰到的困难和教师的教学策略。

(3)说课要自信。富有激情和具有个性的说课才能感染听众,但同时也要注意扬长避短。

三、任务表单

请根据您撰写的幼儿园讲述活动说课稿，以小组或集体形式开展说课活动，并结合《讲述活动说课评价标准》，开展自评与他评活动。

任务表单4.4

幼儿园讲述活动说课稿

说课内容	说课内容	反思改进
说设计意图		
说活动目标与重难点		
说活动准备与教学方法		
说活动过程与活动延伸		

幼儿园讲述活动说课评价标准

四、评价与改进

1. 请你对任务四的完成情况进行自我评价。

学习任务	合格	良好	优秀
组织与开展幼儿园讲述活动说课。	□能够按要求撰写说课稿，顺利完成说课活动。	□能够较为规范地撰写说课稿，语言规范、自然大方地完成说课。	□能规范撰写活动说课稿，语言规范、简洁、生动，表述清晰，说课时情绪饱满，沉稳大方。

2. 针对任务四，你觉得自己还有哪些需要改进的地方？

存在问题：____________________

产生原因：____________________

____

解决办法：____________________

____

◆ 岗位链接

一、综合应用

中(二)班的李老师正在组织看图讲述活动——《兔子和老鹰》，她在引导幼儿观察完图片后，请幼儿说一说：图片中有谁？发生了一件什么事？结果怎么样了？幼儿与同伴讲述后，李老师邀请了几个幼儿上台讲述：

师：我想请几个小朋友来说一说，图片上发生了一件什么事？

亮亮：小白兔去拔萝卜，拔萝卜回家，然后它看见一只可怕的小鸟，蘑菇丢了，袋子也丢了，然后太阳下山了，小男孩在放风筝。

师：嗯，这只可怕的小鸟是一只老鹰，原来是小男孩放的老鹰风筝。

明明：小兔子去采蘑菇，老鹰来了，小兔子害怕了，小兔子吓了一大跳，大叫"救命呀"然后它看见一个人在放风筝，原来是一只老鹰风筝。

师：嗯，很好，我们再请一个小朋友来说一说吧。

宏宏：有一天，一只小兔子去森林里采蘑菇，天气很好，它突然在树丛后看见了一只老鹰，小兔子很惊讶，然后它看见一个小朋友在放风筝，小兔子坐在地上，说道："原来这是一只风筝。"

师：说得很不错。

如果你是李老师，你将如何评价三位幼儿的讲述水平，又会如何回应他们？

二、岗位拓展

李老师在中(三)班创设了一个“小喇叭”广播站,为孩子们提供一个想说、敢说、喜欢说的机会。孩子们每天可以在广播站里播报幼儿园里发生的重大事情、有趣的事情,也可以播报自己在生活中遇到的特别的事情。但是李老师发现,孩子们往往不知道怎么播报,或者播报得很简单,让很多孩子都听不懂,渐渐地,孩子们对“小喇叭”广播站就不感兴趣了。

如果你是李老师,你会如何让孩子们重新喜欢上“小喇叭”广播站呢?

三、创新实践

大班下学期,李老师发现幼儿普遍对小学的学习生活不够了解,一些幼儿对上小学有些担心。于是,李老师准备开展“我要上小学”主题活动,希望通过多种形式的活动,增进幼儿对小学生活的了解,帮助幼儿进一步做好踏入小学的心理准备。请围绕该主题为李老师设计一个叙事性讲述活动。

要求:写出活动方案,包括活动的名称、目标、准备和主要环节。

【改自2018下半年全国教师资格证考试真题】

◆整体学习评价

评价指标	具体表现	达成情况
爱国精神	能够选择恰当的讲述主题,增强对中华传统文化的认同感与传承使命感。	☆☆☆☆☆
工匠精神	在解决真实问题的过程中,增强岗位认同感、责任意识与创新精神。	☆☆☆☆☆
科学精神	1. 精益求精,不断优化讲述活动设计。 2. 能依据问题,理解与运用讲述活动的特征与基本步骤。 3. 能在日常生活、集体活动中观察和记录幼儿的讲述过程,并根据幼儿讲述发展的特点与规律对幼儿讲述内容进行分析与评价。 4. 能够开展讲述活动说课,并进行反思与评价。	☆☆☆☆☆
团队协作	1. 自主学习,能够积极主动、认真地完成各项任务。 2. 主动参与小组评析,敢于承担说课任务。	☆☆☆☆☆
言优善行	能遵守师范生教师职业规范,做到待人处世诚信友善。	☆☆☆☆☆

◆学习感悟

我要感谢我的小组同伴们，在这个项目的学习中，我遇到了很多问题，但是通过与同伴们一起思考、讨论、交流，这些问题都迎刃而解了。而且在完成这个项目的小组任务中，我主动承担了说课的任务，在同伴的鼓励下，我很好地完成了说课，为小组取得了很好的成绩，我很开心，获得了很大的成就感！

通过项目的理论学习—教学设计—说课反思—同伴评价—教师评析，我们小组一起思考“我们活动设计怎么样才能更好”“怎么教学才能更有效”，通过不断优化教学设计，持续改进任务完成情况，精益求精！

◎教师评语：同伴合作力量大，主动承担提升快。不断优化勤修改，精益求精成效高。

项目五

组织实施幼儿园听说游戏

项目五 教学资源

学习导言

听说游戏是由教师设计组织的、具有明确规则的语言教学游戏。这种教学形式以游戏为载体，通过充满趣味的游戏环节，吸引幼儿参与到语言游戏中来，在轻松愉快的氛围中促进幼儿倾听能力和语言表达能力的发展。

听说游戏为幼儿提供了良好的语言运用环境，可以激发幼儿的表达欲望，增强幼儿的倾听行为和表达行为，丰富幼儿的词汇经验，提高幼儿的口语表达能力，是促进幼儿口头语言发展的重要途径。

学习任务与关联知识架构图

- 组织实施幼儿园听说游戏
  - 选择与识别适宜的听说游戏
    - 熟悉并收集不同类型的听说游戏
    - 识别适宜的听说游戏活动
    - 匹配听说游戏适宜的年龄段
  - 观摩、评析与调整幼儿园听说游戏活动设计
    - 符合听说游戏活动的基本特点
    - 符合听说游戏活动的目标
    - 符合听说游戏活动的组织实施步骤
  - 组织实施幼儿园听说游戏片段
    - 选择适宜的教学方法
      - 情境创设法
      - 讲解法
      - 谈话法
      - 示范法
      - 练习法
      - 游戏法
      - 表演法
    - 开展听说游戏片段教学
      - 教学过程应突出重点，恰当处理难点
      - 组织形式要灵活多样，教学方法要得当有效
      - 教学过程要突出自主、探究、合作的学习方式
      - 教师能及时有效回应幼儿，实现师幼有效互动

学习目标

素养目标	1. 自主学习，能够积极主动、认真地完成工作表单。 2. 积极主动收集，选择适合幼儿的听说游戏活动。 3. 精益求精，不断优化听说游戏片段教学。
知识目标	1. 理解听说游戏的特征与组织步骤。 2. 领会听说游戏的目标。 3. 掌握组织实施听说游戏的基本方法与实施要点。
能力目标	1. 能够辩证分析幼儿园听说游戏设计。 2. 能根据听说游戏的基本方法与实施要点，组织开展片段教学。 3. 能够对片段教学情况进行自我反思与小组评价。

政策导学

<table>
<tr><th>序号</th><th>政策文件</th><th>政策要点速览</th><th>对应任务</th><th>融合育人</th></tr>
<tr><td>1</td><td>《3—6岁幼儿学习与发展指南》</td><td>•多给幼儿提供倾听和交谈的机会。
•引导幼儿学会认真倾听，对幼儿提要求和布置任务时要求他注意听，鼓励他主动提问。
•尊重和接纳幼儿的说话方式，无论幼儿的表达水平如何，都应认真地倾听并给予积极的回应。</td><td>任务二
任务三</td><td rowspan="4">课岗融通</td></tr>
<tr><td>2</td><td>《幼儿园教育指导纲要（试行）》</td><td>•创造一个自由、宽松的语言交往环境，支持、鼓励、吸引幼儿与教师、同伴交谈，体验语言交流的乐趣。
•养成幼儿注意倾听的习惯，发展语言理解能力。
•鼓励幼儿用清晰的语言表达自己的思想和感受，发展语言表达能力。
•幼儿的语言是在运用的过程中发展起来的，语言教育应密切结合幼儿的实际生活，在各种活动中进行。</td><td>任务一
任务二
任务三</td></tr>
<tr><td>3</td><td>《幼儿园保育教育质量评估指南》</td><td>•坚持幼儿为本。尊重幼儿年龄特点和成长规律，注重幼儿发展的整体性和连续性，坚持保教结合，以游戏为基本活动，有效促进幼儿身心健康发展。</td><td>任务三</td></tr>
<tr><td>4</td><td>《幼儿园教师专业标准（试行）》</td><td>•在教育活动中观察幼儿，根据幼儿的表现和需要，调整活动，给予适宜的指导。
•在教育活动的设计和实施中体现趣味性、综合性和生活化，灵活运用各种组织形式和适宜的教育方式。
•提供更多的操作探索、交流合作、表达表现的机会，支持和促进幼儿主动学习。</td><td>任务二
任务三</td></tr>
<tr><td>5</td><td>《学前教育专业师范生教师职业能力标准（试行）》</td><td>•能够根据《幼儿园教育指导纲要（试行）》《3—6岁幼儿学习与发展指南》的要求，以及幼儿的兴趣需要和年龄特点，选择教育内容，确定活动目标，设计教育活动方案。
•学会运用各种适宜的方式实施教育活动，鼓励幼儿在活动中主动探索、交流合作、积极表达，能够有效观察幼儿在活动中的表现，并根据幼儿的需要给予适宜的指导。</td><td>任务二
任务三</td><td rowspan="2">课证融通</td></tr>
<tr><td>6</td><td>《中小学和幼儿园老师资格考试标准》</td><td>•了解幼儿园教育评价的目的与方法，能对保教工作进行评价与反思。
•能根据教育目标和幼儿的兴趣需要及年龄特点选择教育内容，确定活动目标，设计教育活动方案。</td><td>任务二
任务三</td></tr>
</table>

任务一

选择与识别适宜的听说游戏

一、任务导入与学习目标

为幼儿选择适宜的听说游戏,要根据本班幼儿的特点与需求开展,这是开展听说游戏的第一步。本任务将为大家提供听说游戏的基本类型,协助大家达成以下学习目标:

1. 能够辩证分析幼儿园听说游戏设计。
2. 积极主动收集不同类型的优质的听说游戏。
3. 能根据幼儿年龄特征与需求选择适宜的听说游戏。

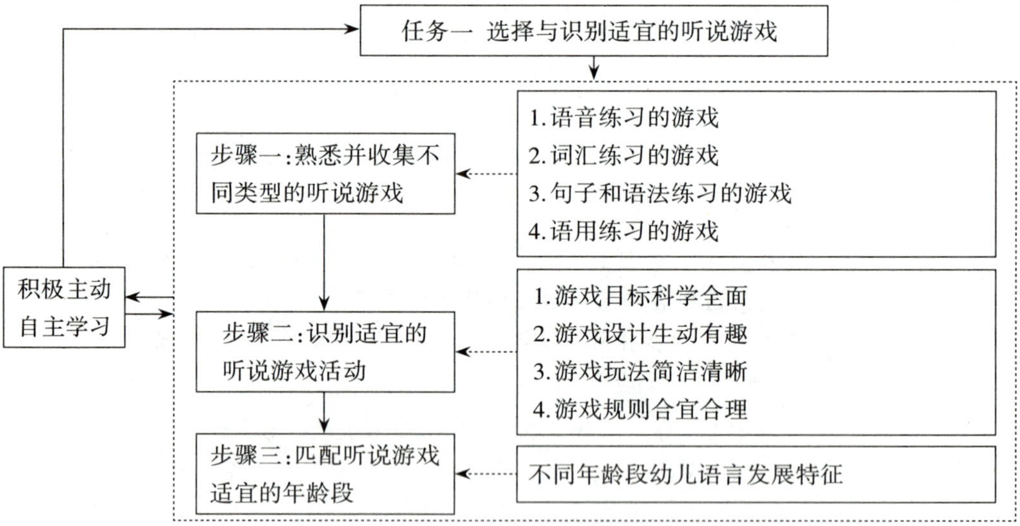

图 5.1　任务一学习流程图

二、任务步骤与关联知识

步骤一:熟悉并收集不同类型的听说游戏

1. 语音练习的游戏

语音类游戏是以帮助幼儿练习正确发音,提高幼儿辨音能力为目的的一种活动。在语音类游戏中，应着重为幼儿提供练习发音的机会，有利于幼儿学习或复习巩固发音。游戏中，可以让幼儿着重练习他们感到困难的或容易发错的语音，也可以组织幼儿进行方言干扰音的练习、普通话声调的练习、发声用气的练习等。但每次练习的语音不要过多，以免难点过于集中，影响幼儿的学习效果。

听说游戏资源集

听说游戏《顶锅盖》（语音练习）

顶锅盖，炒油菜，辣椒辣了不要怪。

噗！一口风。噗！二口风。噗！三口风。

游戏目的：

1. 练习发准“盖、菜、怪”等容易混淆的字音。

2. 探索游戏玩法，根据自己的生活经验，说出各种菜肴的名称。

游戏玩法：

幼儿分成若干组，一名幼儿扮演锅盖，将手掌平放，手心向下作锅盖，其他幼儿分别伸出食指顶着“锅盖”，然后大家一起念儿歌，念到“噗！一口风”时，做吹风的动作。儿歌一念完，扮演锅盖的幼儿要迅速抓住顶在“锅盖”上的食指，同时，其他幼儿要赶紧收回食指。如果被抓住了，扮演锅盖的幼儿问“烧的什么菜”，其余幼儿报菜名。

游戏规则：

扮演锅盖的幼儿手掌要放平，其他幼儿的食指一定要顶住“锅盖”，并且必须得在念完儿歌的时候才能将食指收回。被抓住的幼儿，只有报完菜名才能继续游戏。

2. 词汇练习的游戏

词汇类游戏以丰富幼儿的词汇，使其正确理解与运用词汇为目的。积累大量词汇是幼儿语言学习的重要内容之一。幼儿的词汇是在日常生活经验的积累过程中逐步增长起来的，几乎没有一个研究能确切地证明究竟幼儿每天能习得多少词汇。用听说游戏的方式帮助幼儿学习词汇，可以考查幼儿对词汇的掌握程度，丰富其运用词汇的经验。词汇练习游戏的类型与词汇的种类有关，如名词、动词、形容词、代词、量词、连词、同义词、反义词等。

听说游戏《变变变，变什么》（词汇练习）

游戏目的：

1. 引导幼儿理解并运用“眯眯笑”“哈哈大笑”“哇哇大哭”“不哭也不笑”等描写表情的词汇。

2. 能够仔细听信号，快速做出相应的表情，并能说出相应的词汇。

游戏玩法：

1. 幼儿听老师口令，做相应的表情。幼儿双手蒙住脸说：“变变变，变什么？”老师说：“我来说，你来变，大家一起眯眯笑。”幼儿立刻放下手，做出相应的表情。幼儿听指令做出相应表情后，就可进行角色对换，否则不能交换角色。

2.幼儿发出指令，老师做出相应的动作。老师双手蒙住脸说："变变变，变什么？"幼儿说："我来说，你来变，老师眯眯笑。"老师立刻放下手，做出相应的表情。通过如此反复交换角色练习不同的表情词语。

游戏规则：

1.游戏过程中必须用"变变变，变什么""你来说，我来变"的对话形式，听口令做相应的动作。

2.如果听口令做出相应的动作，则交换角色，否则不能交换角色。

3.句子和语法练习的游戏

幼儿在语言学习过程中，需要积累大量的句型，并能按照语法规则组词成句，这是他们语法习得和发展的重要阶段。一般来说，幼儿从简单句过渡到复合句，从句式理解到熟悉运用，需要经过大量的练习。幼儿在日常生活中可能会获得运用句法的机会，但是通过听说游戏教师能够有意识、有计划地帮助幼儿进行练习。通过专门的集中活动，教师能够帮助幼儿迅速把握某一种句法的特点规律，并在尝试运用的过程中提高熟练程度。

听说游戏《盖楼房》（句子练习）

游戏目的：

1.能够创造性地运用"……越来越……"的句型进行创编活动。

2.能够仔细倾听同伴的发言，积极参与集体活动，不重复别人的语句。

游戏规则：

1.幼儿必须用"……越来越……"的句型说一句话。

2.注意倾听别人的讲话，不能重复同伴说的内容。

3.没有用"……越来越……"的句型或用得不恰当或用重复的语句，均不能给他盖楼房。

游戏玩法：

将幼儿分成两组，然后分别请两组的幼儿用"……越来越……"的句型创编语句（如声音越来越小，风越来越大），再让讲得正确又不重复别人语句的幼儿，在他们组建的楼房上添上一层楼。最后，比一比看哪组的楼房盖得更高。

4.语用练习的游戏

语用类游戏是训练幼儿运用比较连贯的语言，具体形象地描述事物，提高语言运用能力的活动。它要求幼儿的语言比较完整、连贯，具有一定的描述能力。语用练习的游戏一般是在大班进行的。如大班听说游戏《金锁银锁》，让幼儿以对答的形式念儿歌，帮助幼儿学习运用简短而有节奏的词语形容和描述一件事物。

听说游戏《圆圆商店》（语用练习）

游戏目的：

1.认识各种圆圆的物品，并能够对它们的形状、颜色、声音、味道、用处和玩法等进行描述。

2.能够大胆、清楚地表达自己的需求。

游戏玩法：

（请一名幼儿配合示范）准备了很久的圆圆商店终于开张，但是在商店里买东西还有个特别的要求：买东西的人不能直接说出要买的东西的名称，只能描述它的形状、颜色、用途。只有描述清楚，营业员才能猜到你想买的东西是什么，然后把东西卖给你，否则这次购买就不成功。老师负责扮演营业员，幼儿购买东西。

游戏规则：

1.买东西的人不能说出要买的东西的名称，如果直接说出来就不能继续购买。

2.买东西的人描述的一定要是“商店”里有的东西。

步骤二：识别适宜的听说游戏活动

1.游戏目标科学全面

设计幼儿园听说游戏时，倾听和表达目标缺一不可。倾听不仅指听懂教师讲解，听懂游戏规则和指令，还包括听懂细微信息之间的区别和联系；表达主要是指能够正确地进行口语发音、表达练习，并且将自己的想法、观点表达给他人。在此过程中，幼儿学会如何运用语言、掌握语言变动技巧，通过正确表达自己的观点，学习语言、提高运用口语交际的能力、锻炼语言运用能力。幼儿的学习是一个整体的过程，这一阶段对幼儿的教育，应该做到全面、细致，不能偏向任何一个方面。

2.游戏设计生动有趣

只有富有趣味性的游戏才能引起幼儿兴趣，吸引幼儿积极参与。《幼儿园教育指导纲要（试行）》中提出，发展幼儿语言的关键是创设一个能使他们想说、敢说、喜欢说、有机会说并能得到积极应答的环境，以及要鼓励幼儿大胆、清楚地表达自己的想法和感受，从而发展幼儿语言表达能力和思维能力。为了激发幼儿的兴趣，听说游戏应选择有趣的内容，创设新颖有趣的情境，在游戏中充分调动幼儿眼睛、耳、口、手多种感官，保证游戏的趣味性。

3.游戏玩法简洁清晰

适宜、科学的游戏玩法有益于游戏的开展，促进游戏目标的达成。要做到游戏玩法简洁清晰，就要求教师在撰写游戏活动时，做到玩法简单、可执行，对游戏有充分的预判和准备；在讲述游戏玩法时，做到表述简洁，重难点突出，通过边讲边示范，帮助幼儿尽快熟悉游戏玩法。

4.游戏规则合宜合理

幼儿园听说游戏是在一定的规则条件下开展的活动。合宜规则的建立，需要考虑游戏特点与幼儿发展现况，不提无法达成或较难达成的规则，以免影响幼儿参与的积极性；合理规则的建立要充分考虑游戏的公平公正与道德伦理，如在制订计划时要充分考虑不同性别、不同家庭背景、不同语言发展水平的幼儿都可以参加，都能受到公正对待等。

步骤三:匹配听说游戏适宜的年龄段

在选择适宜的听说游戏的过程中,教师应该充分考虑幼儿语言发展的水平与特点。大家可以根据项目一中不同年龄段幼儿语言发展特征,为不同年龄段的幼儿适配符合其特征的听说游戏。

三、任务表单

请查阅相关材料,收集整理幼儿园听说游戏,把你认为优秀的幼儿园听说游戏活动设计分享给同伴,并说说你的理由。

任务表单5.1

听说游戏活动设计表

游戏名称	所属类型	适宜年龄班	游戏目标	游戏玩法	游戏规则

四、任务评价与改进

1.请你对任务一的完成情况进行自我评价。

学习任务	合格	良好	优秀
选择与识别适宜的听说游戏。	□能积极主动地收集幼儿园不同类型的听说游戏。	□能根据听说游戏的主要特征,选择适宜的幼儿园听说游戏。	□能根据不同年龄段幼儿的特点与需求,匹配幼儿园听说游戏,并准确说明理由。

2.针对任务一,你觉得自己还有哪些需要改进的地方?

存在问题:____________________

产生原因:____________________

____

解决办法:____________________

____

任务二

观摩、评析与调整幼儿园听说游戏活动设计

一、任务导入与学习目标

观察、评析一个较为成熟的幼儿园听说游戏活动设计，能够帮助大家快速地了解幼儿园听说游戏的相关知识，同时取其精华，更好地掌握如何设计与组织幼儿园听说游戏。本任务将为大家提供幼儿园听说游戏活动的基本特征、目标、内容与组织实施的基本步骤，协助大家达成以下学习目标：

1.领会幼儿园听说游戏的目标与内容。

2.精益求精，不断优化听说游戏。

3.能结合幼儿园听说游戏活动的基本特征、目标、内容与组织实施的基本步骤，观摩、评析与调整范例活动。

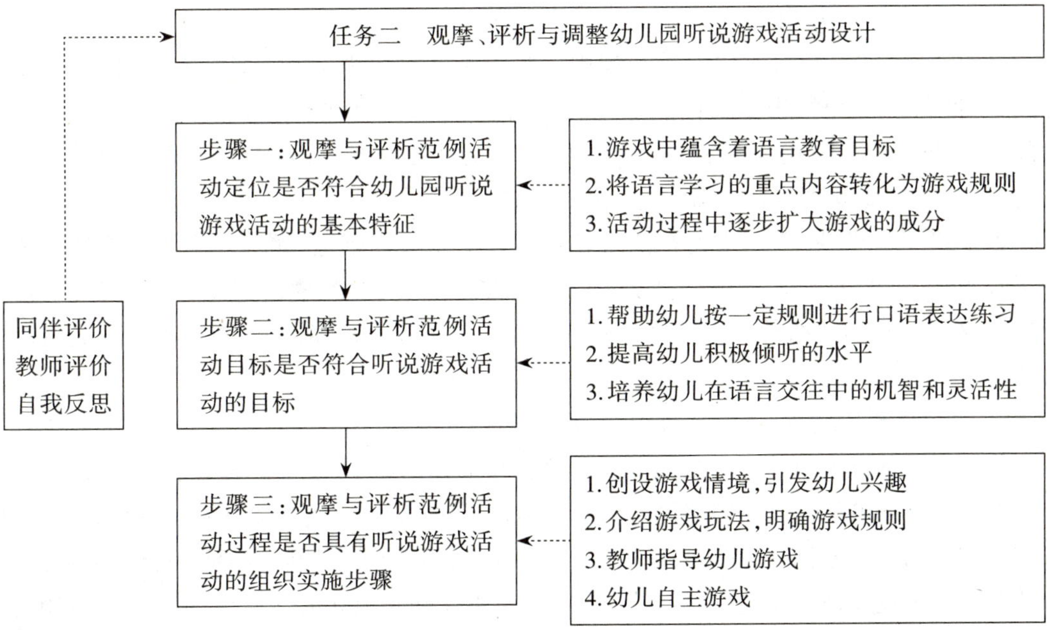

图 5.2　任务二学习流程图

二、任务步骤与关联知识

步骤一：观摩与评析范例活动定位是否符合幼儿园听说游戏活动的基本特征

听说游戏活动的基本特征包括：

1.游戏中蕴含着语言教育目标

教师组织开展听说游戏活动时并不是随意的，而是根据幼儿语言发展水平和语言学习需要提出具体的语言教育目标，并将它内隐于听说游戏活动的内容和过程中，落实到幼儿接受理解和尝试掌握的教育过程中。

听说游戏包含的语言教育目标往往具有具体、含蓄的特点。听说游戏往往不对幼儿提出某个新的语言学习任务，更多的是根据近阶段幼儿语言学习的重点和需求来设计游戏活动，让幼儿在游戏中复习巩固已学的语言内容，掌握一定的语言知识，真正获得这一方面的语言运用能力。

如小班幼儿经常混淆“zh、ch、sh”和“z、c、s”的发音，为了引导幼儿正确发音，教师设计了听说游戏《山上有个木头人》，游戏时须念儿歌：“山，山，山，山上有个木头人，三，三，三，三个好玩的木头人，不许说话不许动”，并可以自由做动作。儿歌念完后，就不能发出声音，也不能动。如果谁动了或发出了声音，就必须把手伸向同伴，而同伴就拉他的手说：“本来要打千千万万下，因为时间来不及，马马虎虎打三下。”然后边拍同伴的手心边数：“一、二、三。”游戏结束。通过游戏念儿歌帮助幼儿正确区别发音并练习“s、sh”。听说游戏将语言教育目标贯穿在游戏活动之中，让幼儿边玩边听边说，不知不觉中就完成学习任务，这是听说游戏特有的优势。

2.将语言学习的重点内容转化为游戏规则

凡是听说游戏，都有一定的游戏规则。听说游戏中的规则并不是凭空制订的，而是教师在设计听说游戏时，根据具体的语言教育目标，选择适当的语言学习内容，并将本次活动的语言学习重点转化为一定的游戏规则。当幼儿参与听说游戏时，他们必须遵守一定的游戏规则，按照规则进行游戏，并在活动中锻炼听说能力。

如小班听说游戏《商店里的东西》，教师制订的游戏规则是，顾客一定要对售货员说清楚买什么商品，售货员才能将商品卖给他。如果发音不清楚，暂时不卖，直到说对了再卖给他。这就要求幼儿必须发准“柿(shì)”“石(shí)”“车(chē)”等音，才能顺利地买到自己需要的“商品”。

3.活动过程中逐步扩大游戏的成分

听说游戏活动兼有游戏和活动双重性质。从活动组织形式上看，具有从活动入手，逐步扩大游戏成分的特征。由于听说游戏活动带有明确的学习任务，活动开始时，教师需要帮助幼儿理解活动的内容，交代游戏的规则，并且示范游戏的玩法。然后教师带领幼儿开展游戏，在幼儿熟悉游戏规则，逐步掌握游戏规则后，再放手让幼儿独立进行游戏。可以说，听说游戏活动开始时以活动的方式进入，而最后以游戏的方式结束。教师的主导作用在开始时体现得最为明显，而后随着幼儿熟悉程度的提高而逐渐减少，直到幼儿完全自主地进行游戏。

步骤二:观摩与评析范例活动目标是否符合听说游戏活动的目标

幼儿园听说游戏活动着重从语言表达能力、倾听能力和语言运用的机智与灵活性三个方面来促进幼儿的语言发展。

1.帮助幼儿按一定规则进行口语表达练习

(1)复习巩固发音。幼儿在语言表达的过程中,往往会存在发音困难、有地方方言口音、语言表达不流畅等问题。教师可以根据幼儿的实际情况组织开展听说游戏活动,帮助幼儿进行口语表达练习。

①难发音的练习。在幼儿的语言发展中,发音难问题存在着不同的表现方式,如前后鼻音不分、平翘舌音不分、鼻音与边音不分等。引起发音不清、发音混淆的原因是多方面的,有的是受某种方言的影响,幼儿在发某个音时特别困难;有的是受到幼儿发展水平的限制,他们在不同阶段都有相对于该阶段来说比较难的发音。教师通过语音练习游戏,帮助幼儿纠正发音。如为了让幼儿正确区别“s”和“sh”、“an”和“ang”这两组发音,可以组织幼儿玩《山上有个木头人》游戏,通过教师参与玩、幼儿自主玩等加强幼儿的辨音能力。

②方言干扰音的练习。一定区域方言都有可能对幼儿的普通话学习产生干扰因素,影响他们正常发音。如南京方言“l”和“n”不分,“an”和“ang”不分,说普通话时有可能将“南(nan)”说成“lan”。在听说游戏活动中,幼儿有集中学习的机会,练习发准这些受到方言干扰的语音,培养幼儿产生对这些音准确发音的敏感性。

(2)扩展练习词汇。此类听说游戏以丰富词汇和正确运用词汇为目的。教师要根据各年龄段幼儿掌握词汇的特点,设计目标明确、内容有趣的游戏。如在《怎样走》的听说游戏中,要求幼儿用一定的副词描述“走”的动作,幼儿可以说“快快地走”“慢慢地走”“大步地走”“小步地走”“一蹦一跳地走”。

(3)尝试运用句型。幼儿正处于句法习得与发展的重要阶段,这一阶段的幼儿对句法的掌握从简单句过渡到复合句水平,并慢慢开始进入理解嵌入句的水平。无论是简单句还是复合句,都有多种类型的句式,幼儿掌握并熟悉运用都需要通过练习。幼儿除了在日常生活中获得运用句式的机会,还可以通过教师有目的、有计划地设计与组织听说游戏来练习。教师通过听说游戏有意识地帮助幼儿练习,幼儿在尝试运用的过程中提高熟悉运用的水平。如大班听说游戏《盖楼房》,幼儿通过用“……越来越……”或者“越……越……”的句式学习句型。

2.提高幼儿积极倾听的水平

(1)听懂教师的讲解,理解游戏的规则。听说游戏活动中,能否听懂教师布置的任务,理解游戏的规则,直接影响幼儿参与游戏的状态。幼儿在游戏的过程中通过认真倾听,反复练习,听懂教师的讲解,理解游戏的规则。

(2)听懂游戏的指令,把握游戏进程。如听说游戏《金锁银锁》,念完儿歌,即是一个指令,要求问“这是什么锁”,开锁人听后立刻回答“这是××锁”。所有的指令信息一环套一环,在游戏中幼儿必须敏锐地感知,否则将无法进行游戏。

(3)准确把握和传递有细微区别的信息,提高倾听的精确程度。有的听说游戏专门设置倾听的“圈套”，要求幼儿辨别某几个相似音的差异，做出相应的反应，如对“z、c、s”和“zh、ch、sh”的辨别活动即属于这一类。

3.培养幼儿在语言交往中的机智和灵活性

通过听说游戏，提高幼儿在语言交往过程中敏捷的反应能力；迅速领悟游戏规则的能力；迅速调动个人已有语言经验进行编码的能力。听说游戏是一种活动的进程，幼儿在参与时需要根据一定的规则迅速调动个人已有的语言经验进行编码。这种场合不允许幼儿慢慢想，细细思考，如果速度太慢，游戏便要受到影响，因此有利于提高幼儿迅速反应的能力。

步骤三：观摩与评析范例活动过程是否具有听说游戏活动的组织实施步骤

听说游戏活动的设计与实施有其独特的规律，按照下列结构去设计和实施活动，可以产生更好的教育效果。

1.创设游戏情境，引发幼儿兴趣

在听说游戏开始时，教师需要调动一些手段去设置游戏情境。创设游戏情境的方法归纳起来主要有以下几种：

大班听说游戏范例

（1）用物品创设情境。

教师可使用一些与游戏活动有关的实物，或利用活动区的布置、墙饰、桌面玩具、实物摆设、图片或多媒体课件等创设与游戏有关的具体形象、有趣的游戏氛围，将幼儿迅速带入游戏的情境之中。

（2）用表演创设游戏情境。

表演的形式好玩有趣，也更容易引发幼儿的兴趣。教师通过表演，可以引导幼儿想象出游戏的角色、游戏的场所，进而创设游戏的气氛。如教师可以表演小兔子、大象或小鸟的动作，让幼儿想象游戏中的角色，游戏的内容和进行方式等，进而营造出游戏的情境。

（3）用语言创设游戏情境。

教师通过语言，直接描述或指出游戏中角色以及所处的环境。例如在大班听说游戏《改错》中，老师一开始就说错话：“今天早上，我吃完汤，喝完饭，出门就看见太阳落山了。”全体幼儿听后哈哈大笑。教师趁机提问：“你们为什么笑？我什么地方说错了？应该怎么说呢？”从而一下子就引起了幼儿改错的兴趣，立即将幼儿带入游戏的情境之中。

2.介绍游戏玩法，明确游戏规则

在创设游戏情境之后，教师接着就要向幼儿交代游戏的玩法与规则。教师通过讲解和示范相结合的方式，引导幼儿理解游戏的玩法与规则。教师在交代游戏玩法与规则时，要注意：

（1）用简洁明了的语言讲解。在交代游戏玩法与规则时，切忌复杂、冗长的解释，以免幼儿抓不住要领，不能及时领悟理解，从而影响游戏的进程。

（2）要讲清楚听说游戏的规则要点和游戏的具体玩法步骤。听说游戏的规则要点一般都是在游戏中幼儿要按照规范说出相应的话，教师应当让幼儿基本明白说什么和怎样说，以便他们能够在参与游戏时付诸实践。同时要帮助幼儿清楚地理解游戏开展顺序，先做什么，后做什么，什么角色做什么，这样他们才能够顺利地参与活动。

（3）教师运用较慢的语速进行讲解示范。教师在交代游戏玩法与规则时语速应当相对缓慢。尤其是基于游戏规则回答问题或说一句话时，一定要保证让幼儿听清楚，因为这种语言带有示范的性质。

常见问题1：游戏规则不明确，游戏活动不通畅

幼儿园听说游戏作为一种规则性的游戏，其关键在于游戏规则。听说游戏的规则是根据具体的听说游戏的内容设定的，科学、适宜的游戏规则更有利于幼儿园听说游戏的开展。听说游戏一般可分为语音练习、词汇练习、句式练习和描述练习等多种类型，每一类型的语言学习各有侧重点，在制订游戏规则时可结合某一类型的具体学习重点进行设计。如果没有能够达成一致意见，在规则的执行过程中，必定会出现这样那样的问题，最后导致游戏内容无法执行。因此，教师在组织与实施听说游戏的时候，能够清晰、明确地介绍游戏规则，往往是活动成功的关键所在。

如教师在组织听说游戏《警察与司机》时，交代了游戏的规则和玩法：警察在指挥红绿灯，当司机开车过来时，警察说出一个词，司机要对上一个反义词。司机回答正确了，警察就亮起绿灯让司机过，否则就亮起红灯不让司机过。教师在跟幼儿介绍游戏规则的时候，没有强调警察必须等司机回答完毕，且确认正确时才亮起绿灯，如果回答错误，则需重新回答并正确才能亮绿灯；而司机必须回答问题，且正确后等到亮绿灯了才能前进。因此，游戏活动刚开始时秩序还好，过了一会儿场面就混乱了，游戏也不得不终止。

3. 教师指导幼儿游戏

教师指导幼儿游戏，有利于幼儿在活动过程中熟悉游戏规则，进一步明确和掌握游戏的玩法，掌握在游戏中运用语言进行交往的基本思路，从而为独立开展听说游戏做好充分的准备。教师在游戏中充当观察者和引导者，推动游戏的进程，指导幼儿熟悉游戏的规则与玩法。方式有两种：

（1）部分幼儿参与游戏，即一部分幼儿参与到游戏活动中去，以便另一部分幼儿有观察熟悉的机会，然后轮换。

（2）全体幼儿参加游戏的一部分活动，待他们完全熟悉游戏玩法，掌握游戏规则后再全程参加游戏。

常见问题2：游戏情节不连贯，游戏趣味不浓

听说游戏需要创设一个有趣的游戏情境，向幼儿展示听说游戏的氛围，引发幼儿参与游戏的兴趣。通常教师在组织听说游戏活动时，往往都能根据具体的游戏活动创设相应的游戏情境，但是只有场景（情境），而缺乏连贯的游戏情节，这样的结果使听说游戏活动的趣味性不够，无法给予幼儿充分的游戏体验。而且教师在组织听

说游戏时,往往会让整个活动会变得不是纯粹的听说游戏,即某些环节属于语言游戏,有些环节却变成了语言教学。因此,游戏情节的连贯性和趣味性显得尤为重要,这也是听说游戏必须强调的,如果缺乏游戏性,而变成了一个语言教学活动,那就不是听说游戏了。如在听说游戏《来来来》中,教师创设了森林的活动情境,以带幼儿到森林里游戏的形式导入活动,接着引导幼儿观看课件交谈和模仿动物的行走方式,以及扮演动物分别到对应的"房子"里躲雨,最后以律动的方式结束活动。整个过程看似思路清晰,但实际上缺乏清晰、有趣、贯穿始终的游戏情节,因此,有些环节就变味儿了,成了语言教学活动。

4. 幼儿自主游戏

教师安排幼儿进行自主游戏活动,注意提醒幼儿遵守游戏规则,与同伴友好地合作游戏。在这个步骤中,教师需要注意以下几个问题:

(1)注意角色的转换。教师应从游戏的主角转换为游戏的旁观者,不要过多地限制和束缚幼儿,不要怕幼儿出错,更不应该发出指令和要求,直接控制他们的游戏行为。

(2)注意观察与指导的方式。教师要细心观察幼儿的游戏过程,应对个别不熟悉游戏玩法、规则的幼儿进行及时的点拨、指导,帮助这些幼儿更快地加入游戏的队伍中去。如发现幼儿有不遵守游戏规则的情况,教师应及时分析原因,并以游戏者身份进行处理:如果幼儿对游戏规则不清楚,就补充示范和讲解;如果幼儿因玩得高兴,忘了游戏规则,就给予提醒;如果他们犯规,就用游戏者的口吻对其按规则处罚。教师在观察幼儿的游戏过程时,也需要注意幼儿之间可能出现的矛盾与纠纷,及时予以解决,维持游戏活动的秩序,使游戏顺利进行。

(3)注意选择恰当的自主游戏形式。教师可以根据每一个听说游戏的具体要求来考虑适当的幼儿自主游戏活动形式。有的听说游戏以集体活动的形式进行,全班幼儿均可参与游戏;有的以小组形式开展游戏,教师可让幼儿自由组合,选择适当场地进行游戏活动;有的以一对一结伴的方式进行游戏。采用何种游戏活动形式,取决于幼儿参与活动的最佳效果。哪种方式能够促使幼儿更积极主动地活动,哪种形式有利于幼儿口语练习,教师都应在设计游戏活动时进行充分考虑,进行周到的策划。

常见问题3:自主游戏不明显,游戏效果不佳

听说游戏属于规则游戏,具有游戏和活动的双重性质,既需要教师的指导,又需要体现幼儿自主自愿的游戏特点。所以,活动中幼儿游戏的自主成分是不断扩大的。刚开始时,由于幼儿不了解游戏的玩法和规则,需要教师的讲解示范和指导,游戏的自主成分较少,但随着幼儿对游戏玩法的熟悉和规则的掌握,幼儿自主性将不断扩大和增强。他们可以分组结伴玩,也可以个别独自玩,逐渐从外部控制、真实情境、外部动机转变为内部控制、假想情境、内部动机。随着年龄的增长和经验的丰富,幼儿还可自己商定游戏规则或创新游戏规则,增加游戏的难度,不断提升游戏的自主性,发挥个体的主体性,从而发展语言表达能力。

教师在组织与实施各活动环节时，一般来说都有明确的指导重点，尤其对不同能力水平的幼儿会提供不同的指导。但活动中，常常缺少幼儿练习和巩固的环节，缺乏以幼儿为主体的游戏形式，没有体现幼儿游戏的自主性，也没有体现幼儿在教师的指导下，从跟随教师游戏到独立自主游戏的过程。

教师在活动的每一环节中都要尽量放手让幼儿自由游戏，如在《小动物，过树林》游戏中，可让幼儿自选动物胸饰，自由用动作表演所选动物，自由猜动物，还可以引导幼儿互换胸饰，互换角色，相互结伴进行对话交流，可以分组多次进行游戏，充分调动幼儿的积极性，引导幼儿运用生活经验自主游戏，自觉地倾听指令和运用特定句式进行表达，不断地练习和巩固游戏玩法，自然地实现活动目标。

三、任务表单

以小组为单位，请在收集的听说游戏中选择一份详细的活动设计，在小组内与同伴分享，并对活动设计的活动目标、活动准备、活动过程等内容进行讨论与评析，并进行调整。

任务表单 5.2

幼儿园听说游戏活动设计评析表

设计步骤	原设计呈现	评析	调整后
活动目标			
活动准备			
活动过程			
活动延伸			

四、任务评价与改进

1.请你对任务二的完成情况进行自我评价。

学习任务	合格	良好	优秀
观摩、评析与调整幼儿园听说游戏活动设计。	□能说出活动的优点与不足。	□能准确说出活动的优点与不足,并说明理由。	□能提出适宜的活动调整改进建议。

2.针对任务二,你觉得自己还有哪些需要改进的地方?

存在问题:____________________

产生原因:____________________

____

解决办法:____________________

____

任务三

组织实施幼儿园听说游戏片段

一、任务导入与学习目标

能够根据活动设计组织与实施幼儿园语言集中教育活动是未来大家走上工作岗位，开展各类语言教育活动的重要教学技能，本任务将以听说游戏的片段教学为切入点，为大家提供组织实施语言教育活动的基本方法和实施要点，协助大家达成以下学习目标：

1. 掌握并灵活运用组织实施幼儿园语言集中教学活动的基本方法和实施要点。

2. 精益求精，根据收集的听说游戏活动设计，不断优化与调整，组织与实施听说游戏教学活动。

3. 能够对开展的教学活动，进行评价与反思。

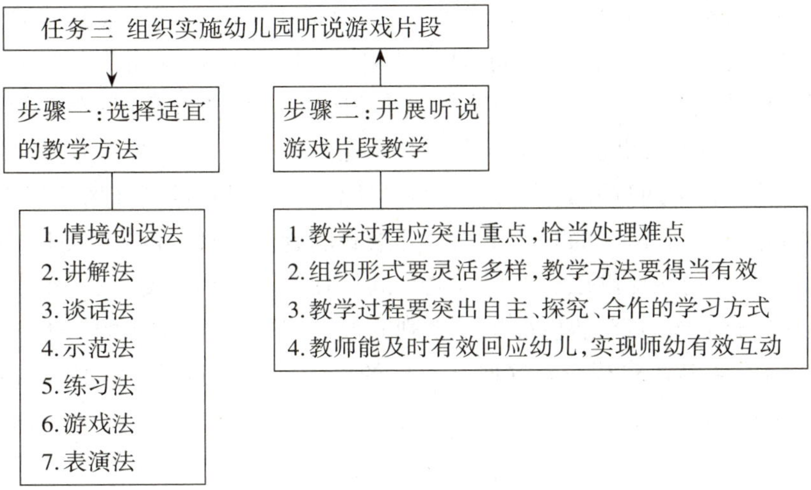

图 5.3 任务三学习流程图

二、任务步骤与关联知识

步骤一：选择适宜的教学方法

幼儿语言教育活动实施的方法指为了实现语言教育活动目标，在活动过程中运用的方式与手段的总称。幼儿语言教育活动实施的方法一般有以下几种：

1. 情境创设法

情境创设法教学范例

情境创设法是一种行之有效的教学方法。苏霍姆林斯基曾说："幼儿是用形象、色彩、声音来思维的。"为幼儿创设一个具体的、生动的、能够满足幼儿操作需求的情境会激发幼儿的学习兴趣，调动其积极性。可以利用以下手段，创设适宜的情境。

（1）真实场景：幼儿的语言学习具有直观性的特点，通过为幼儿创设真实的场景，帮助幼儿将感知到的东西融入头脑，将观察与思考结合起来，进行有效思考。如教师在开展学习诗歌的仿编活动《圆圆圆》中，教师把整个活动室布置成圆的世界（活动室四周张贴并摆放各种圆形的图片及实物），让幼儿在室内寻找圆的物品，并通过看图体会诗歌中的圆形物体，再进行仿编，幼儿的思维一下子就被打开了，学得非常投入。

（2）角色表演：在开展语言教学活动的过程中，因地制宜，恰当地把故事表演、角色游戏等引入活动之中。提供富有变化的道具，创设亦真亦幻的场景，为幼儿提供一个融教育于情境之中的，一个多角度的语言环境。如在故事教学活动《小熊请客》中，教师请幼儿根据故事内容，大胆地想象，进行话剧表演，帮助幼儿更好地了解故事中的人物、情节及对话。

（3）艺术手段：在语言活动的教学实践中，通过运用图画、音乐、戏剧等艺术形式为幼儿创设丰富的语言情境。在语言活动《秋风吹呀吹》中，教师带领幼儿一起去拾落叶。有的幼儿用落叶拼贴成不同形象、图案；有的幼儿用树叶做成树叶玩偶；有的幼儿用树叶做成树叶拓画。幼儿边做边讲，生动地讲述秋天的故事。

（4）悬念问题：教师通过开放式问题巧妙设计悬念式情境，给幼儿留下思考的空间，是培养幼儿大胆想象，发展语言的有效手段。开放式问题没有现成的答案，不受故事语言和情节的限制，可以为幼儿提供创造性思维的空间。在故事续编活动《三只小熊》中，教师首先创设一个脏乱的小熊的家，然后提出一系列开放性问题，如："小熊的家为什么会这样？""三只小熊看到后会怎么样？"……这些开放性的悬念问题，为师幼互动留下空间，能较好地引发幼儿的创造性表达。

2. 讲解法

讲解法教学范例

讲解法是指教师用符合幼儿年龄特征的方式，分析、解释、解说活动程序或活动内容的教学方法。教师在运用讲解法时应注意以下事项：

（1）讲解要内容正确，通俗易懂。教师要讲得浅显易懂，语言生动形象。可以借助表情和动作，利用语音的高低、强弱，语速等变化，激发幼儿兴趣。

（2）讲解要简明扼要，重点突出。教师讲解的语言应简洁明了，不能讲得过多、过细。这需要教师把握教材的重难点，了解幼儿的水平，确定讲什么，并概括成精练的语言。

（3）讲解要富有启发性，时机适当。教师在活动前，可以有意识地设下悬念，让幼儿带着问题去学习，也可以采用提问或讨论的方式来启发幼儿动脑筋、想问题，提高其学习兴趣。注意，教师的提问不能是封闭式提问，如是非式提问，也不可设标准答案，教师回应的过程也不能是寻找唯一答案的过程。

3. 谈话法

谈话法是指教师在幼儿语言教育活动中，引导幼儿运用已有的知识经验回答提出的问题，从而获得新知识、巩固旧知识或检验知识的教学方法。

谈话法又称问答法、提问法，是最古老的也是最常用的教学方法之一。这种方法较易集中幼儿的注意，激发其积极的想象与思维活动，从而提高教学活动的效果。在谈话活动、文学欣赏活动、早期阅读活动、讲述活动等幼儿语言教育活动中应用较广泛。运用谈话法的要点如下：

（1）要在幼儿已有的知识经验基础上进行。教师通过谈话引导幼儿运用已有的经验和知识回答问题，帮助幼儿巩固旧知识，掌握和理解新的知识。如大班谈话活动《恐龙》，就是在幼儿积累了有关恐龙知识的基础上进行的，否则，幼儿将无话可谈。

谈话法教学范例

（2）要围绕主题紧扣教学目的，既要面向全体幼儿，又要照顾个别幼儿的水平。

（3）问题要有启发性、逻辑性。教师的提问要能够启发幼儿，引领幼儿步步深入思考。教师应鼓励幼儿大胆说出自己的想法，并充分尊重他们的意见。同时，教师不能将谈话讨论变成教师的"一言堂"，而要注意引导幼儿成为谈话的主体，鼓励和引导他们大胆交流、争论，围绕谈话的问题，不断拓展和深入。

（4）教会幼儿注意听清问题，用响亮声音回答，培养幼儿回答问题的能力和良好的互动习惯。教师要耐心倾听幼儿的回答，及时肯定、补充。

4. 示范法

示范法是教师为幼儿提供语言和行为范例并引导幼儿效仿的教学方法。幼儿是通过模仿学习语言的，教师的语言是幼儿直接学习的榜样，教师的语言水平直接决定着幼儿语言发展的水平。运用示范法的要点如下：

（1）言语示范规范到位。教师的用词造句、表达方式、行为态度、表情甚至姿态以及对别人说话的反应方式等都是幼儿模仿的对象，教师的言语示范对幼儿来说，就是标准和样板。因此，教师在进行语言活动时，要面向全体幼儿，用词造句准确，发音正确、清晰响亮，富有表现力，保证被幼儿听到并听清楚；有时也可以辅以自然的表情和恰当的手势，帮助幼儿理解和掌握。此外，教师要注意使用简单易懂的句式，要求具体明确，便于幼儿对语言形式、语言内容和语言运用三个方面进行模仿和迁移，教师无论在何时何地都要运用规范的语言，为幼儿创设良好的语言环境，为幼儿模仿学习创造条件。

示范法教学范例

（2）言语示范适时适度。在幼儿语言教育活动中，教师的言语示范一般在幼儿的语言活动之前进行。在活动过程中，如发现某些语言点幼儿难以掌握或缺乏表现力时，教师可反复、重点示范，让幼儿有意识地模仿学习，但不能要求幼儿长时间集中注意力看老师示范，所以教师示范也要适度。

(3)灵活运用示范方式。教师在进行示范时，针对语言活动中的重点和难点，可以明确提出要求让幼儿模仿，运用显性示范的方式，让幼儿明确应该怎样做，并要求幼儿仔细观察教师的语言和动作。为了使整个语言活动过程活跃而不死板，教师可以更多地采用隐性示范的方式，让幼儿在不知不觉中得到暗示，进行模仿。教师并不明确要求幼儿观察教师的示范，而是通过主导活动方向和进程，通过种种暗示来进行示范。具体采用什么方式，应取决于幼儿语言发展的水平和特点以及教学活动的实际。

5.练习法

练习法是指教师有意识地让幼儿反复地使用同一个言语因素(如语音、词汇、句子等)，借以训练或发展幼儿某方面言语技能技巧的一种教学方法。

练习法是幼儿学习语言的重要方法，尤其是学习发音技能时，必须经过反复练习，才能巩固提高。运用练习法的要点如下：

(1)多样化的练习。如果练习方式太过简单，容易引起幼儿的疲倦和厌烦。练习方式灵活多样化，利于调动幼儿练习的兴趣，取得最佳的练习效果。因此，在语言活动中要采用多样化、富有趣味的方式进行练习。如在诗歌活动中，教师通过练习的方式来帮助幼儿掌握诗歌，如果只是一味地跟读未免太过乏味枯燥，失去了诗歌的韵味。教师可采用集体朗诵、男女比赛、一人一句等多种形式来帮助幼儿掌握诗歌内容。

练习法教学范例

(2)适宜的练习。教师每次提出的练习难度要适宜，逐渐提高练习的要求，只有这样幼儿才能保持一定的兴趣，幼儿的语言能力才能有所进步和提高；练习要在幼儿理解内容的基础上，进行创造性的练习，而不是简单、枯燥地重复。

(3)日常化的练习。由于幼儿参与正式语言活动的时间有限，如果单纯依靠上课不能全面完成语言教育的任务。幼儿的语言能力主要是在日常生活与别人的交往过程中，在丰富多彩的生活实践中逐渐发展起来的，所以要鼓励幼儿在日常生活中开展练习。如散步时，让幼儿练习运用方位词说出各种物体的方位；吃饭前，让幼儿练习朗诵诗歌；睡觉前，让幼儿练习讲故事。

6.游戏法

游戏法是指教师运用有规则的游戏开展语言教育活动，使幼儿在轻松愉快的氛围中发展语言能力的一种教学方法。游戏的趣味性、生活性和丰富性使幼儿在轻松快乐的氛围中，不知不觉便学会准确发音、丰富语汇、练习句型、学会描述和讲述。如语言游戏《拉大锯》，游戏儿歌诙谐幽默，同时还伴随着有节律的动作。幼儿一边念儿歌一边与同伴做游戏，提高了对活动的兴趣。在这样一个轻松的学习氛围中，他们不知不觉间就较正确地掌握了发“n、l、j、x”等音。同时，也增强了幼儿学习语言、使用语言的积极性，使其体会到参与语言活动的愉悦感，培养了幼儿专注倾听的习惯，激发了幼儿合作游戏的愿望。

游戏法教学范例

在进行教学游戏时，要明确游戏的目的和内容，准备充足的游戏材料，布置必要的游戏场景，精心设计游戏的名称、玩法和规则，并且恰当选择游戏的时机。游戏的类型很多，有的是运用直观材料进行的，如表演游戏；有的是纯语言游戏，如猜字谜、练习反义词等。无论采用哪种游戏方式，都要有明确的目标、具体的规则，保证幼儿顺利参加游戏，达到语言训练的目的。在组织教学时，教师可依据具体的内容和幼儿发展的水平，灵活运用各种游戏，甚至还可自编游戏。在不同年龄班语言训练常常各有所侧重，在小班语言教育活动中运用游戏方法最多，常选择运用直观材料的游戏。随着幼儿年龄增长及语言知识和智力水平的不断提高，应逐渐减少运用直观材料的游戏。

7.表演法

表演法是指在教师的指导下，幼儿根据文学作品内容、情节的发展，扮演文学作品中的角色，通过对话、动作、表情等再现文学作品，是一种提高口语表达能力的教学方法。

在文学作品活动中运用表演法，可以促进幼儿对文学作品的理解及对作品情感的感受和把握，也能发挥幼儿的积极性、主动性、创造性。在表演前，可以先让幼儿理解文学作品中丰富的词汇，让他们学习运用与表演相关的词句，为他们创设游戏情境，帮助他们掌握一些表演的基本技能，最后鼓励幼儿根据内容进行创造性表演。实施要点如下：

（1）激励幼儿参与故事表演。表演法有助于激发幼儿参与游戏的积极主动性。在选材上，可以选择符合幼儿生活经验，有一定的戏剧成分，有适当的表演动作，易于幼儿掌握和表演的文学作品。故事情节要有起伏，节奏较快，有明显的变化，重点突出，角色的对话也易于用动作来表演。如《拔萝卜》《三只羊》等都是表演游戏常用的童话故事。如在语言活动《拔萝卜》中，教师通过表演法，让幼儿表演各个角色相继出场，一个拉住一个拔起大萝卜摔倒在地上，再把大萝卜送回家的情节，逗得幼儿开怀大笑，极大地表现出参与游戏的热情。

（2）吸引幼儿参与道具制作。逼真形象的道具能吸引幼儿参与游戏活动，尤其是小班幼儿，为他们提供形象逼真的道具，能极大提高幼儿参与表演的愿望，提高他们参与游戏的积极性和主动性。教师可以让幼儿自主选择不同的材料布置活动主题所需要的场景，提供游戏的环境。将幼儿在平时收集的各种废旧材料，如饮料罐、纸盒、泡沫板、旧挂历等，用于游戏材料的制作中，让幼儿充分发挥想象力和创造力，参与到道具的准备和设计中，既可以激发幼儿参与游戏的积极性，又能提高幼儿动手操作的能力。

表演法教学范例

（3）引导幼儿合理分配表演角色。在表演的过程中，幼儿在角色分配上出现的分歧往往较大。经常会出现表演任务过多或过少的问题；对于扮演的角色，幼儿可能存在一定的偏向，有些幼儿偏爱温柔型的角色，有些幼儿爱扮演力量型的角色。因此教师应以合作者的身份参加游戏，鼓励幼儿采用自由组合、共同商定的方式解决角色分配问题。尤其是在分配角色遇到困难时，教师可以建议、启发幼儿，从多方面考虑问题，以找出合理的分配方案。

（4）指导幼儿掌握表演技巧。在角色表演中，语言表达是幼儿表演活动的基本方式。表演过程中的语言常常是与角色和情境相关的，是建立在角色认知和情境感知的基础上的，是随着情节的变化而变化的。因此，教师需要指导幼儿感知情节所蕴含的情感，引导幼儿通过语言表达出来，引导幼儿运用语气、语调、语速的变化表达人物不同的情绪情感，并且帮助幼儿根据情节变化、人物特征运用语言进行表达。角色表演除了需要运用语言外，还需要通过表情和动作传达内心的感受和期待。当语言没有充分表达意义时，表情和动作就成为语言的补充。因此在角色表演过程中，教师需要引导幼儿通过恰当的表情和动作来表达自己的情绪情感。事实上，幼儿在表演过程中经常将语言、表情和动作相互结合，因此表演过程也是幼儿学习有效地综合使用各种表达手段的过程。

步骤二：开展听说游戏片段教学

教师在组织与实施语言集中教育活动的过程中要注意以下几个要点：

1. 教学过程应突出重点，恰当处理难点

教师在开展集中教育活动中应突出重点，恰当处理难点，应该注意：

（1）巧妙设计，探索体验。围绕教学的重点和难点，精心设计有趣的动手操作性活动或项目，让幼儿通过相互合作，积极探索、共同体验，亲自动手、亲身尝试，激发幼儿的学习兴趣，使重点和难点在活动与游戏中得以解决。

（2）生动讲解，引发关注。教师在教育活动过程中，时间分布要合理，通过设置问题、创设具体情境等充分引发幼儿对重难点的关注。在突破重难点时，教师的讲解语言要具体形象，准确生动，中间可穿插游戏活动，充分调动幼儿的学习热情，动静结合，难易结合。

2. 组织形式要灵活多样，教学方法要得当有效

教师要从实际出发，关注幼儿在心理特点、发展实际、个性特征以及社会、家庭背景等方面的差异，提出不同的教育要求，采用不同的教学方法，促进幼儿主动、有效地学习，使每个幼儿都获得满足和成功。教师应具有教育智慧，能机智、灵活地处理活动中的突发事件，选择最佳时机，灵活调整教育内容。教师应该充分调动幼儿学习的积极性，采用活动、游戏、练习等组织形式，要注意各种方法策略的综合使用，让幼儿在活动中获得发展。

3. 教学过程要突出自主、探究、合作的学习方式

根据自主探究学习理念，教师应通过多种方式调动幼儿的感觉器官，促使幼儿发挥自己的主观能动性，让幼儿自主感知、主动探究、发现问题并寻求答案。

在实施过程中应做到：为幼儿创设一个能够自主、自由地合作、交流和分享的学习情境，而不是纯粹个体的探索行为和体验活动；学习内容应具有适宜性、教育性和挑战性；应以幼儿生活经验为基础，选择能够引发幼儿思考、探索并积极求证的内容，促进幼儿在原有基础上获得发展。

4. 教师能及时有效回应幼儿，实现师幼有效互动

教师在组织与开展幼儿园集中教育活动时，往往通过提问与回应实现师幼之间的有效互动。教师的回应是一门艺术，教师对幼儿及时有效的回应反映了教师的教学能力与教育智慧，更是激发幼儿主动参与活动，培养幼儿观察能力、分析能力、思维能力，增强活动效果的重要体现。教师回应的方式有以下几种：

（1）欣赏式的回应。欣赏式的回应是教师以肯定、支持、理解的方式回应幼儿，这里的欣赏式回应不是简单地表扬或鼓励，而是表述出幼儿值得肯定的具体内容，能有效地促进幼儿的活动向纵深发展。

在《寻找春天》活动中，幼儿对草丛里爬行的小蜗牛感兴趣，他们的讨论热点是："蜗牛的两个触角是用来做什么的？"虽说幼儿的关注点从寻找春天转向了蜗牛，但是他们的兴趣点还是有值得探索和深入的价值。于是教师回应："你们的小眼睛真厉害，不但找到了一起出来看春天的蜗牛，还观察到蜗牛的触角，那么这对触角究竟是用来做什么的呢？我建议我们把这只蜗牛请到我们班上做客，大家可以有更多时间来观察它。"当老师把蜗牛带回班里后，幼儿们又开始重新寻找春天了。这样的回应不仅给幼儿进一步观察蜗牛提供了机会，又极为自然地把幼儿的注意力带回到"寻找春天"的活动中。

(2)追问式的回应。追问是教师抓住有价值的教育契机连续提问，帮助幼儿获得有效经验的回应方式。适当的追问，不仅可以活跃课堂气氛、激发幼儿学习兴趣，还能启迪他们的思维和想象，引导幼儿探索和创新。

在语言活动《小蝴蝶》中，当幼儿讨论到小蝴蝶会飞到哪里去的时候，其中的一个孩子说："蝴蝶会飞到玫瑰花上。"其他幼儿的思维受其影响，答案也都是飞到各种花上。此时老师抓住了追问点——"小蝴蝶为什么喜欢待在花上呢？"引导幼儿得出"鲜花美丽"的答案。然后又问："小蝴蝶还会飞到公园里的哪些美丽的地方呢？"幼儿的思维就立刻被拓展了。

(3)修补式的回应。修补式的回应是在与幼儿的互动过程中，如果发现幼儿的语言表达不清晰，教师用合乎语法的句子把幼儿的语言完整、准确地重新表述出来。

在讨论"花丛是什么意思"时，小灵说："花丛就是有花，一朵一朵的。"教师对小灵的话进行了修补式的回应，她说："对了，花丛就是有很多很多花聚在一起。"这样的补充既可使回答者的知识更加清晰完整，句子更加规范，又保护了幼儿的自信心。

(4)给予迁移式的回应。迁移式的回应强调将幼儿的经验进行迁移，判断幼儿的问题是否有潜在价值，并进行点拨，将其引向显性价值方向。

在阅读活动《城里最漂亮的巨人》的最后，教师问："这个巨人究竟是漂亮的还是邋遢的？为什么？"幼儿都说"这是一个漂亮的巨人"，并能说出他漂亮的原因是乐于助人。教师接着幼儿的话，回应道："在你的身边，有没有和巨人一样乐于助人的人呢？他又是怎样帮助别人的？你想当漂亮的巨人吗？你又会想帮助谁？你想怎么帮助他？"在一连串的提问中，幼儿开心地分享起了身边乐于助人的故事，也都表达了自己想要帮助他人的意愿。这样的回应很好地将活动与幼儿生活经验联结，将活动中获得的经验迁移到生活当中。

三、任务表单

选择 1—2 种适宜的语言活动教学方法开展听说游戏片段教学。

任务表单 5.3

幼儿园听说游戏片段教学记录评析表

活动名称：　　　　执教者：　　　　评价人：　　　　活动时间：

教学方法	
活动记录	
问题分析	
改进意见	

幼儿园听说游戏教学评价标准

四、任务评价与改进

1. 请你对任务三的完成情况进行自我评价。

学习任务	合格	良好	优秀
组织实施幼儿园听说游戏片段。	□能选择1—2个教学方法，完成片段教学活动。	□教学方法选择得当，游戏玩法与规则讲解清晰，幼儿能顺利开展游戏活动。	□老师教态自然亲切，教学语言生动简洁，师幼互动有效，教学目标达成度高。

2. 针对任务三，你觉得自己还有哪些需要改进的地方？

存在问题：______

产生原因：______

______

解决办法：______

______

◆岗位链接

一、综合应用

小班的王老师组织幼儿玩听说游戏《猜猜我是谁》，王老师交代了游戏的玩法：每个小朋友都介绍一下自己最要好的朋友，但是介绍时不能说出他的名字，大家猜猜他是谁，谁猜中了，谁就可以上台介绍自己的朋友了。讲完玩法，王老师就组织幼儿开始游戏。可是游戏场面却非常混乱，还没等正在描述的幼儿说完，下面的幼儿就你一言我一语地猜起来，整个活动效果很不好。

为什么会出现这个问题呢？如果你是王老师，你会怎么办？

二、岗位拓展

小(一)班的李老师通过一学期的观察，发现洋洋的发音不准确、说话声音小、讲话不连贯，李老师请来了洋洋的家长，与家长共同商量为洋洋制订一个语言训练计划。如果你是李老师，你将指导洋洋家长制订什么样的语言训练计划？

三、创新实践

请设计、组织与实施一节幼儿园听说游戏活动。要求：

1. 依据听说游戏活动设计的基本要点，规范、创新设计活动。

2. 依据听说游戏活动组织实施的基本要点，有效开展听说游戏活动。

◆学习评价

评价指标	具体表现	达成情况
爱国精神	能够在听说游戏活动中融入传统(文化)游戏元素,增强对中华传统文化的认同感与传承使命感。	☆ ☆ ☆ ☆ ☆
工匠精神	在解决真实问题的过程中,增强岗位认同感、责任意识与创新精神。	☆ ☆ ☆ ☆ ☆
科学精神	1. 积极主动收集,选择适合幼儿的听说游戏,并结合本班幼儿年龄特征进行创新设计。 2. 精益求精,不断优化听说游戏片段教学。 3. 能够科学运用组织实施听说游戏的基本方法与实施要点,并能够结合幼儿的需要及时调整游戏。 4. 能够对片段教学情况进行自我反思与小组评价。	☆ ☆ ☆ ☆ ☆
团队协作	1. 自主学习,能够积极主动、认真地完成学习任务。 2. 主动参与小组评析。	☆ ☆ ☆ ☆ ☆
言优善行	能遵守师范生教师职业规范,做到待人处世诚信友善。	☆ ☆ ☆ ☆ ☆

◆学习感悟

这是我们第一次进行片段教学。在进行片段教学之前,其实在宿舍已经跟舍友反反复复模拟了好几遍了,每一次模拟都跟舍友们讨论,反复地修改自己的教案,因为大家的共同努力,我们得到了老师的表扬!我获得了很大的成就感,当然老师对我们教学方法的选用,组织与实施要点方面提出很多的建议。老师的指导让我意识到,自己必须要不断自我突破,进步空间无穷无尽!

◎教师评语:精益求精是持续精进个人专业能力的重要方法!

项目六
创设幼儿口头语言学习环境

项目六 教学资源

学习导言

3—6岁幼儿处于语言发展的关键期，口语交流能力的培养是幼儿语言学习的重中之重。幼儿需要不断倾听、理解交流者的语言，并且在不同的社会交往情境中通过语言来表达自己的想法。3—6岁期间，口语交流经验为幼儿语言符号系统的建立奠定了重要基础，同时，也为幼儿成长为成功的社会交流者做好充分的准备。

幼儿是积极的语言运用者，他们的口语交流能力是在交往中逐渐学习和得到提升的。因此，我们要为幼儿创造无处不在的语言教育环境，为幼儿提供支持和鼓励，促进幼儿与教师、同伴或其他人交谈。教师特别要注意保护幼儿运用语言交往的主动性和积极性，让他们在宽松而真实的语言运用情境中获得有益的语言经验。

学习任务与关联知识架构图

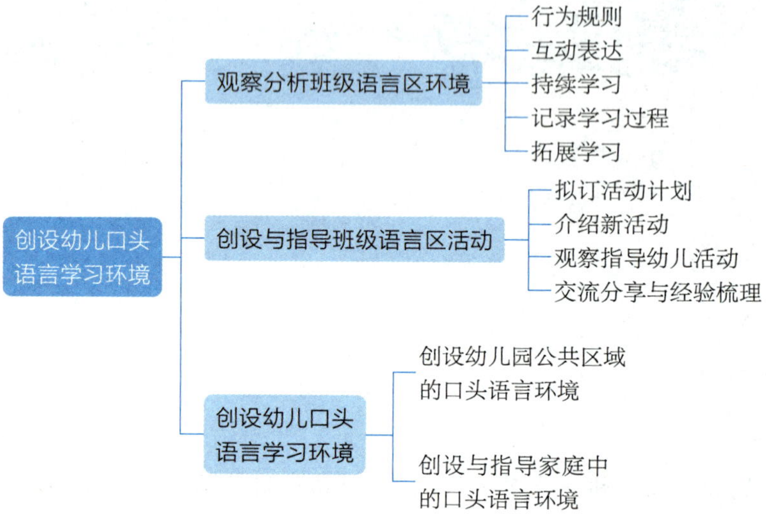

学习目标

素养目标	1. 积极参与小组讨论，能全身心投入到幼儿口头语言学习环境的创设中。 2. 愿意投身到真实岗位情境中，解决真实问题，增强岗位认同感、责任意识与创新精神。 3. 秉持语言生态圈理念，积极为幼儿口头语言学习与发展的相关利益群体提供科学、有效的教育支持。
知识目标	1. 掌握幼儿园语言区环境创设与指导要点。 2. 了解幼儿园口头语言环境与家庭口头语言环境创设的指导要点。
能力目标	1. 能实事求是观察与分析幼儿园语言区环境创设中的真实问题。 2. 能针对问题，设计与指导幼儿园语言区学习活动。 3. 能有针对性地为幼儿园口头语言环境与家庭口头语言环境的创设提供可行的实施方案。

政策导学

序号	文件	政策要点速览	对应任务	融合育人
1	《3—6岁儿童学习与发展指南》	•应为幼儿创设自由、宽松的语言交往环境，鼓励和支持幼儿与成人、同伴交流，让幼儿想说、敢说、喜欢说并能得到积极回应。	任务一 任务二 任务三	课岗融通
2	《幼儿园教育指导纲要（试行）》	•养成幼儿注意倾听的习惯，发展语言理解能力。 •鼓励幼儿大胆、清楚地表达自己的想法和感受，尝试说明、描述简单的事物或过程，发展语言表达能力和思维能力。	任务一 任务二 任务三	
3	《幼儿园工作规程》	•合理利用室内外环境，创设开放的、多样的区域活动空间，提供适合幼儿年龄特点的丰富的玩具、操作材料和幼儿读物，支持幼儿自主选择和主动学习，激发幼儿学习的兴趣与探究的愿望。	任务一 任务二	
4	《幼儿园保育教育质量评估指南》	•教师保持积极乐观愉快的情绪状态，以亲切和蔼、支持性的态度和行为与幼儿互动，平等对待每一名幼儿。幼儿在一日活动中是自信、从容的，能放心大胆地表达真实情绪和不同观点。	任务一 任务二 任务三	
5	《幼儿园教师专业标准（试行）》	•重视幼儿园、家庭和社区的合作，综合利用各种资源。	任务三	
6	《学前教育专业师范生教师职业能力标准（试行）》	•能够创设安全、适宜、全面，有助于促进幼儿成长、学习、游戏的物质环境，合理利用资源，为幼儿提供和制作适合的玩教具和学习材料。	任务一 任务二	课证融通
7	《中小学和幼儿园教师资格考试标准（试行）》	•了解幼儿园常见活动区的功能，能根据幼儿的需要创设相应的活动区。	任务一 任务二 任务三	
8	全国幼儿园玩教具创新与制作大赛相关要求	•作品必须由参赛教师自行设计并制作，能够展示教师专业素养。 •作品应以幼儿为使用主体，不可呈现“小学化”的内容。 •材料选择提倡变废为宝，要求安全、无毒、坚固耐用。 •造型美观实用，作品尺寸要适中。 •作品应具有创新性、教育性、适用性、趣味性。	任务二	课赛融通

任务一

观察分析班级语言区环境

一、任务导入与学习目标

广义的语言区是教育者依据语言教育活动目标与幼儿语言发展需要，有目的、有计划地投放适宜的材料、制订合理的活动规则，通过幼儿与材料、环境、同伴的充分互动，促进幼儿个性化语言学习与发展的语言区域环境，它包括阅读区、书写区、讲述区、谈话区等。狭义的语言区是以促进幼儿口头语言发展为核心目标，以讲述、辩论、谈话等活动为主的专门区域。本任务将从规则建立、互动表达、持续学习、记录与拓展学习等方面入手，帮助大家达成以下目标：

1. 用心观察，敢于发表个人独特见解。
2. 掌握幼儿园语言区环境创设要点。
3. 能观察与分析幼儿园语言区环境创设中存在的问题，并提出解决策略。

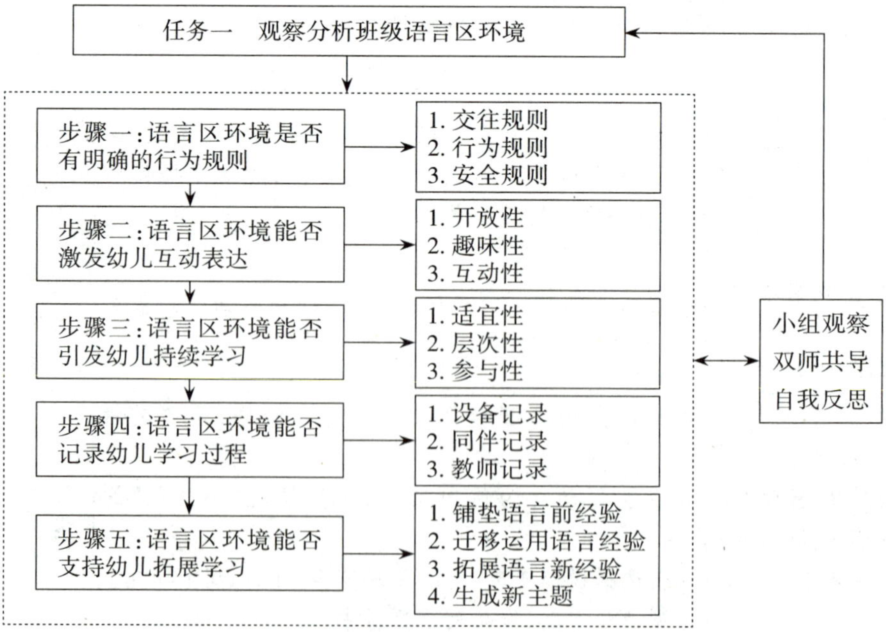

图6.1　任务一学习流程图

二、任务步骤与关联知识

语言区是班级区域活动中必不可少的区域，是促进幼儿口头语言发展的主要途径。观察与分析班级语言区环境，可以从下几个步骤展开。

步骤一：语言区环境是否有明确的行为规则

语言区的规则一般包括交往规则、行为规则、安全规则等。

1. 交往规则

交往规则是对幼儿间的互动行为进行规范。主要包括低声细语，遵守文明用语，学习与同伴友好、合作、交往等。

2. 行为规则

行为规则是对幼儿爱护活动材料与参与活动的行为进行规范。主要包括爱惜语言区材料，做到轻拿轻放、原处取放；按进区标识选择活动内容与材料，人满不入等。

3. 安全规则

安全规则是对幼儿进入语言区后的自我保护行为进行规范。主要包括学会按次序活动，自行寻找活动空间，不奔跑冲撞，学会自我保护等。

语言区规则一般由师幼共同讨论制订，并由幼儿以图文并茂的方式设计活动区标志与规则，不断提醒幼儿遵守自己制订的规则。

步骤二：语言区环境能否激发幼儿互动表达

引发幼儿活动兴趣的关键是要激发幼儿互动表达，所创设的语言区环境应具有以下特性：

班级语言区环境照片集

1. 开放性

区域环境应足够宽松、自由，幼儿可以在此尽情表达个人想法，没有不必要的评判与控制，所有的活动目标都隐藏在材料玩法当中。

2. 趣味性

材料玩法应符合幼儿游戏的特性，让幼儿主动参与到游戏中，在语言游戏中感受到运用语言的快乐。

3. 互动性

这里的互动包括幼幼互动、师幼互动、幼儿与材料互动、人机互动等。幼儿在与同伴及教师的交流、商讨、合作、分享与辩论中，获取大量语言信息，也有了充分自我表达的机会；幼儿在与材料、设备的充分接触中，通过表达与自我调节，实现优化语言质量与达成活动目标的双重成果。不论哪种互动，都应由幼儿主动引发，能让幼儿投入参与，且能促进幼儿语言发展。

步骤三：语言区环境能否引发幼儿持续学习

要留住幼儿驻足语言区，就需要促进幼儿持续学习。幼儿愿意持续学习，语言区环境至少应满足以下几个条件：

1. 适宜性

活动材料与玩法要符合幼儿现阶段学习需要，既能快速上手，又有一定的挑战性。

2. 层次性

幼儿发展水平与需求是有差异的，要让每一个进入区域的幼儿都能找到适合他发展需求的材料或玩法。这就需要教师在创设环境时考虑到材料的层次性。只有材料层次丰富，才能吸引尽可能多的幼儿参与活动。此外，当幼儿通过一番操作，能快速完成这项任务后，应该还有更大难度的活动等着他，才能促进他的学习更深入、更持久。

3. 参与性

只有通过幼儿参与环境创设，才能让区域真正成为幼儿自己的区域。因此，教师一定要在语言区中适当留白，为幼儿自主丰富语言区环境提供可能性。

步骤四：语言区环境能否记录幼儿学习过程

语言本身是稍纵即逝的声音符号，有效记录幼儿语言运用与学习过程，可以帮助幼儿看见自己语言的发生、发展与变化，有助于幼儿反思与反馈个人的语言学习经验，也有助于激发幼儿持续运用语言的兴趣。语言区的主要记录方式有：

1. 设备记录

幼儿借助平板电脑、录音机、点读笔等设备，记录自己的讲述过程并反复倾听。如某大班在语言区设置了平板电脑讲述台，幼儿可以拿着其他区域完成的作品到讲述台，打开平板电脑中的录像功能，讲述自己创作作品的过程以及对作品进行介绍；也可以通过参与平板电脑和电脑中的互动游戏，记录与倾听自己游戏过程中的语言，操作并验证自己的倾听结果等。如有一款配音游戏，里面有幼儿熟悉的童话故事动画版，幼儿可以为里面的角色配音，并在完成后欣赏自己配音的动画片。

2. 同伴记录

同伴记录包括显性记录与隐性记录。显性记录是同伴根据幼儿语言指令，操作完成某项任务，根据任务的完成情况判断双方听说过程的准确性。如在寻宝游戏中，一位幼儿描述宝藏方位，另一位幼儿根据同伴讲述的方位，圈出宝藏所在地。通过验证与校对，可以显性再现幼儿表达与倾听内容的准确性与一致性。隐性记录是通过同伴的即时反馈，让幼儿感知并及时调整、修补个人语言。如在辩论活动中，幼儿的论据遭到对手的反驳，就需要马上修补论据或新增论点，以此维护个人观点。

3. 教师记录

教师以角色身份参与语言区活动能大大激发幼儿的表达意愿，教师不仅能更好地承担同伴的记录作用，还能掌握幼儿学习情况，予以适宜的隐性指导。

受客观条件的影响，教师记录并不是语言区的常态配置，教师还应充分发挥设备与同伴的记录功能，帮助幼儿在语言区活动中建构自己的语言经验。

步骤五：语言区环境能否支持幼儿拓展学习

语言区要能帮助幼儿铺垫语言前经验、迁移运用语言经验、拓展语言新经验和生成新主题。

1. 铺垫语言前经验

在区域活动中，教师可引导幼儿能支持主题活动顺利开展的已有经验进行回顾与操作，使幼儿在开展主题活动时，不会因为无法调取原有经验而影响新经验的获得。如大班开展主题活动《我爱社区》前，为了帮助幼儿在社区购物时，能准确表达购买信息，教师可以提前在语言区投放数量词匹配卡，让幼儿在匹配游戏中熟练运用数量词。

2. 迁移运用语言经验

教师可引导幼儿将获得的新经验用于区域活动中，在此过程中不断练习与创造性运用新经验。在《我爱社区》主题活动推进过程中，可以将社区地图、购物指南等作为语言区讲述材料，让幼儿迁移运用主题学习中的经验。

3. 拓展语言新经验

在区域活动中，教师可引导幼儿通过新旧经验整合性运用和同伴互动，进一步拓展产生新的语言经验。

4. 生成新主题

在区域活动中，教师可以观察发现幼儿的兴趣点，借此生成新主题。

三、任务表单

请观察分析你所实践的班级语言区环境，尝试完成任务表单6.1。

任务表单6.1

班级语言区环境观察分析表

观察班级：　　　　观察者：　　　　观察时长：

语言区环境	观察指标	分析与改进建议
规范明确	1. 是否有语言区规范？ 2. 拟定的规范是否包括交往规则、行为规则、安全规则等？	
互动表达	1. 环境是否宽松、自由？ 2. 材料或玩法是否具有趣味性？ 3. 活动中是否出现幼幼互动、师幼互动、与材料设备互动等多种互动方式？	

语言区环境	观察指标	分析与改进建议
持续学习	1.材料或玩法是否既符合幼儿需要，又有一定挑战性？ 2.材料或玩法是否具有层次性？ 3.有没有为幼儿参与环境创设提供机会？	
记录学习	1.是否提供设备材料，辅助幼儿完成自我语言记录？ 2.是否创设条件，引发同伴记录？	
拓展学习	1.材料或玩法能否为幼儿铺垫语言前经验？ 2.材料或玩法能否帮助幼儿迁移运用语言经验？ 3.材料或玩法能否帮助幼儿拓展语言新经验？ 4.材料或玩法是否有助于生成新主题？	

四、任务评价与改进

1.请你对任务一的完成情况进行自我评价。

学习任务	合格	良好	优秀
观察分析班级语言区环境。	□能根据语言区环境创设要点，对语言区环境进行观察，并完成观察分析表。	□能较为准确地发现班级语言区环境创设存在的问题。	□能分析问题，并提出较为有效的改进建议。

2.针对任务一，你觉得自己还有哪些需要改进的地方？

存在问题：________________

产生原因：________________

____

解决办法：________________

____

任务二

创设与指导班级语言区活动

一、任务导入与学习目标

语言区活动可以为幼儿提供迁移新经验和教师单独指导的机会，又可以为幼儿获取新经验提供必要的支持。它对培养幼儿主动学习语言与应用语言有着积极的促进作用。同时也能促进幼儿情感、社会性与动手操作能力等综合发展。本任务通过撰写语言区活动计划，帮助大家达成以下目标：

1. 愿意投身到真实岗位情境中，解决问题，增强岗位认同感、责任意识与创新精神。
2. 掌握幼儿园语言区活动创设与指导要点。
3. 能针对问题，创设与指导幼儿园语言区学习活动。

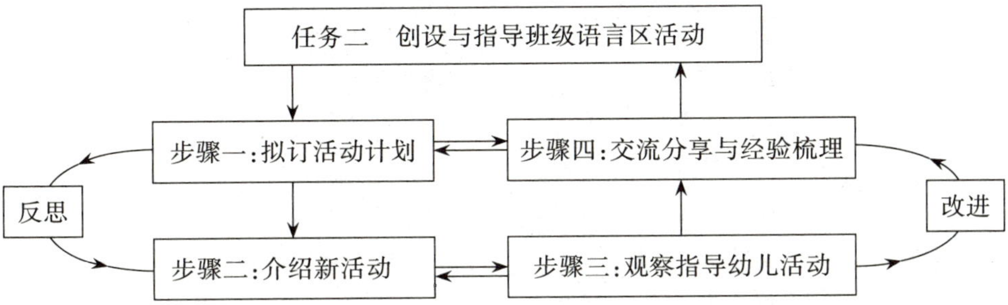

图6.2 任务二学习流程图

二、任务步骤与关联知识

步骤一：拟订活动计划

1. 撰写活动名称

基本要求：

(1)活动名称的撰写要清晰明了，简洁规范。

(2)交代清楚活动面向的年龄班、活动类型及活动内容。

> 这里的活动类型建议要具体写到种类，如类型为听说游戏，可以写出语音练习、词汇练习、句子语法练习等；类型为讲述活动，可以写出叙事性讲述、说明性讲述、描述性讲述等。
>
> 举例：小猎钓鱼（小班，语音练习）。

2.撰写活动目标

基本要求：

（1）活动目标要符合幼儿已有的认知发展水平，有层次差异。

（2）活动目标的内容和要求要与总目标、年龄阶段目标一致。

（3）活动目标以能力目标为主，兼顾认知与情感态度目标。

（4）活动目标表述要以幼儿学习成果为导向。

（5）活动目标表述要具体、准确、可观察、可测量。

（6）体现语言领域的学习经验。

语言区活动主要以讲述活动、辩论活动、谈话活动为主。表6.1将各类活动的核心目标简单呈现，各类活动具体目标可参见项目三至项目五。

表6.1 班级语言区活动种类与核心目标

活动种类		核心目标
讲述活动	叙事性讲述	1.使用较为丰富多样的词句讲述。 2.有条理地组织讲述的内容。 3.感知独白语言的语境。
	说明性讲述	1.使用规范准确、简洁明了的说明性词句。 2.理解并使用说明性讲述的内容组织方式。 3.感知独白语言的语境。
辩论活动		1.解释并坚持自己的观点。 2.运用陈述、假设、对比、范文、举例等恰当的辩论方法。 3.理解和尊重别人的观点。
谈话活动		1.培养良好的倾听习惯和能力。 2.掌握并运用交流和表达的规则。 3.能够采用修补、解释、追问、重复等多种辅助手段帮助交流和表达。

3.活动人数与材料

语言区的人数以场地面积和材料投放数量而定，并未有具体人数要求。考虑到语言区活动以促进幼儿倾听与口头表达能力为主，一般情况下，一组材料至少要供2位幼儿游戏使用，以便幼儿能借助材料，开展听说活动。

材料投放的基本要求：

（1）材料应贴近生活，让幼儿有话可说。

(2)材料应易于互动交流,让幼儿有话愿意说。
(3)材料应具有差异性与层次性,让幼儿有话会说。
(4)材料应具有目的性,让幼儿有质量地说。
(5)材料应具有趣味性与多样性,让幼儿乐意不停地说。

4.活动玩法与规则

基本要求:
(1)活动规则应指向幼儿口头语言学习目标。
(2)活动规则应有助于目标达成。
(3)活动规则应清楚明确。
(4)活动玩法应简洁明了。
(5)教师应帮助幼儿熟悉活动规则与玩法。

步骤二:介绍新活动

为引发幼儿参与语言区活动的兴趣,更好地支持幼儿自主开展活动,在活动初始阶段,教师要引导幼儿了解语言区活动材料的名称、玩法与规则。应按照先介绍后开放的原则,活动内容要逐步开放。当同时进行多个内容时,教师可以运用以下方法重点介绍新内容。

讲解演示法。教师直接用语言表述活动的名称、玩法、注意事项等,并结合演示法,正确示范活动玩法与规则。

故事情境法。教师通过介绍游戏故事或营造故事情境,引发幼儿参与活动的积极性。

问题悬念法。教师抛出问题,鼓励幼儿带着问题到语言区找答案,帮助幼儿有目的参与活动。

教无定法,只要能帮助幼儿快速熟悉活动内容、有效参与活动的方法都是值得尝试的。语言区活动是让幼儿按照自己的意愿和能力,以倾听与表达为主要方式进行的个别化学习活动。教师应鼓励幼儿在参与活动前,先和同伴讨论:准备做什么,和谁一起做,打算怎么做等,帮助幼儿在活动前形成比较清晰的活动计划。

步骤三:观察指导幼儿活动

尽管语言区强调幼儿的自主游戏,但不能因此而完全否定教师的指导作用。教师的指导一方面体现在活动环境的创设、活动材料的提供;另一方面体现在语言区自由活动的现场指导。教师在语言区中的指导建立在对幼儿有效观察的基础上,教师可以从以下几方面进行观察:

(1)观察幼儿活动的目的性是否明确。
(2)观察幼儿参与活动的兴趣和专注力。
(3)观察幼儿倾听、表达等能力发展情况。
(4)观察幼儿与同伴、材料互动是否积极、有效。
(5)观察幼儿在活动中的常规表现。

一般来说,出现下面几种情况时,教师必须及时出现并适时适当地予以指导:

(1)活动过程中出现不安全行为或安全隐患时。
(2)活动过程出现消极、负面的语言或行为时。
(3)幼儿面临自身无法解决的困难或挫败,活动无法继续下去时。
(4)幼儿在活动过程中主动寻求教师的帮助时。

在语言区活动中,幼儿是活动的主体,教师是活动的引导者、合作者、促进者、支持者。教师必须运用正确的方法,注意把握时机,对活动进行适时适度、科学有效的指导,真正引导学前儿童在语言区中自由交谈、自主学习。教师的指导方式一般包括:

平行式指导。平行式指导是教师在幼儿附近,与幼儿用相同的活动材料从事同样的活动,但不与幼儿发生直接言语互动,不直接介入幼儿活动过程,利用自身示范,对幼儿活动进行暗示性指导。当幼儿对新提供的材料不感兴趣,或者不会玩、不喜欢玩、只会单一玩法时,教师可用此方式介入指导。

参与式指导。参与式指导是教师以活动合作者的身份,被幼儿邀请或教师自己扮演一个角色进入幼儿的活动情境,通过与幼儿的角色互动,起到指导幼儿活动的作用。当幼儿缺少玩伴,或幼儿的游戏水平一直无法提高、只会单一玩法时,教师可用此方式介入指导。

垂直介入式指导。垂直介入式指导是在幼儿严重违规或发生争执、出现攻击性行为时,教师直接以教师的身份进入干预。这时,教师的指导是显性的。

步骤四:交流分享与经验梳理

幼儿园语言区活动集

通过活动后的交流与分享,师幼共同回顾,总结活动的主要过程,不仅可以帮助幼儿交流各自经验、展示作品、分享快乐、解决游戏中出现的问题,更重要的是可以培养幼儿等待、倾听、表达、共享等良好的学习品质。教师应把握契机,帮助幼儿将从对话、讨论中获得的零散经验系统化,让幼儿在相互学习中建构新的语言经验。

三、任务表单

请结合任务表单6.1中你所观察分析的班级语言区环境现状，为你所实践的园所班级创设与指导本周的语言区活动，完成任务表单6.2。

任务表单6.2

班级语言区活动创设与指导表

班级：　　　　　　　　　　　　　　　　活动时间：

活动名称	
活动目标	
活动人数	
活动材料	
玩法与规则	
观察指导要点	
活动反思	

四、任务评价与改进

1.请你对任务二的完成情况进行自我评价。

学习任务	合格	良好	优秀
创设与指导班级语言区活动。	□能拟订语言区活动目标,并选择适宜的活动材料,能思考观察与指导要点。	□能拟订适宜的语言区活动目标,投放的活动材料符合幼儿发展需要,观察指导要点明确,有一定的可操作性。	□能根据语言区现状,有针对性地拟订适宜的活动目标,活动材料适宜、有趣,观察指导要点明确、可操作性强,能较好地达成目标。

2.针对任务二,你觉得自己还有哪些需要改进的地方?

存在问题:____

产生原因:____

____

解决办法:____

____

任务三

创设幼儿口头语言学习环境

一、任务导入与学习目标

口头语言学习环境无处不在，幼儿的每一次问候、交谈、提问、应答、讨论……都是口头语言学习与发展的机会。本任务主要关注幼儿园公共区域的口头语言环境创设与家庭口头语言环境创设，帮助大家达成以下目标：

1. 秉持语言生态圈理念，积极为幼儿口头语言学习与发展的相关利益群体提供科学、有效的教育支持。

2. 了解幼儿园口头语言环境与家庭口头语言环境创设与指导要点。

3. 能有针对性地为幼儿园口头语言环境与家庭口头语言环境创设提供可行的实施方案。

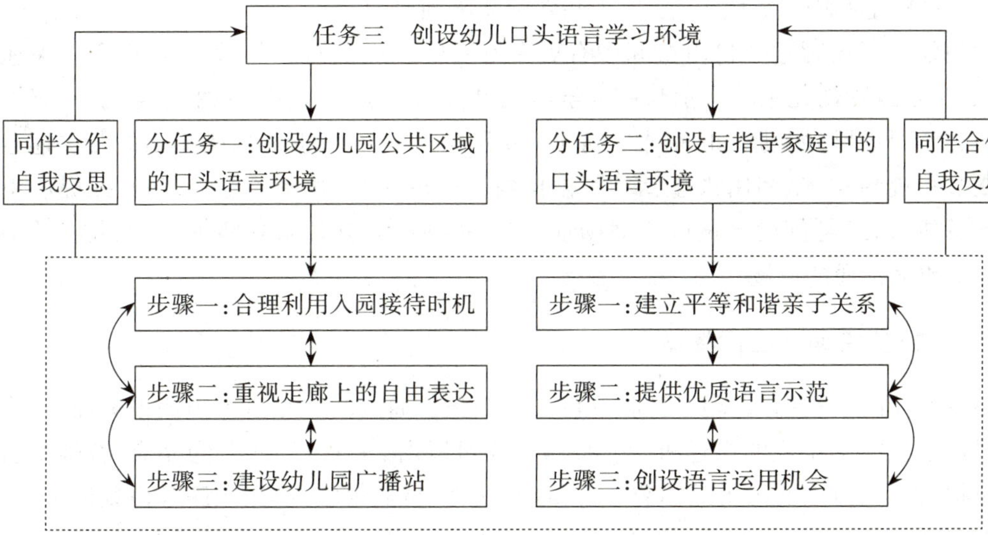

图6.3　任务三学习流程图

二、任务步骤与关联知识

分任务一　创设幼儿园公共区域的口头语言环境

幼儿园的公共空间中隐藏着各种促进幼儿口头语言发展的环境：园门口的问好区、走廊上的作品展示、园内广播站……只要教师用心挖掘，处处皆可成为幼儿口头语言学习与运用的机会。

步骤一：合理利用入园接待时机

幼儿园公共区域口头语言环境照片集

《指南》在语言领域目标中提出幼儿应“具有文明的语言习惯”。除了在幼儿园活动中，教师要提醒幼儿养成良好的语言行为习惯外，我们也可以利用每日的晨间接待，轮流让幼儿承担接待、问候的任务。通过入园接待，培养幼儿一些必要的交流礼节，养成文明交流的意识与习惯。在入园接待时，教师不仅要引导幼儿主动问好、积极互动，还要鼓励幼儿帮助有需要的小朋友，如帮小班弟弟妹妹拿被子、带新生入园、回答新生家长的问题等。

步骤二：重视走廊上的自由表达

《指南》中指出：“鼓励和支持幼儿与同伴一起玩耍、交谈，相互讲述见闻、趣事或看过的图书、动画片等。”走廊作为幼儿园主体建筑的中介空间，具有展示性、开放性、动态性、流动性等特征，是幼儿自我展示、自由交流、自主活动的重要阵地。在走廊上，幼儿可以展示与解说自己学习的成果；可以自由地和同伴分享自己的想法，可以在互动中沟通交流。在这个自由的空间中，幼儿会创造出一些教师无法预设的精彩。

为使幼儿在走廊这一自由空间中有更多发展口头语言的机会，教师可以重点关注以下几点：一是鼓励幼儿主动展示与讲解学习成果。利用墙面、台面、展柜等空间，动态展示幼儿各类学习成果，鼓励幼儿向同伴、家长、客人等介绍自己的作品，为丰富幼儿讲述经验提供更多可能性；二是利用帐篷、墙洞、楼梯角等相对独立、私密的空间，为幼儿提供小范围交流的机会；三是创设大量可互动场景，如涂鸦墙、攀爬墙、乐高墙等，让幼儿在活动游戏中生成更多沟通的话题。

步骤三：建设幼儿园广播站

不少幼儿园会利用入离园时间，开设广播服务。通过幼儿轮流承担播报员任务，为幼儿提供面向全园的正式的讲述机会。播报工作可以由2—3位幼儿共同完成，教师要引导播报员提前一周讨论要播报的内容，通过创意书写，将播报的内容、顺序等信息记录下来，再通过相互配合、练习，做到完整、连贯、有序地播报。播报内容可以包括天气预报、幼儿园新闻、生活小常识、才艺展示等。

此外，幼儿园文化、公共区域的活动规则、教师的言行、物件摆放等，都能对幼儿口头语言学习与发展产生潜在的影响。只要我们带着一双发现的眼睛，就能最大程度地挖掘与利用幼儿园公共区域中的口头语言环境，从而促进幼儿口头语言的学习与发展。

分任务二 创设与指导家庭中的口头语言环境

家庭是幼儿口头语言学习与发展的重要场所。创设与指导家庭中的口头语言环境，要求家长为幼儿创造一个自由、宽松的家庭语言交往环境，支持、鼓励、吸引幼儿与家庭成员交谈，让幼儿体验家庭语言交流的乐趣，帮助幼儿学习使用适当的、礼貌的语言进行日常交往。家长在家庭中创设优质的口头语言环境可以从以下几方面入手：

步骤一：建立平等和谐亲子关系

国务院2021年印发的《中国儿童发展纲要（2021—2030）》（国发〔2021〕16号）提出：要增强亲子互动，建立平等和谐的亲子关系。幼儿语言学习是开放而平等的学习，和谐的亲子关系将有助于幼儿在轻松、愉悦的环境下想说、敢说、喜欢说、有机会说。建立和谐亲子关系，要求家长：

1. 尊重儿童主体地位和权利

家长应以儿童为本，尊重儿童的语言发展规律和特点，保障儿童休息、锻炼、闲暇和娱乐的权利，合理安排儿童的学习和生活，增加休息娱乐、社会实践、同伴交往、亲子活动等时间。尊重儿童的知情权、参与权，重视听取并采纳儿童的合理意见。

2. 增强监护责任意识和能力

家长应创造良好家庭环境，满足儿童身心发展需要，学习家庭教育知识，树立科学育儿理念和正确成才观，掌握科学育儿方法，尊重个体差异，因材施教。

3. 培育良好亲子关系

建立有效的亲子沟通方式，加强亲子交流，增加陪伴时间，提高陪伴质量。鼓励支持家庭开展亲子游戏、亲子阅读、亲子运动、亲子出游等活动。掌握调适亲子关系、缓解育儿焦虑、化解亲子矛盾的方法。

步骤二：提供优质语言示范

模仿是幼儿习得语言的重要途径。家长作为幼儿语言模仿的重要对象，要注意说普通话、规范话、文明话，如说话完整流畅，吐字清晰，发音准确，不说粗话、脏话等，从小为幼儿创设一个文明的语言环境。

此外，借助优质文学作品与儿童读物，为幼儿提供优质语言学习素材。家长可以利用睡前时光，为幼儿讲故事，同幼儿一起看绘本，在共读过程中，拉近亲子关系，提升幼儿倾听能力，丰富幼儿语言经验，为幼儿口头语言表达提供更丰富的素材资源。

步骤三：创设语言运用机会

语言运用是指幼儿在习得语言的过程中不断操作和使用语言进行交流的过程。幼儿只有在不断运用中，语言才能得到巩固与发展。家长应把握各种时机，为幼儿运用语言提供机会。

1.亲子间的语言交往

家长是幼儿最亲近的人,也是幼儿最乐意交谈的对象之一。因此,家长必须每天抽一点时间来与幼儿进行语言交流,在交流中倾听他们说话,了解他们的想法与感受,并适时表达自己的看法与意见,帮助幼儿积累语言运用的经验。

2.邻里间的语言交往

随着我国社区建设的不断完善,幼儿有大量机会在社区内活动。家庭应充分挖掘并利用邻里关系,有意识地安排幼儿与邻居进行语言交往,如通过借还东西、询问事情、做简短谈话等方式。

3.公共场合中的语言交往

带领幼儿外出时,家长可以利用公共资源,让幼儿与服务人员等进行语言交往,如超市购物、上车买票、陌生地方问路等。

国家发展改革委牵头于2021年提出的《关于推进儿童友好城市建设的指导意见》(发改社会〔2021〕1380号)指出,全社会要为儿童成长发展提供适宜的条件、环境和服务,切实保障儿童的生存权、发展权、受保护权和参与权。这将为幼儿运用语言提供更友好的环境与更丰富的机会。

三、任务表单

请从任务三的两个分任务中任选其一,完成任务表单6.3。

任务表单6.3

幼儿口头语言学习环境创设表

任务	□为实践园提供一份幼儿园公共区域的口头语言环境创设实施方案。 □为实践园教师提供一份以提升幼儿口头语言发展为目标的家长座谈会组织实施方案。
方案名称	
方案目标与意义	
方案具体内容	
方案实施步骤	

四、任务评价与改进

1. 请你对任务三的完成情况进行自我评价。

学习任务	合格	良好	优秀
创设幼儿口头语言学习环境。	□能依据创设与指导要点，完成项目方案设计。	□能依据发展现状，设计具有可执行性的项目方案。	□项目方案具体、可行，有针对性和一定的创新性。

2. 针对任务三，你觉得自己还有哪些需要改进的地方？

存在问题：______________________________

产生原因：______________________________

____

解决办法：______________________________

____

◆ 岗位链接

一、综合应用

大(一)班的区域活动开始了，所有的区域门庭若市，只有语言区门可罗雀。在林老师的不断邀请下，小明和小白很不情愿地被请到语言区。他们先是各自找了一份活动材料摆弄了一番，并没有说话。接着，小明邀请小白和他一起玩“你比画我来猜”的游戏。小明拿到的是“骆驼”的图片，受场地的影响，小明只能坐在位置上做动作让小白猜。不论小明多努力，小白也猜不出来。小明只好把图片给小白看。就这样猜了几个词后，两人就相继离开了。

林老师看在眼中，急在心里。如果林老师向你求助，你会帮助林老师找出语言区环境创设中存在的哪些问题，并给出什么样的创设与指导的建议？

二、岗位拓展

有一天，社区负责人找到花花幼儿园林园长，希望她能协助社区开展“儿童友好社区”创建工作。林园长召集了包括你在内的骨干老师，要求大家分别从幼儿发展的五大领域入手，分别思考“儿童友好社区”的创建方案。你被要求从幼儿语言发展的角度，提供“儿童友好社区”创建方案。请结合本项目所学知识，尝试完成此项任务。

三、创新实践

大班教室里收集了纸板箱、鞋盒、牙膏盒等数量众多的盒子。这些大大小小的盒子吸引了幼儿，教师发现很多幼儿利用盒子自发地开展了很多活动，涉及各个领域。于是，教师决定围绕纸箱、纸盒设计一系列活动来满足、推进幼儿语言运用能力的发展。

请根据以上素材，设计一个大班语言区活动，要求写出活动名称、目标、材料、观察指导要点等。

【改自2017年上半年全国教师资格证考试真题】

◆ 学习评价

评价指标	具体表现	达成情况
爱国精神	能将反映新时代新发展的主题内容融入语言区环境创设当中。	☆ ☆ ☆ ☆ ☆
工匠精神	愿意投身到真实岗位情境中，解决真实问题，增强岗位认同感、责任意识与创新精神。	☆ ☆ ☆ ☆ ☆
科学精神	1. 能实事求是观察与分析幼儿园语言区环境创设中的真实问题。 2. 能针对问题，创设与指导幼儿园语言区学习活动。 3. 能有针对性地为幼儿园口头语言环境与家庭口头语言环境创设提供可行的实施方案。	☆ ☆ ☆ ☆ ☆
团队协作	积极参与小组讨论，能全身心投入环创的设计与实施。	☆ ☆ ☆ ☆ ☆
言优善行	1. 秉持语言生态圈理念，积极为幼儿口头语言学习与发展的相关利益群体提供科学、有效的教育支持。 2. 能遵守师范生教师职业规范，做到待人处世诚信友善。	☆ ☆ ☆ ☆ ☆

◆ 学习感悟

虽然语言区活动设计是新任务，但有了前两次写活动设计的经验，这篇设计我只花了不到半小时的时间就完成了。可当我信心满满地将作业放在小组讨论区时，小组伙伴们却提出了很多质疑，如目标很具体，但活动过程并没有支持目标的实现；玩法规则不完整，没有考虑语言环境的特殊性；观察指导也没有突破活动的重难点……刚开始，我觉得是小组伙伴们故意找茬，还有点生气。后来，我又仔细看了自己写的设计，发现确实存在伙伴们说的问题。这让我意识到，必须要不断自我突破，进步空间无穷无尽！感谢我的小组伙伴们坦诚地分享真实想法，也感谢我自己，愿意接纳他人不同意见，愿意不断自我精进！

◎教师评语：精益求精是持续精进个人专业能力的重要方法！

模块三

幼儿书面语言发展与指导

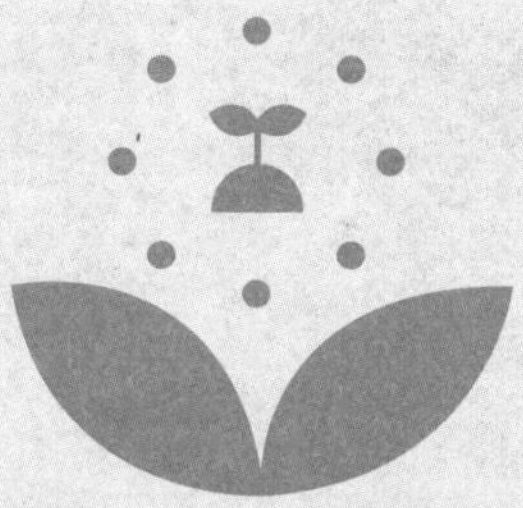

项目七

设计与组织实施幼儿园文学作品活动

项目七 教学资源

学习导言

儿童文学作品活动是以0—6岁学前幼儿为对象，围绕具体的儿童文学作品开展的系列活动，引导幼儿欣赏、理解、体验、想象作品，学习高质量书面语言，体会文学语言艺术的美。主要有故事欣赏活动、诗歌欣赏活动与散文欣赏活动。

文学语言的学习是幼儿早期书面语言获得的重要途径，有助于扩展幼儿的词汇，提高幼儿对不同文学作品题材及语言风格的敏感性，增强幼儿对文学语言的审美体验。因此，教师组织幼儿学习文学作品非常有必要。

学习任务与关联知识架构图

- 设计与组织实施幼儿园文学作品活动
  - 分析识别优质儿童文学作品
    - 熟悉儿童文学作品的常见类别
    - 识别优质儿童文学作品
    - 匹配文学作品适宜的年龄段
  - 观摩、评析与调整幼儿园文学作品活动
    - 符合文学活动的特征
    - 符合文学活动的目标
    - 符合文学活动的步骤
  - 设计幼儿园文学作品活动
    - 撰写活动名称
    - 撰写设计意图
    - 撰写活动目标
    - 撰写活动准备
    - 撰写活动过程
    - 撰写活动延伸
  - 组织实施幼儿园文学作品活动
    - 明确教学活动目标与重难点
    - 教学活动准备
    - 组织实施教学活动

学习目标

素养目标	1. 乐于欣赏中华优秀传统文学作品，感受中华优秀传统文化的魅力，激发对传统文化的兴趣与自信。 2. 坚持精益求精，不断优化教学方案，基于反思对任务学习成果进行持续改进。 3. 积极参与小组讨论，大胆参与评价，乐意接受同伴的合理建议。
知识目标	1. 理解文学作品活动的特征与基本步骤。 2. 掌握儿童文学作品活动的目标与内容。
能力目标	1. 能根据幼儿年龄发展特征选择优质的儿童文学作品。 2. 能规范撰写文学作品活动设计。 3. 能有效组织实施文学作品活动。

政策导学

序号	文件	政策要点速览	对应任务	融合育人
1	《3—6岁儿童学习与发展指南》	•为幼儿提供丰富、适宜的低幼读物，经常和幼儿一起看图书、讲故事，丰富其语言表达能力。	任务一 任务四	课岗融通
2	《幼儿园教育指导纲要》	•引导幼儿接触优秀的儿童文学作品，使之感受语言的丰富和优美，并通过多种活动帮助幼儿加深对作品的体验和理解。	任务一 任务三 任务四	
3	《幼儿园教师专业标准(试行)》	•观察幼儿，根据幼儿的表现和需要，调整活动，给予适宜的指导。 •在教育活动的设计和实施中体现趣味性、综合性和生活化，灵活运用各种组织形式和适宜的教育方式。 •提供更多的操作探索、交流合作、表达表现的机会，支持和促进幼儿主动学习。	任务二 任务三 任务四	
4	《幼儿园保育教育质量评估指南》	•尊重并回应幼儿的想法与问题，通过开放性提问、推测、讨论等方式，支持和拓展每一个幼儿的学习。	任务三 任务四	
5	《中国儿童发展纲要(2021—2030)》	•提供更多有益于儿童全面发展的高质量精神文化产品。 •支持儿童参与民族优秀传统文化的保护、传承和创新。	任务一 任务四	
6	《学前教育专业师范生教师职业能力标准(试行)》	•掌握一定的自然和人文社会科学知识，传承中华优秀传统文化，具有人文底蕴、科学精神和审美能力。 •有机融入社会主义核心价值观、中华优秀传统文化、革命文化和社会主义先进文化教育。	任务一 任务二 任务三 任务四	课证融通
7	《中小学和幼儿园教师资格考试标准(试行)》	•掌握教学设计、教学实施和教学评价的基本原理和方法，并能在教学实践中正确运用。 •熟悉常见的幼儿科普读物和文学作品，具有较好的文化修养。	任务一 任务二 任务三 任务四	
8	全国职业院校技能大赛高职组"学前教育专业教育技能"赛项	•教学设计评价标准 •模拟教学评价标准	任务三 任务四	课赛融通
9	《高校师范生教学技能大赛评分标准》(以福建省为例)	•教学设计评价标准 •模拟教学评价标准 •专家提问评价标准		

任务一

分析识别优质儿童文学作品

一、任务导入与学习目标

为幼儿选择优质的儿童文学作品，是开展幼儿园文学作品活动的第一步。本任务将为大家介绍儿童文学作品的常见类别，优质儿童文学作品选择的基本要点与年龄特征，协助大家达成以下学习目标：

1. 乐于欣赏与挑选中华优秀传统文学作品，感受传统文学作品的魅力，坚定文化自信。

2. 熟悉儿童文学作品的常见类别，理解优质儿童文学作品选择的基本要点与年龄特征。

3. 能根据幼儿年龄发展特征选择优质的儿童文学作品。

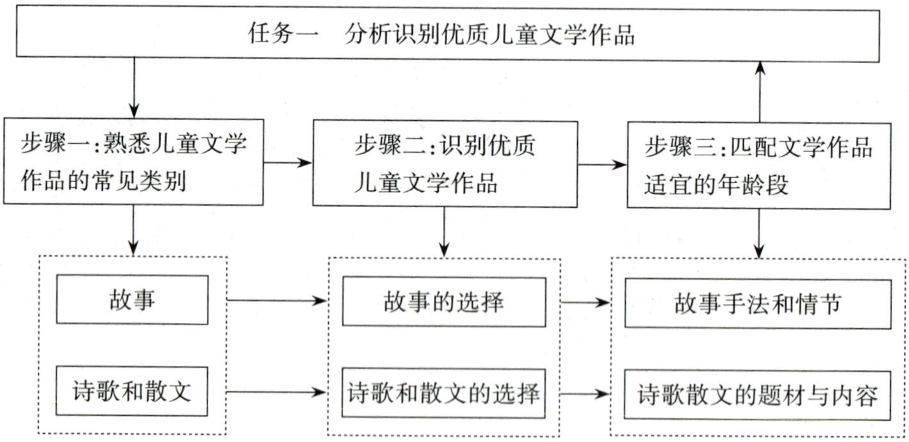

图 7.1　任务一学习流程图

二、任务步骤与关联知识

步骤一：熟悉儿童文学作品的常见类别

文学作品是作家根据一定的立场、观点、社会理想和审美观念，从社会生活中选取一定的材料，经过提炼加工后创作出来的。人们通过对文学作品语言符号的解读与欣赏获得审美感受与精神体验。

儿童文学作品是指与幼儿的心理特点、审美要求与接受能力相适应的文学作品。儿童文学作品一般包括故事、诗歌和散文三大类。

1. 故事

故事是幼儿最常接触的文学体裁，主要包括童话故事和生活故事。

童话故事具有浓厚的幻想色彩，具有虚构性。多借助夸张、拟人、象征的表现手法创造出并不存在于现实生活却又与现实生活密切联系的内容情节与故事场景。如《田螺姑娘》等。

生活故事取材于社会现实生活，叙述反映幼儿熟悉或需要学习的生活内容。幼儿通过生活故事学习生活中基本的价值观。如学习乐于助人、富有勇气、礼貌行为、尊重他人等。

2. 诗歌

儿童诗歌包括儿歌和儿童诗两大类。二者都具有语言简练、富有节奏与韵律、概括性强等特点。

儿歌是以低龄幼儿为主要接受对象的具有民歌风格的简短诗歌。儿歌一般篇幅短小、通俗易懂、好玩有趣、句式多样、富有节奏、讲究押韵、朗朗上口。如幼儿熟悉的《小老鼠上灯台》《排排坐》等。

儿童诗是适合幼儿听赏、吟诵、阅读的诗歌。儿童诗一般比儿歌的内容要复杂一些，篇幅更长一些，语言更优美一些，意境更深远一些，对韵律的要求宽松一些。如《月亮》《风在哪里》《落叶》等。

3. 散文

儿童散文是用凝练、生动、优美的文学语言表达作者见闻感受与真情实感的作品。散文是自由的文体，不讲究音韵，不讲究排比，通常没有完整的情节与鲜明的人物形象。儿童散文多是叙事、记人、状物或写景。如散文《春天的色彩》等。

步骤二：识别优质儿童文学作品

1. 故事的选择

（1）主题健康活泼，内容丰富多彩。学龄前幼儿好模仿，是非分辨能力较差。教师要选择主题健康活泼，具有教育意义的故事；选择丰富多彩的故事内容，让幼儿通过倾听故事、理解与学习走进祖国的大好河山，了解世界的文化地理，感受多姿多彩的美好生活。

儿童文学作品特点

(2)结构清晰完整,情节生动有趣。考虑到幼儿的理解能力,教师要选择结构完整、脉络清晰、层次分明的故事内容。所选择的故事情节要生动有趣,篇幅不宜过长,人物之间的关系要简洁明了。

(3)人物性格明朗,语言简明形象。为幼儿选择的故事人物形象要鲜明,角色性格要明朗。如《有朋友真好》中关心爱护朋友的癞蛤蟆,感性冲动又温暖;《从前有个筋斗云》中活泼调皮但机灵善良的筋斗云。故事中的语言要生动形象、简洁易懂,不生僻不拗口,可以是朴素平实的语言,也可以是华丽生动的语言,但不是浅白、寡淡、脱离幼儿生活经验而难以理解的语言。

(4)回归传统文化,关注时代走向。教师在选择故事时,可以选择彰显中华优秀传统文化与浓郁地方特色文化的故事,引导幼儿了解中华民族在民俗、文化和艺术等方面的智慧与创造,感受传统文化的博大精深,体验地域文化的独特魅力。如《嫦娥奔月》《十二生肖的故事》《二十四节气故事》等。同时,教师还必须紧跟时代发展,为幼儿选择能体现时代进步的故事,如体现航天科学技术进步发展的《宇宙空间站的一天》《月球上的一天》等。

2. 诗歌和散文的选择

(1)主题明朗,情感真挚。儿童诗歌与散文的内容题材广泛。教师可以选择描绘美好心灵与纯真情感表达的抒情作品,可以选择生动有趣的叙事诗,也可以选择描绘美丽大自然的诗歌与散文,还可以选择经典但浅显易懂的古诗。

(2)构思巧妙,富有想象。为了让幼儿获得语言的审美感受,教师所选择的诗歌与散文要充满美好的意境,带领幼儿进入活泼有趣、天真烂漫的想象。构思巧妙、富有想象的作品也要易于幼儿基于自身的生活经验展开仿编、续编与创编。

(3)语言精练,富有节奏。诗歌与散文的语言多是经过作者精心选择、凝练的词句,借助这些朴实、华丽、含蓄、浓烈、精练的语言表达作者的某种情感。通过词句的排列组合、句式长短的变化或分节分行,形成某种节奏韵律、句式结构或画面意境。这种节奏韵律是明快的,句式结构是简单易懂的,画面意境是活泼优美的。总体而言,儿童诗歌与散文的选择应该是易于幼儿欣赏、吟诵的。

(4)适当融入地方民俗。教师也可结合当地的民风民俗,选择具有地方特色的童谣。如福州童谣《真鸟团》《冬至歌》等。

步骤三:匹配文学作品适宜的年龄段

在充分考虑文学作品的教育性、文学性、浅易性和趣味性的基础上,教师要适当考虑文学作品适宜的年龄段。

1. 故事手法和情节

为小班、中班幼儿所选的故事尽量避免倒叙、插叙等手法;为大班幼儿所选的故事可以适当使用倒叙与插叙。为小班幼儿所选择的故事最好只反映1—2个事件,人物不要太多;为中大班幼儿所选择的故事事件可以有2—4个,但事件之间的逻辑关系要清晰。

2. 诗歌散文的题材与内容

小班应以儿歌童谣为主，篇幅短小、主题集中，含一个画面，情感变化单纯，词语富有色彩与音效，结构较为工整；中班以儿歌、儿童诗为主，篇幅稍长，画面一个以上，多用重复结构；大班选材广泛，可选择篇幅较长、表现方式多样、画面丰富、想象奇特、情感变化较为复杂的题材。

三、任务表单

请从中国优秀儿童文学作品资源库中为不同年龄段幼儿各挑选一个适宜的文学作品，并说明理由。

中国优秀儿童文学作品资源库

任务表单 7.1

儿童文学作品分析表

年龄段	儿童文学作品	说明理由
小班		
中班		
大班		

四、任务评价与改进

1.请你对任务一的完成情况进行自我评价。

学习任务	合格	良好	优秀
分析识别优质儿童文学作品。	□能辨识优质儿童文学作品。	□能根据优质儿童文学作品选择的基本要点与年龄特征,选择优质儿童文学作品。	□能根据优质儿童文学作品选择的基本要点与年龄特征,选择优质儿童文学作品,并准确说明理由。

2.针对任务一,你觉得自己还有哪些需要改进的地方?

存在问题:________________

产生原因:________________

____

解决办法:________________

____

任务二

观摩、评析与调整幼儿园文学作品活动

一、任务导入与学习目标

听课、评课、议课是幼儿园教师的基本技能。他山之石，可以攻玉。观摩、评析与调整一个较为成熟的文学作品活动，能帮助大家快速了解什么是文学作品活动，同时取之精华、弃之糟粕，不断积累、提升自身活动设计与组织实施的能力。本任务将为大家提供幼儿园文学作品活动的特征、目标与组织实施的基本步骤，协助大家达成以下学习目标：

1. 认真观摩活动，客观地评课、议课，肯定他人教学的优点，敢于提出自己的见解与建议。

2. 掌握幼儿园文学作品活动的特征、目标与组织实施的基本步骤。

3. 能结合幼儿园文学作品活动的特征、目标与组织实施的基本步骤，观摩、评析与调整范例活动。

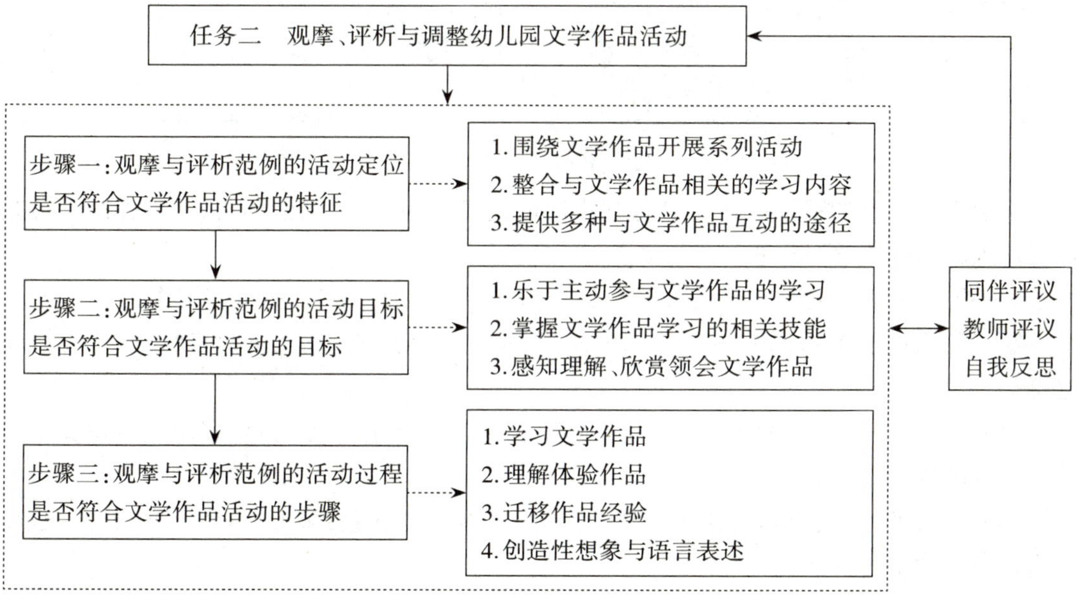

图7.2　任务二学习流程图

二、任务步骤与关联知识

步骤一：观摩与评析范例的活动定位是否符合文学作品活动的特征

儿童文学作品活动具有如下特征：

1. 围绕文学作品开展系列活动

幼儿对文学作品的学习必须从某一个具体的文学作品入手，通过倾听、诵读、表演、游戏、讲述等形式欣赏、理解、体验、想象，将高质量的书面语言信息转化为口头语言信息，教师引导幼儿学习和掌握文学作品所蕴含的丰富信息。

幼儿对文学作品的学习往往不是一次活动就能完成，必须围绕文学作品挖掘学习内容，开展系列活动，帮助他们感受语言的丰富与优美，加深对作品的体验与理解。以大班故事《有朋友真好》为例，教师基于幼儿的生活经验与学习兴趣精心设计和组织系列活动，引导幼儿感受作品所描绘的神秘、有趣的故事场景，感受癞蛤蟆这个主人公感性、冲动又温暖的性格，以及癞蛤蟆和青蛙之间的美好友谊，感受作品中故事发展的可能性以及书面文学的语言美。

大班故事《有朋友真好》系列活动列举

活动一：户外自主游戏，运用滚筒、梯凳等器械搭建森林探险情境，在游戏中感受“森林”的“奇趣探险”。

活动二：故事学习活动，学习和理解故事《有朋友真好》。

活动三：复述表演故事，设计和制作表演道具，分角色表演故事。

活动四：创意续编故事，说一说青蛙和癞蛤蟆后续又遇到了什么事，好朋友是如何一起解决的。

活动五：调查讲述活动，设计表格，记录好朋友的特征、特长与喜好，并说一说自己与好朋友之间发生的趣事等。

2. 整合与文学作品相关的学习内容

文学作品本身的特点决定了其包含丰厚的信息。因此，对幼儿而言，文学作品学习是逐层深入的递进式学习过程。

第一层次的学习：倾听、学习文学作品，感知文学语言的信息，初步理解作品。

第二层次的学习：理解、体验作品内涵，体验人物情感心理、文学语言特征、作品意境之美等。

第三层次的学习：迁移作品学习经验，整合其他领域的学习内容，多角度认识文学作品所表现的主题与内容。

第四层次的学习：创造性想象与语言表述，扩展幼儿想象，多形式再现文学作品，运用语言进行想象讲述。

3.提供多种与文学作品互动的途径

幼儿通过自身的操作活动与外界环境相互作用，由此建构经验，实现发展。幼儿的语言发展也是通过个体与外界环境中各种语言和非语言信息交互作用逐步实现的。因此，幼儿园的文学作品活动，应当着重引导幼儿通过多种途径积极地与文学作品相互作用，在动手、动嘴、动眼、动耳、动脑等途径中获得亲身经验，帮助幼儿掌握学习内容，同时给幼儿发展提供更为广泛的机会。

如大班故事活动《有朋友真好》，设置“森林探险”环节与模拟“解救青蛙”的情节，引导幼儿动脑、动手、动眼，积极与故事场景互动，层层体验故事情感；背景音乐与教师的生动讲述，引导幼儿动脑、动耳，走进故事、理解故事、入情入境，深入故事情节与角色情感；开放式地讲述，让幼儿充分展开想象，说一说、论一论“青蛙经过森林途中都发生了什么事”“癞蛤蟆选择了工具想要做什么”等，引发幼儿将故事与自己的生活经验相联系，产生联想与情感共鸣，实现语言学习的经验再造。

步骤二：观摩与评析范例的活动目标是否符合文学作品活动的目标

幼儿园文学作品活动着重从情感态度、能力和认知三个方面培养幼儿欣赏文学作品的能力与行为。

儿童文学作品活动目标范例

1.情感态度目标：乐于主动参与文学作品的学习

培养幼儿早期书面语言能力，首先要培养其乐于主动参与文学作品的学习活动，愿意接触、倾听、吟诵、欣赏各类文学作品，喜欢感受文学作品表达的语言美、艺术美、意境美，并大胆表现与创造。

(1)乐于并善于倾听。文学作品学习与幼儿的“听”紧密联系在一起。它给幼儿提供了有意识的、评析性的、欣赏性的倾听成熟语言的机会。教师要引导幼儿倾听各种形象化的语言、语言句式及不同风格的语言，从而帮助他们养成喜欢倾听、乐于欣赏文学作品的良好态度与习惯。

(2)乐于表现与创造。幼儿对文学作品的学习离不开口、耳、手、眼等多感官的参与。在文学作品倾听、欣赏与学习过程中，教师要引导幼儿乐于用自己感兴趣的方式，如跟读、吟诵、朗读、讲述、表演、绘画、仿编、续编、创编等进行表现与创造，从而帮助他们建立起热爱学习文学作品的积极态度。

(3)体会作品情感与意境。作者通过文学作品表达并传递一定的观念、情感与意境。教师要引导幼儿结合自身的生活经验体会作品的主题含义或意境，体会作品表达的不同情绪情感，感受文学作品的语言美、艺术美与意境美。

2.能力目标：掌握文学作品学习的相关技能

幼儿早期文学作品的学习目标不是会记诵、背诵作品，也不是记忆某些字词、句式或故事情节，而是引导幼儿掌握文学作品学习的相关经验与技能，从而为后期自主学习文学作品以及小学的语文学习打下坚实的基础。幼儿需要掌握以下三种学习文学作品的技能：

(1)掌握并运用文学语汇的技能。

学习文学作品是扩展幼儿词汇的重要途径。文学语汇是指文学作品中所运用的全部语词的总和,包括词汇、语句以及修辞方式。

①运用文学词汇创意表达。在讲述活动和日常生活中逐渐使用文学作品中的名词、动词、象声词、修饰性词汇等;会使用文学语汇进行仿编。

②熟练使用语言句法结构。模仿和学说有趣的语句;在讲故事或日常表达中能运用基本正确的句式表达;运用作品中简单的语句形式进行仿编。

③学习运用基本修辞手法。吟诵使用修辞手法的作品;仿编使用比喻、拟人或夸张修辞手法的语句或段落;用修辞手法描述人、物或景。

(2)掌握并运用文学形式的技能。

①运用诗歌的形式经验。诗歌的形式经验集中表现在节奏韵律与句式结构上。运用诗歌形式经验的能力主要表现在:跟读韵律感强的儿歌或童谣;用语言或动作表现诗歌的节奏与韵律;尝试运用文学语言,根据诗歌的重复句式进行仿编。

②运用故事的形式经验。故事的形式经验集中表现在人物角色与情节上。运用故事形式经验的能力主要表现在:模仿故事中的人物对话和动作进行讲述;运用故事中的书面语言讲述故事;运用书面语言句式体现人物特征;初步概括故事的主要情节;根据故事的情节线索预测、续编或创编。

③运用散文的形式经验。散文表现形式灵活,但有一个内在的线索结构贯穿整个作品。运用散文形式经验的能力主要表现在:按照散文的线索结构仿编语句或段落。

(3)掌握并运用文学想象的技能。

①运用再造想象。会表现人物的动作与表情;初步概括或准确描述作品主要人物的性格特征与心理状态;会完整有序叙述作品的主要情节;表达对作品的初步感受;描述作者的态度与情绪;谈论自己的态度或做法。

②运用创造想象。根据已有文学作品的结构替换单个或多个要素,仿编情节、句子、片段,具有独特性与新颖性;根据作品已有情节,续编情节或结尾;根据主题,初步创编完整的作品。

3. 认知目标:感知理解、欣赏领会文学作品

(1)感知理解文学语汇。

①感知理解文学词汇。感知不同词语构造出的语言效果;基于生活中积累的词汇理解作品词汇;会根据上下文猜测新词;初步理解关键性词语的含义。

②感知理解句法结构。感知词序的排列顺序,排列组合形成不同句型;感知儿歌的音乐性、诗歌的含蓄隽永、散文的清新抒情、故事的生动有趣。

③感知理解修辞手法。理解作品中比喻、拟人、夸张等修辞手法。

(2)感知理解文学形式。

①感知理解诗歌的形式经验。感知诗歌朗朗上口的特征;感知诗歌语言的节奏性;初步认识诗歌短小精悍的句式;感知不同形式(连锁调、谜语、绕口令等)的诗歌类型。

②感知理解故事的形式经验。知道故事的主要人物;理解故事的主要情节(起始、发

展、高潮和结尾);理解人物对话与动作等。

③感知理解散文的形式经验。知道散文所描绘的画面内容与意境;初步理解作品的内容;理解不同画面之间的联系与线索结构。

(3)通过想象欣赏领会。

通过对作品中地点和环境等背景性要素、主要人物的动作和表情、主要情节和作品主题及作品意境进行想象,理解作者想要表达的内容,理解故事的情节结构、儿歌或散文的句式结构。

上述三类目标统一于儿童文学作品活动的整体目标之中,各个目标之间不是独立的,它们相互联系、相互补充。在具体的文学活动中,教师要根据幼儿身心发展的特点和需要进行适当的调整和整合。

步骤三:观摩与评析范例的活动过程是否符合文学作品活动的步骤

一般来说,可将文学作品活动分为四个步骤进行设计与指导。

1.学习文学作品

(1)创设文学作品意境。

学习文学作品的第一步是创设文学作品意境,将作品初步呈现给幼儿。教师可以通过创设情境,借助音乐或教师的生动语言渲染情境,将幼儿引入良好的文学语境与想象空间。

大班故事活动范例

如大班故事活动《有朋友真好》,教师以"穿越森林探险"引题,借助语调的渲染"我们要经过一片大森林,大家可要小心别掉进洞里或者被水流冲走……"带领幼儿进入既有趣又神秘的"森林探险"的情境之中,为后面故事的展开进行铺垫。

大班诗歌活动范例

如大班诗歌活动《江南》,教师创设了池塘场景,播放具有江南风情的民乐,和幼儿一起化身为小鱼,通过"让我们到池塘里快乐地做游戏吧!这里还有很多河蟹呢!还有好多水草啊……"等语言渲染,带领幼儿进入江南如诗如画的美好意境之中。

(2)初步学习文学作品。

这一环节,教师可以根据作品的难易程度,采用挂图、幻灯片、录音播放或配乐诵读的方式将作品丰富的语言信息呈现给幼儿。当作品内容比较浅显易懂时,教师可以通过直接诵读的方式将作品传递给幼儿。

为了引导幼儿初步学习文学作品,教师可以采用多种方式充分调动幼儿的感官,增进他们的感知与理解。视觉信息方面,可以通过出示图片或幻灯片。必要时结合音乐、音频或生动的语言等听觉信息。同时,结合提问组织幼儿思考、讨论,从而理解作品的内容与人物形象。

这一步骤的设计与组织,教师要注意:

①不宜过多重复讲述作品。故事类以两遍为宜;其他根据难易可增减,但不宜太多遍;一般第一遍讲述多为听录音或是教师无道具讲述;第二遍讲述采用多形式讲述,如录音、视频、情境表演,可配合幻灯片、挂图、木偶等。

②不能过于强调幼儿对作品的机械记忆与背诵。

③初次感知文学作品，尽量完整讲述，让幼儿对作品有完整的印象。完整讲述还是分段讲述要根据作品的具体情况而定。

④教师讲述语言要规范、完整、生动形象、富有感情，必要时运用体态、手势、表情、眼神、动作等予以配合。

如大班故事活动《有朋友真好》，教师根据作品的特点先分段讲述，再完整讲述。讲述故事开端时，引导幼儿联想癞蛤蟆觉得青蛙会遇到什么事；讲述故事第二段时，引导幼儿思考癞蛤蟆会如何使用三种工具；讲述故事第三段时，引导幼儿感受癞蛤蟆和青蛙的友情。在三段的故事学习中，教师充分运用幻灯片、音乐、情境表演等引导幼儿理解作品的内容与情感，同时通过有效的提问与灵活的回应，使幼儿不断感知故事情节的发展与变化。最后完整讲述故事，引导幼儿进一步理解故事的情感线索。

如大班诗歌活动《江南》，教师先丰富幼儿有关江南、莲花等与古诗相关的经验，再通过第一遍朗诵，引导幼儿理解诗句间的相对关系，初步感知古诗；接着，教师多遍吟诵古诗，结合视频画面，帮助幼儿理解古诗中较难理解的诗句“莲叶何田田”的含义，以及古诗表达的内容大意与意境；最后，教师运用分合诵、情境表演、游戏等方式，促进幼儿体验古诗欢快的格调。

2. 理解体验作品

当幼儿进入文学情境并对作品有了初步的理解后，教师可以通过故事表演、动作表演、图片排序、观察、操作、组织认识自然和社会活动、写写画画等形式进一步引导幼儿讨论、表达和表现文学作品内容，进一步帮助幼儿理解文学作品的内涵，尤其是作品所体现的情感特征、精神世界及意境之美等。

这一步骤的设计与组织，教师要注意：

①活动要与作品内容有关。

②所采用的方式方法，如游戏法、表演法等要符合作品的特点，并有助于幼儿时作品的理解。

如大班故事活动《有朋友真好》，教师鼓励幼儿将自己对故事的猜想通过角色体验的方式表演“搭救青蛙”的情节，进一步感受故事的氛围，体验人物的情感心理，发现故事中不同人物的形象特征和语言特征，加深幼儿对作品的理解。

如大班诗歌活动《江南》，教师结合视频，再现诗中“莲叶碧连天”的场景，帮助幼儿理解古诗中较难理解的诗句“莲叶何田田”的含义；通过游戏《鱼戏莲花捉迷藏》，让幼儿体验欢快、灵动的古诗意境。

3. 迁移作品经验

文学作品向幼儿展示的是建立于幼儿生活经验基础上的间接经验，这种经验让幼儿既熟悉又想亲身体验。因此，要使幼儿真正理解作品，学习运用作品相关经验并展开丰富的文学想象，教师要建构起幼儿直接经验与作品间接经验之间的联结，实现经验的迁移。

如大班故事活动《有朋友真好》，幼儿思考癞蛤蟆会如何使用绳子、提灯、平底锅三种工具时，就需要幼儿在日常生活中观察工具的特征及使用方法；幼儿说一说癞蛤蟆看到青蛙时会问哪些问题，就需要幼儿平时细心留意人与人之间的语言交往，细腻体味人与人之间的情感。

如大班诗歌活动《江南》，教师通过江南水乡的视频与画面，丰富幼儿对江南水乡的印象，唤醒幼儿对池塘、莲花等原有的经验，帮助幼儿联结新旧经验，想象古诗中的场景；同时，又通过古诗解读、鱼戏莲花游戏等，将作品间接经验与幼儿直接经验相联结，让幼儿充分感受、体验古诗欢快、喜悦的意境。

此外，教师还可以开展与文学作品主题相关的绘画、建构、手工、操作活动和游戏等，帮助幼儿迁移作品相关经验，引导幼儿在生活中将作品经验纳入已有经验范畴，有助于加深幼儿对作品的理解，为进一步扩展其想象和语言表述打下基础。

4.创造性想象与语言表述

这一步骤教师可以进一步创设机会，引导幼儿结合生活经验，自觉运用文学作品中的学习经验，用作品中的语言或基于对作品的理解运用自己的语言来表达作品或生活中的某一情境、某种体验、某种想法或感受。

如大班故事活动《有朋友真好》，为了让幼儿感受故事语言的魅力，体验故事活动的轻松和愉快，教师一方面通过生动描述、夸张表情、气氛渲染、情境表演，支持幼儿形成对作品情境、人物特征、故事情节的再造想象；另一方面通过开放性的讲述，鼓励幼儿在理解故事情节发展走向的基础上充分想象，创编情节，大胆用语言表达对作品的不同见解。

如大班诗歌活动《江南》，教师通过分诵、合诵、对诵等方式，引导幼儿有感情地吟诵古诗，感受古诗独特的韵律与对仗句式；并创设游戏情境，让幼儿在愉悦的游戏中，用肢体与声调表现欢快、灵动的古诗意境。

（1）再现文学作品。

通过复述、朗诵、表演、音乐或美术手段再现文学作品，表现作品内容、思想内涵与情感氛围。幼儿在理解文学作品内涵的基础上，借助作品词汇和词句，经过语言解释以及表情、声调、动作的变化，以朗诵、表演等方式再现。

①复述故事：有全文复述、分段复述与分角色复述。

a.全文复述。故事篇幅短小、结构工整、通俗易懂、语言与情节有反复。

b.分段复述。故事篇幅较长、内容丰富、情节曲折。分段复述的形式有两种：一是幼儿在教师有顺序地提问下复述；二是教师将故事分段，引导幼儿一人讲一段或一组讲一段。

c.分角色复述。故事篇幅较长、难度较大、人物较多且人物描述与对话丰富有趣。

②故事表演：通过对话、动作表情再现文学作品，帮助幼儿理解、体验作品的内容。包括整体表演型、分段表演型与角色活动型。

a.整体表演型。在幼儿充分理解、熟悉故事的基础上，按照故事情节发展，连贯完整地

故事表演范例

表演故事。

b.分段表演型。将故事按情节内容分成若干段,进行分段表演。

c.角色活动型。布置表演场景,将表演材料投放于场景中,幼儿根据意愿选择角色,扮演情节。

(2)创造文学作品。

通过仿编、续编或创编创造性运用作品经验。幼儿要充分理解文学作品中句式或段落的形式结构特点,通过替换一个要素或多个要素仿编一个情节、一个句子或一个片段;根据作品已有的情节线索,续编情节或结尾;根据主题,初步创编一个完整的作品,并具有独特性与新颖性。

①故事的编构:帮助幼儿感受理解故事,提高幼儿对作品内容与形式构成的敏感性,引导其逐步学习编构。由于幼儿认知能力、语言水平的差异,对不同年龄班幼儿故事编构有不同的要求。

> 小班:重点编构故事的结局。
> 中班:重点编构故事的情节,即故事的高潮部分。
> 大班:重点编构一个完整故事,创编故事的高潮与结局。

②诗歌与散文的编构:

编构要点:知识经验准备—想象与编构—串联与评价。

中班诗歌活动范例

a.知识经验准备:教师要引导幼儿理解诗歌与散文的句式结构;教师要调动幼儿与作品内容有关的经验。

b.想象与编构:想象需要一定的凭借物,教师可以通过图片、视频、音乐、实物等方式激发幼儿展开全面的想象。编构可以是个人编构,也可以是小组编构。

c.串联与评价:教师可以引导幼儿将编构的句子与作品原有内容进行串联;同时引导幼儿对编构的内容展开评价与分享。

> 对不同年龄班幼儿诗歌与散文编构有不同的要求:
> 小班:替换单个要素,初步仿编,体现诗歌或散文的画面变化。
> 中班:替换多个要素,完整仿编一个段落。
> 大班:能根据主题,初步编构一个新的文学作品;使用文学性、书面化的语言进行编构,并具有一定的创造性。
> 散文的仿编一般在中班以后开展,散文的创编一般在大班开展。

(3)创造性想象与语言表述的注意事项。

①给予幼儿充分的想象时间,关注幼儿想象的过程,为幼儿的想象提供支持。

②编构要具备一定的经验基础,要引导幼儿结合生活经验大胆展开想象,积极动脑思考,鼓励幼儿表达独特的见解与思考。

③根据幼儿的能力强弱,提出符合其发展水平的要求。

三、任务表单

请结合《幼儿园文学作品活动实施评价标准》，观摩大班文学作品活动案例，分析与举例说明本活动的优点与不足，并提出调整建议。

幼儿园文学作品活动实施评价标准

任务表单7.2

文学作品活动实施评析表

活动名称：　　　　　　　　　　　　评分人：

评价内容	观摩纪录	分析评价	调整建议
活动定位			
活动目标			
活动过程			

大班故事活动案例

四、任务评价与改进

1.请你对任务二的完成情况进行自我评价。

学习任务	合格	良好	优秀
观摩、评析与调整幼儿园文学作品活动。	□能说出活动的优点与不足。	□能准确说出活动的优点与不足，并说明理由。	□能提出适宜的活动调整、改进建议。

2.针对任务二，你觉得自己还有哪些需要改进的地方？

存在问题：________________________________

产生原因：________________________________

____

解决办法：________________________________

____

任务三

设计幼儿园文学作品活动

一、任务导入与学习目标

规范、有效的幼儿园文学作品活动设计能帮助大家厘清教学思路，明确教学重难点，更好达成教学目标。本任务将为大家提供幼儿园文学作品活动设计的基本要点，协助大家达成以下学习目标：

1. 喜欢并乐意选择中国优秀文学作品。
2. 基于反思，不断优化、改进教学方案，坚持精益求精。
3. 掌握并灵活运用文学作品活动设计的基本要点。
4. 能综合运用已有的活动设计经验，规范、有效设计文学作品活动。

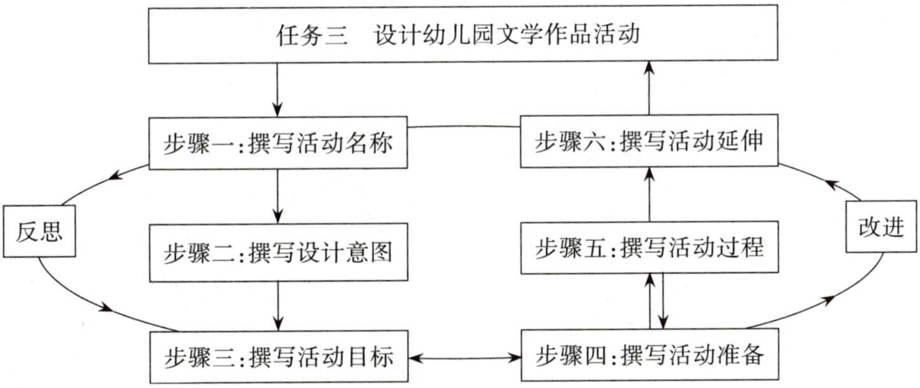

图7.3　任务三学习流程图

二、任务步骤与关联知识

步骤一:撰写活动名称

基本要求:

(1)活动名称的撰写要清晰明了,简洁规范。

(2)交代清楚活动面向的年龄班、活动类型及活动内容。

步骤二:撰写设计意图

基本要求:

(1)能基于优质儿童文学作品选择的基本要点和年龄特征,对作品的教育性、文学性与适宜性等进行分析,并说明对作品的创造性加工和利用。

(2)能结合入园实践班级幼儿的年龄特点与兴趣、已有知识经验等对幼儿学习情况进行分析。

(3)能结合《纲要》《指南》等文件精神,对活动设计的理论依据进行分析。

常见问题1:缺乏对作品教育价值的解读

优秀儿童文学作品具有思想性、教育性以及艺术审美性。只有充分解读文学作品,挖掘作品潜在的教育价值,才能引领幼儿走入文学作品,用他们的好奇心、思辨力、想象力、审美力实现与作品的情感碰撞。然而,有些教师选择一则文学作品后,还未细细品味、仔细斟酌,就面向幼儿组织开展学习活动。看似活动流程完整、教学内容丰富,实则缺乏对文学语言的理解与运用、对作品内容的想象与表达、对文学情感的体验与感悟。

因此,教师要从"教儿童文学"向"用儿童文学作品教"转变,多倾听、多阅读、多分析、多感受作品的内涵意蕴,多思考文学作品能带给幼儿什么样的学习经验。当教师有了理解、体悟、想象,才能以自己充满感情的作品转述感染幼儿的情绪,才能敏感捕捉活动的重点与难点并采用有效的教学方法支持幼儿学习,而不是生搬硬套活动步骤,不加甄别地选择配乐,重复对作品的诵读与讲述,陷入对文学语汇的语义解释、困于作品表演的形式主义等。

步骤三:撰写活动目标

基本要求:

(1)活动目标要符合幼儿已有的认知发展水平。

(2)活动目标的内容和要求在方向上要与总目标、年龄阶段目标一致。

(3)活动目标要全面,涵盖认知、情感态度与能力三个维度。

(4)活动目标应从幼儿学习成果的角度进行表述。

(5)活动目标表述要具体、准确、可观察、可测量。

(6)活动目标能体现文学作品活动的学习经验。

步骤四:撰写活动准备

基本要求:

(1)写全物质准备与经验准备,有需要可加入环境创设准备。

(2)物质准备写清楚名称、数量与具体要求。

(3)经验准备写清幼儿活动前已具备的相关生活或学习经验。

(4)活动准备描述要清晰、准确、具体。

步骤五:撰写活动过程

基本要求:

(1)活动过程要完整,要根据作品特点与活动需要,选择"创设文学作品意境/情境—初步学习文学作品—理解体验作品—迁移作品经验—创造性想象与语言表述"中的主要环节,按照活动内在逻辑逐一书写,不漏项。

(2)活动过程要按环节凝练出层级标题,标题/小标题的撰写要清晰具体,体现教师行为/幼儿行为以及活动目的。

(3)要撰写清楚每个环节教师的关键提问与必要追问。

(4)要写清楚重点环节观察要点和指导要点。

常见问题2:缺乏对文学作品意境的营造

文学作品意境的营造有利于幼儿更好地学习文学语言,更自然地与作品产生情感共鸣。我们常常在教师的教学方案中看到"体验作品意境美"的目标设计,但活动设计与实施却无法体现并支撑目标的实现,活动组织略显干涩空洞,幼儿学习体验效果也不佳。就集中教学活动而言,文学作品意境的营造除了相应的物质环境创设,还有教师的语言感染、音频及视频的辅助等。如大班诗歌活动《云彩与风儿》,教师播放轻柔的音乐,请幼儿闭上眼睛,想象一下天上的云彩会变成什么,它们又在做什么;待幼儿充分表达后,教师播放小动画,随着音乐的变化,带领幼儿走进云彩变幻的奇妙世界。教师的生动描绘与音视频的辅助为幼儿营造了时而活泼调皮,时而温馨柔和,时而紧张担忧的情感意境。

意境的营造要视具体的文学作品而定。但需要明确的是,文学作品意境的营造是贯穿活动全程的,意境的体验和感受应是完整的,避免导入部分创设意境后就戛然而止,或是活动收尾才进入作品意境。

常见问题3:缺乏对幼儿想象的经验支持

在文学作品活动组织实施过程中,很多教师都会采用故事表演、诗歌朗诵或是作品仿编等方式引导幼儿展开想象与创造性表达。教师需要明确:想象,它产生于幼儿对生活形象的积累以及对文学作品的大致理解。幼儿需要一定的生活经验与学习经验才能展开作品想象。

然而,部分教师在实践中完全忽视幼儿是否具备相关的生活经验以及幼儿对文学作品的理解程度。以大班诗歌活动《云彩与风儿》为例,教师对诗歌内容进行教学后便组织幼儿开展仿编:"小朋友们可以学着诗歌,一起来编一编。"编什么?怎么编?用什么编?这几个问题教师并未详细与幼儿沟通。幼儿并不理解诗歌的结构句式,并未领会作品的感情基调,也未调动相关的生活经验,难以引发文学审美意象的产生。在这种情况下,幼儿仿编出来的诗句往往与诗歌原有结构不一致,也缺乏想象力与灵动性,他们对诗歌的感知难以上升为审美感知与审美体验。

步骤六:撰写活动延伸

基本要求:

(1)活动延伸描述要清晰、准确、具体。

(2)活动延伸内容要与本次活动内容有关。

(3)活动延伸应体现文学作品活动整合的特性。

三、任务表单

请依据文学作品活动设计要点,自选或根据教师要求选定年龄班,选择文学作品,设计文学作品活动。要求:

1.设计应符合文学作品活动的学习目标和不同年龄幼儿语言发展特点。

2.方案结构完整,包含设计意图、活动目标、活动准备、活动过程、活动延伸等内容。

3.按照活动设计与实施的步骤列出活动过程中每一环节的要点。

任务表单7.3

幼儿园文学作品活动设计表

设计步骤	设计内容	反思改进
活动名称		

续表

设计步骤	设计内容	反思改进
设计意图		
活动目标		
活动准备		
活动过程		
活动延伸		

四、任务评价与改进

1.请你对任务三的完成情况进行自我评价。

学习任务	合格	良好	优秀
设计幼儿园文学作品活动。	□能根据文学作品活动步骤，完成设计方案。	□设计合理规范，重难点突出、方法得当。	□设计富有创意，方法多元有效。

2.针对任务三，你觉得自己还有哪些需要改进的地方？

存在问题：________________

产生原因：________________

____

解决办法：________________

____

任务四

组织实施幼儿园文学作品活动

一、任务导入与学习目标

能组织实施幼儿园文学作品活动是本项目的核心任务，也是教师岗位的核心技能。本任务将为大家提供组织实施幼儿园文学作品活动的基本要点，协助大家达成以下学习目标：

1. 敢于主动承担入园实践教学任务，积极与同伴、指导教师交流沟通。
2. 掌握并灵活运用文学作品活动组织实施的基本要点。
3. 能综合运用已有经验，有效组织实施文学作品活动。

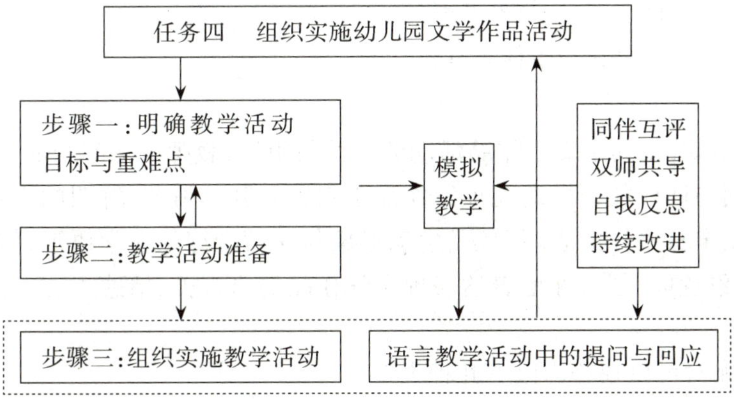

图7.4　任务四学习流程图

二、任务步骤与关联知识

步骤一：明确教学活动目标与重难点

基本要求：

(1)熟悉本次活动的教学环节。

(2)明晰本次活动的教学目标。

(3)明确本次活动的重点,知道将运用哪些教学方法帮助幼儿掌握重点。
(4)明确本次活动的难点,知道将运用哪些教学方法帮助幼儿突破难点。

步骤二:教学活动准备

基本要求:
(1)制作本次活动所需的玩教具。
(2)布置相关的主题墙等环境。
(3)请幼儿园指导教师/家长协助做好幼儿相关经验的准备。

步骤三:组织实施教学活动

1. 基本要求

(1)结构合理,步骤清晰,环节紧凑,衔接自然。
(2)教学重点突出,教学难点处理恰当。
(3)教学组织形式灵活,能根据幼儿反馈,灵活调整教学方案。
(4)教学方法得当有效、灵活多样。
(5)教学突出自主、探究、合作的学习方式,体现多元化学习方法。
(6)提问具有思考性、启发性与开放性,能给予幼儿情感、语言或思维上的支持。
(7)教师能及时有效回应幼儿,实现师幼有效互动。
(8)教师搭建合理支架,支持幼儿学习。
(9)教师关注幼儿兴趣与个体差异。

2. 语言教学活动中的提问

语言教学活动,尤其是文学作品活动的设计与组织,教师的提问与回应至关重要。有效的提问、追问与回应能帮助幼儿理解作品中引人入胜的情节、鲜明的人物特征、重复变化的句式结构、丰富多样的表现手法、生动形象与含蓄凝练的文学语汇,体会作品传递的主题内涵与想象意境,创造性地表达表现文学作品的语言美、情感美、意境美、形式美、艺术美。

教师提问相对可以划分为以下几种类型:

(1)回忆性的问题:主要是对时间、地点、人物、名称等的提问。

例如:这首诗歌的名字是什么?诗歌里都提到哪些小动物?故事的主人公是谁?故事发生在什么时间?诗歌里都有谁告诉我们风来了?风在哪里?花儿是怎么说的?

(2)聚合性的问题:这种提问通常是比较信息的异同或联系。

例如:诗歌里描述的四季有什么不一样?这几句诗句有什么地方是相同的?故事中小动物们买的商品有什么相似的地方?

(3)评价性的问题:这种问题通常是对他人的观点、想法、做法进行评价。

例如:你觉得他编的这句诗句好听吗?为什么?你同意他的观点吗?为什么?你觉得主人公这样做对吗?这是一只怎样的松鼠?

(4)解释性的问题:这种问题需要幼儿对自己的想法、做法、原因做出解释和说明。

例如:你为什么会有这样的想法?你觉得你选择的做法合适吗?

(5)描述性的问题:这种问题通常是描述感受、景物或状态等。

例如:看到这样的情境,你有什么感受?听的时候你有什么感觉?脑海里出现了什么画面?

(6)思考性(发散性)的问题:这种问题需要幼儿预测、推理,发散思考。

例如:房子为什么会动?为什么说春天吹绿了大地,夏天送来了凉爽,秋天飘来了果香,冬天带来了银装?青蛙前往癞蛤蟆家所在森林的途中会发生什么事呢?癞蛤蟆看见青蛙会问什么问题呢?为什么青蛙的礼物是一只美丽的新时钟呢?你是怎么知道风来了?青蛙为什么要卖掉鱼塘?

(7)假设性的问题:引起幼儿想象、讨论、创造。

例如:如果你是松鼠,你会去哪儿?如果你是癞蛤蟆,你会对青蛙说什么?

教师在提问时要注意:

①提问要符合幼儿已有经验和思维水平;问题有一定难度时,教师可以给予适当的提示。

②提问要具体明确,避免抽象笼统、含糊不清。

③提问要具有开放性与启发性,避免提出封闭性问题。

④提问要围绕教学目标,有助于幼儿学习经验的获得。

⑤基于幼儿的思考,善于追问,引导幼儿深入思考。

⑥提问要体现情感支持,给予幼儿肯定、鼓励、认可、尊重与理解。

⑦提问时要给予幼儿充分思考与表达的时间。

3.语言教学活动中的回应

教师不仅要善于提问,还要善于对幼儿的回答进行回应与反馈。教师的有效反馈可以帮助幼儿巩固对知识的认识、对问题的思考,更可以维持、激发幼儿学习的热情与积极性。

教师在回应时要注意:

(1)关注幼儿回答的信息。

①通过补充信息增进幼儿的知识及对知识的理解。如大班诗歌活动《风在哪里》,教师请幼儿思考"什么是银装",有小朋友回答:"雪是白色的。"教师补充信息反馈:"是的,大雪过后,一切景物都被银白色包裹,大地好像穿上了一件银白色的衣服,形容冬天雪后的美丽景色。"

②通过澄清信息改变幼儿对事物现象不恰当的理解。如大班故事活动《有朋友真好》,教师提问"你看到了哪些工具"时,小朋友回答:"有一条绳子、一个锅、一个灯。"教师对幼

儿表述中的量词使用进行澄清:“哦,你们看到了一根绳子、一口平底锅、一盏提灯。”

③通过语言示范给予幼儿正确、规范的语言表述。语言示范是教师为幼儿提供大量词汇丰富、形式多样的语言刺激,促进幼儿的发展。如教师引导幼儿描述人物的眼睛时,幼儿回答“黑色的”“黑黑的”“圆圆的”等。教师对幼儿回答的信息进行重新组织,并使用生动形象的语言进行示范回应:“他的眼睛又大又圆、乌黑明亮,像夜空中的星星一样。”

(2)评价反馈要具体细致。

教师对幼儿的评价反馈要及时,且不推荐使用“你说得很好”“你说得很棒”“老师听到了”这类模糊的词句。教师要根据幼儿的表现,对幼儿的行为进行具体的分析。如小班故事活动《起床啦》中的表演环节,教师评价幼儿:“刚才你表演得特别好,你扮演的小鸭声音很响亮,说得也很清楚,还用上了故事中句子……”

(3)认可幼儿的学习品质。

教师的表扬与鼓励要关注幼儿的学习品质,尤其是他们的努力付出。如“老师看到你们很认真地在寻找合适的材料”“你们小组的成员分工很细致”“老师看到你尝试了好几次,终于成功了”等。

三、任务表单

请根据你的设计方案,入园组织实施幼儿园文学作品活动,并结合《文学作品活动实施评价表》,开展自评与他评活动。

任务表单7.4

文学作品活动实施评价表

活动名称:　　　　　　　　　　　　　　评分人:

评价内容	评价标准	分值	评分	说明理由
教学目标	1.目标设置明确、具体、可操作性强。 2.符合文学作品活动核心经验与幼儿发展需求。	10		
作品选择	1.选择优质的儿童文学作品。 2.作品能引发幼儿学习兴趣。	10		
教学准备	1.教具形象生动、直观、有美感,简洁高效。 2.能帮助幼儿理解教学内容。 3.幼儿具备充分的相关学习经验。	10		

续表

评价内容	评价标准	分值	评分	说明理由
教学过程	1. 结构合理，步骤清晰，环节紧凑，衔接自然。 2. 教学重点突出，教学难点处理恰当。 3. 教学组织形式灵活，能根据幼儿反馈，灵活调整教学方案。 4. 教学方法得当有效、灵活多样。 5. 教学突出自主、探究、合作的学习方式，体现多元化学习方法。 6. 提问具有思考性、启发性与开放性，能给予幼儿情感、语言或思维上的支持。 7. 教师能及时有效回应幼儿，实现师幼有效互动。 8. 教师搭建合理支架，支持幼儿学习。 9. 教师关注幼儿兴趣与个体差异。	40		
教学素质	1. 教态自然亲切、仪表举止得体、师幼互动自然。 2. 教学语言规范准确、生动简洁。	10		
教学效果	1. 幼儿情绪饱满，能主动、积极参与活动。 2. 幼儿能完成学习任务，并在原有水平上得到提升。 3. 达成教学目标。	10		
教学创新	1. 教学过程富有创意，教学方法灵活多样，有突出的特色。 2. 能创造性地融入传统文化。 3. 紧扣目标，巧妙运用信息技术。	10		
合计		100		

四、任务评价与改进

1. 请你对任务四的完成情况进行自我评价。

学习任务	合格	良好	优秀
组织实施幼儿园文学作品活动。	□能按照设计方案，完成教学活动。	□教态得体，教学语言规范准确，师幼互动自然，教学目标基本达成。	□教态自然亲切，教学语言生动简洁，师幼互动有效，教学目标达成度高。

2. 针对任务四，你觉得自己还有哪些需要改进的地方？

存在问题：____________________

产生原因：____________________

____

解决办法：____________________

____

◆ 岗位链接

一、综合应用

中（三）班的李老师是一名实习教师。前两天，观摩了中（二）班张老师的公开课——故事活动《小猴卖圈》。看到中（二）班小朋友饶有兴致地学习，他便萌发了自己组织实施故事活动《小猴卖圈》的想法。

可在活动组织实施过程中，李老师却犯了愁。他觉得自己才讲了两三遍故事，孩子们似乎都听懂了，有的小朋友甚至能大概说出故事情节。那还要继续学吗？如果要继续学，要引导幼儿学什么？怎么学？

如果你是李老师的实习伙伴，你会给他什么建议？

二、岗位拓展

文老师是一名幼儿园教师，她热心公益事业，积极参加社区服务工作。最近一段时间，社区正开展“故事妈妈”活动，邀请社区里的妈妈们为小朋友讲故事。给自己家小朋友讲故事还行，给社区那么多小朋友讲故事该怎么讲？这可愁坏了许多妈妈。社区王主任找到了文老师，希望文老师能给妈妈们支支招。如果你是文老师，你会想出哪些小妙招帮助这些妈妈们？

三、创新实践

1. 请围绕诗歌《春风》为大班幼儿设计一个具体的语言活动方案，包括活动的名称、目标、准备和主要环节。

春风

春风一刮，芽儿萌发。
吹绿了柳树，吹红了山茶。
吹来了燕子，吹醒了青蛙。
吹得小雨轻轻地下，孩子们河边去种瓜。

【改自2018年上半年全国教师资格证考试真题】

2. 以规定主题为设计范围，根据给定的素材与幼儿年龄段，进行幼儿园教育活动设计。
规定主题：大班“嫦娥奔月”
给定素材之一：

古朗月行（节选）

李白

小时不识月，呼作白玉盘。
又疑瑶台镜，飞在青云端。

【全国职业院校技能大赛题库真题】

◆ 学习评价

评价指标	具体表现	达成情况
爱国精神	乐于欣赏中华优秀传统文学作品，感受中华优秀传统文化的魅力，激发对传统文化的兴趣与自信。	☆ ☆ ☆ ☆ ☆
工匠精神	坚持精益求精，不断打磨优化教学方案，基于反思对任务学习成果进行持续改进。	☆ ☆ ☆ ☆ ☆
科学精神	1. 能根据幼儿年龄发展特征选择优质的儿童文学作品。 2. 能规范撰写文学作品活动设计。 3. 能有效组织实施文学作品活动。	☆ ☆ ☆ ☆ ☆
团队协作	积极参与小组讨论，大胆参与评价，乐意接受同伴的合理建议。	☆ ☆ ☆ ☆ ☆
言优善行	1. 积极投入文学作品活动的教学实践，做到身先示范，勇于担当。 2. 能遵守师范生教师职业规范，做到待人处世诚信友善。	☆ ☆ ☆ ☆ ☆

◆ 学习感悟

经过几次教学活动设计的练习，我感觉自己进步了许多。这个过程离不开伙伴的支持和教师的指导，当然更离不开自己的努力付出。

通过理论学习—实践反思—再理论学习—再实践反思，我常常思考“我的教学是否有效”“怎么教学才能更有效”，我不断打磨、优化教学设计，持续改进任务完成情况，精益求精，点滴积累成就大大进步！

勤于实践，让我更加了解自身的优势与不足；沉潜反思，让我更加明确问题解决的思路与方法。

◎教师评语：教师引领提素养；伙伴支持助成长；实践反思促发展。

项目八 设计与组织实施幼儿园早期阅读活动

项目八 教学资源

学习导言

早期阅读活动是幼儿凭借图像、文字或通过成人形象地阅读、讲解来理解幼儿读物内容的活动过程。只要是与阅读活动有关的行为都可以算作早期阅读活动。幼儿园早期阅读活动是教师有计划、有目的地培养幼儿学习书面语言的教育活动。

幼儿在早期获得口头语言的同时,便萌发对书面语言的兴趣和敏感性。他们开始观察、体验有关书面语言的读写经验,从而逐步尝试探索周围环境中的书面语言。早期阅读不仅是幼儿发展的需求,同时也对幼儿认知发展、情绪与社会性发展、人格形成等有着积极的影响。大量研究表明,幼儿早期的阅读状况对幼儿未来的阅读能力和学业成就具有预测作用。因此,幼儿园组织开展幼儿早期阅读活动十分必要。

学习任务与关联知识架构图

- 设计与组织实施幼儿园早期阅读活动
  - 分析识别高质量幼儿读物
    - 遴选高质量幼儿读物
    - 匹配适合幼儿年龄段的读物
  - 观摩、评析与调整幼儿园早期阅读活动
    - 符合早期阅读活动的特征
    - 符合早期阅读活动的目标
    - 符合早期阅读活动的内容
    - 符合早期阅读活动的组织实施步骤
  - 设计幼儿园早期阅读活动
    - 撰写活动名称
    - 撰写设计意图
    - 撰写活动目标
    - 撰写活动准备
    - 撰写活动过程
    - 撰写活动延伸
  - 组织实施幼儿园早期阅读活动
    - 明确教学活动目标与重难点
    - 教学活动准备
    - 组织实施教学活动

学习目标

素养目标	1. 乐于阅读中国原创绘本，增强对中华传统文化的认同感与传承使命感。 2. 精益求精，不断打磨教学设计，优化教学实施方案。 3. 积极参与小组讨论，认真完成各项任务。
知识目标	1. 理解与运用早期阅读活动的特征与基本步骤。 2. 掌握幼儿早期阅读活动的目标与内容。
能力目标	1. 能根据幼儿年龄发展特征选择高质量的幼儿读物。 2. 能规范撰写早期阅读活动设计。 3. 能有效组织实施早期阅读活动。

政策导学

序号	政策文件	政策要点速览	对应任务	融合育人
1	《3—6岁儿童学习与发展指南》	•为幼儿提供丰富、适宜的低幼读物，经常和幼儿一起看图书、讲故事，丰富其语言表达能力，培养阅读兴趣和良好的阅读习惯，进一步拓展学习经验。 •应在生活情境和阅读活动中引导幼儿自然而然地产生对文字的兴趣，用机械记忆和强化训练的方式让幼儿过早识字不符合其学习特点和接受能力。	任务二 任务三 任务四	课岗融通
2	《幼儿园保育教育质量评估指南》	•配备数量充足、种类多样的图画书，有效支持保育教育工作科学实施。 •幼儿园配备的图画书应符合幼儿年龄特点和认知水平，注重体现中华优秀传统文化和现代生活特色，富有教育意义。	任务一	
3	《幼儿园教师专业标准(试行)》	•在教育活动中观察幼儿，根据幼儿的表现和需要，调整活动，给予适宜的指导。 •在教育活动的设计和实施中体现趣味性、综合性和生活化，灵活运用各种组织形式和适宜的教育方式。 •提供更多的操作探索、交流合作、表达表现的机会，支持和促进幼儿主动学习。	任务三 任务四	
4	《学前教育专业师范生教师职业能力标准》	•能够根据《纲要》《指南》的要求，以及幼儿的兴趣需要和年龄特点，选择教育内容，确定活动目标，设计教育活动方案。 •学会运用各种适宜的方式实施教育活动，鼓励幼儿在活动中主动探索、交流合作、积极表达，能够有效观察幼儿在活动中的表现，并根据幼儿的需要给予适宜的指导。 •具有反思意识和批判性思维素养，初步掌握教育教学反思的基本方法和策略，能够对教育教学实践活动进行有效的自我诊断，提出改进思路。	任务三 任务四	课证融通
5	《中小学和幼儿园教师资格考试标准》	•理解各领域之间的联系和开展综合教育活动的意义与方法。 •关注个体差异，能根据幼儿的个体需要给予指导。	任务二 任务三 任务四	
6	全国职业院校技能大赛	•教学设计评价标准 •模拟教学评价标准 •专家提问评价标准	任务三 任务四	课赛融通
7	《高校师范生教学技能大赛评分标准》(以福建省为例)			

任务一

分析识别高质量幼儿读物

一、任务导入与学习目标

为幼儿选择适宜的幼儿读物，是开展早期阅读活动的第一步。本任务将为大家提供高质量幼儿读物的基本特征与分龄读物特征，协助大家达成以下学习目标：

1. 乐于阅读与挑选中国优秀原创绘本。
2. 理解与运用高质量幼儿读物的基本特征与分龄读物特征。
3. 能根据幼儿年龄发展特征选择高质量的幼儿读物。

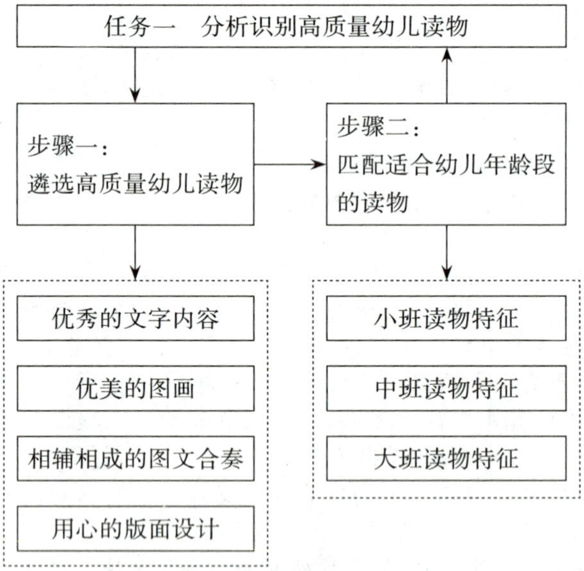

图 8.1　任务一学习流程图

二、任务步骤与关联知识

步骤一：遴选高质量幼儿读物

市面上的幼儿读物种类丰富、形态各异，但并不是所有的幼儿读物都适合幼儿阅读，低质量的幼儿读物不仅不利于幼儿阅读能力的发展，还可能消磨他们对阅读与生俱来的兴趣，影响幼儿审美认知、审美情感、文学想象等方面的发展。那么，什么样的幼儿读物才算是高质量的读物呢？

1. 高质量的读物有着优秀的文字内容

不同类型图画书的文字要求各不相同。幼儿故事类图画书要有鲜明的人物形象、生动的故事情节，充满童趣，富有想象和思考的空间，展现对人性的关怀；散文、童谣类图画书要求主题明朗、情感真挚、语言精练、富有节奏、构思巧妙、富有想象；科学知识类图画书要求源于生活、充满好奇、有探索机会、语言通俗简洁、内容严谨。

中国原创绘本资源库

图画书《耗子大爷在家吗?》改编自北方童谣，通过一问一答的形式，展现猫与老鼠一家的趣味互动。

"梆——梆梆，梆——梆梆！"

一更哪——

猫儿拿耗子——

"耗子大爷在家吗？"

"耗子大爷还没起床哪！"

从"一更"到"十更"，书中的猫儿总是重复地问同样的问题，但耗子大爷的回答格式一致，内容不一，贴合幼儿生活经验，让每一页都充满了戏剧性。每次互动都是一个段落，回环反复、富有节奏感与韵律感，朗朗上口，能很快吸引幼儿跟随诵读、表演。

2. 高质量的读物有着优美的图画

高质量读物的图画有着传情达意的功能，即图画书中的图画要表达故事中的内容，同时也要能够传递故事中人物的情绪和作者的态度。创作者通常会通过艺术风格、媒材技法、画面大小、色彩变化、视角框线、时空变化、留白、细节等方式传情达意。

图画书《小蓝和小黄》通过抽象派创作风格，用一蓝一黄两个近乎圆形的抽象色块，诠释了爱与融合的故事；图画书《逃家小兔》用黑白铅笔画技法表达了母子分离时母亲的焦急心情，用彩色水粉画技法表达了母子相遇时母亲的喜悦之心；图画书《野兽国》运用画面大小暗示人物情绪变化；图画书《高空走索人》运用鸟瞰的视角将小读者带入主人公高空走钢丝的惊险之中，让人为之担忧；图画书《世界上最美丽的村子——我的家乡》的最后一页，只有一段文字"这年冬天，巴格曼村被战火侵袭。如今，已经不存在了。"画面的留白与前面生机勃勃的乡村景象形成了强烈的对比，战争的残酷直击人心。

3.高质量的读物有着相辅相成的图文合奏

文字与图画是图画书的两大构成要素。松居直认为,“图+文”的书只是“有插图的书”,只有“图×文”的书才是“图画书”。通常一本高质量的图画书中至少包含三个故事:一个是文字讲述的故事,一个是图画讲述的故事,还有一个是文字与图画相结合而产生的故事。

图画与文字主要呈现以下几种关系:

(1)图文相互补充。

图文相互补充是图文发挥各自优势,相互诠释与呼应,让人物与情节更加丰满。例如图画书《小鱼散步》在第二个画面上最后的一行文字是:“然后,跟着影子猫走在屋顶。”如果不看图画,小读者一定会好奇,主人公小鱼怎么能走上屋顶呢?但看了画面就会知道,原来小鱼是走在屋顶的影子上。

> 图画书《耗子大爷在家吗?》讲述的是一只猫与耗子的对话;图画讲述的是猫与耗子的斗智斗勇;图文结合,让小读者看到一只愚蠢的猫自以为聪明地用诚恳礼貌的方式做着恶毒致命的事,而耗子们一方面机智化解一次次的攻击,还以乐观、趣味的方式告诉猫化解的办法。图文结合不仅丰满了这个民间童谣,也将猫与耗子的角色性格生动、形象地对比出来。

(2)图文滑稽比照。

图文滑稽比照是画面描述了一个与文字相反的故事情节,让文字与图画形成一种非常滑稽的比照。

> 图画书《国王生病了》讲述了一个国王想通过运动减肥的故事。故事中的文字讲述了从星期一到星期日国王做各项运动的场景,如星期四,大臣们一起陪国王打棒球。“嗯!这个游戏看起来挺有趣的。再玩一遍,再玩一遍。”国王说。但图中呈现的场景却是大臣们在奋力打球,国王却只是个观众。文字与图画的比照形成了极大的反差,将故事的讽刺与滑稽呈现得淋漓尽致。

(3)图文分别讲述。

图文分别讲述是图画呈现一个故事,文字又呈现另一个故事,看似图与文完全无关,实则有助于构建故事叙述的多面性。

> 图画书《莎莉,离水远一点》讲述的是莎莉和家人去海边游玩的故事。画面的左面是现实,是莎莉爸妈在沙滩休息的场景。画面的右面是莎莉脑海中的一个幻想故事。文字全是莎莉妈妈的各种叮嘱与唠叨,既没有描述现实场景,也没有描述幻想故事。但图文结合却能让小读者深刻感受到莎莉在海边玩耍时的孤独与无奈。

4. 高质量的读物有着用心的版面设计

一本高质量的图画书从设计上也应是艺术品。封面、环衬、扉页、封底、版式、材质、封装等都要与图画书的整体相融合，成为图画书中不可或缺的一部分。

> 图画书《隧道》的前环衬与后环衬的画面背景是一样的——左边是花卉图案的墙纸，右边是红色的砖墙，分别象征了妹妹与哥哥。前环衬的花卉墙纸下放着一本童话书，而后环衬中，这本童话书跑到了红砖墙的下边，与一个足球靠到了一起。这正是用隐喻的方式表达了这本书最深层次的含义——和解。

每本优秀图画书创作的背后都有一段有趣的故事。从这些故事中我们可以看到创作者的艰辛与用心。每个读者在阅读时，是能和作者的用心相互交融，产生共鸣，并为每本图画书赋予新的诠释。

步骤二：匹配适合幼儿年龄段的读物

根据不同年龄段幼儿阅读核心经验，我们将适合不同年龄段幼儿的读物特征梳理如下，供大家选择幼儿读物时参考。

表 8.1 不同年龄段幼儿读物特征表

年龄班	读物特征	范例
小班	•结构松散，或有较明显的重复性结构，或有看得见的牵引线，图间关联性不高，仅在2—3页间建立关联。 •主角单一，有明显的与情节相符的动作与表情，情绪色彩明显；配角仅与主角有较多互动，配角间互动较少。 •画面信息量较少，背景简单，线索单一，关键细节突出，信息明确，表现方式较具象，没有无关细节。 •图文关系一致。 •主题浅显易懂，有一定的故事情节，故事线简单明了，有一定的中心含义，且与生活经验关系紧密。	《饺子和汤圆》《腊月歌》《总有一个吃包子的理由》《从前有座山》

续表

年龄班	读物特征	范例
中班	•有较明显的重复性结构,具有一定的逻辑主线,且主线有一定的递进性。 •部分绘本没有重复性结构,但情节较简单,内在逻辑性不强,图间有一定的关联性,可能5页内有核心主题的关联。 •有1页多幅小图叙事。 •绘本主角有1—2位,主角动作、表情、姿态明显,能从图片中了解角色的心理活动、行动路径与方向;主、配角间的互动较多,且互动更多元。 •故事线索较复杂,有一些不太明显的关键细节,也有一些无关细节;背景较为复杂,背景中有关键信息,也有无关信息。 •画面信息较丰富,创作手法更多元,表现方式更抽象或更写实,部分画面信息较隐晦,画面中有一定的符号信息。 •图文关系基本一致,但不完整。 •部分故事主题脱离幼儿生活经验,也有与生活经验联系紧密的百科类读物。 •有一定的含义,部分内容可与生活经验关系较远。 •绘本内容具有较大的开放性,或有较多的简易创编空间。	《哼将军和哈将军》《姥姥的布头儿魔法》《耗子大爷在家吗?》《小年兽》《猫奶奶的眼镜》
大班	•结构多元,有较强的内在逻辑。 •图间关联性强,但不一定有明显的顺序;或图间关联性不强,有较大想象空间。 •有1页多幅小图叙事。 •主角人数不定,且主、配角间互动多元。 •人物情绪色彩不明显,但能从人物动作、表情、姿态中推测人物角色的心理活动、情绪感受,以及行动路径与方向。 •绘本线索复杂,关键细节不明显,且有大量无关细节;背景复杂,出现两个或更多平行视觉故事,形成多个主线。 •画面信息丰富,创作手法更多元,表现方式更抽象或更写实,部分画面信息较隐晦,画面中有大量符号信息。 •图文关系可能不一致。 •故事主题多元,不受幼儿生活经验限制。 •有较隐晦的中心含义,甚至有可以讨论的哲学问题,出现可辩论的主题或话语本身带有一定的议论文式。 •绘本内容开放,有较大的自主创作机会。	《荷花镇的早市》《牙齿,牙齿,扔屋顶》《新房子》《茶马古道:远山牛铃声,远山马铃响》《一园青菜成了精》《清明进城去》

三、任务表单

请从中国原创绘本资源库中为不同年龄段幼儿各挑选一本适宜的幼儿读物，并说明理由。

任务表单8.1

幼儿读物分析表

年龄段	幼儿读物	说明理由
小班		
中班		
大班		

四、任务评价与改进

1. 请你对任务一的完成情况进行自我评价。

学习任务	合格	良好	优秀
分析与识别高质量幼儿读物。	□能初步辨别高质量幼儿读物，但无法全面说明理由。	□能准确辨别高质量幼儿读物，且能较为全面说明理由。	□能准确辨别高质量幼儿读物，并能准确全面说明理由。

2. 针对任务一，你觉得自己还有哪些需要改进的地方？

存在问题：________________________________

产生原因：________________________________

____

解决办法：________________________________

____

任务二

观摩、评析与调整幼儿园早期阅读活动

一、任务导入与学习目标

观摩、评析与调整一个幼儿园较为成熟的早期阅读活动，能帮助大家快速了解早期阅读活动，少走弯路错路。本任务将为大家提供幼儿园早期阅读活动的基本特征、目标、内容与组织实施的基本步骤，协助大家达成以下学习目标：

1. 积极发现他人教学之长处，敢于提出个人不同想法，做到客观公正地开展评课、议课活动。

2. 掌握幼儿园早期阅读活动的基本特征、目标、内容与组织实施的基本步骤。

3. 能结合幼儿园早期阅读活动的基本特征、目标、内容与组织实施的基本步骤，观摩、评析与调整范例活动。

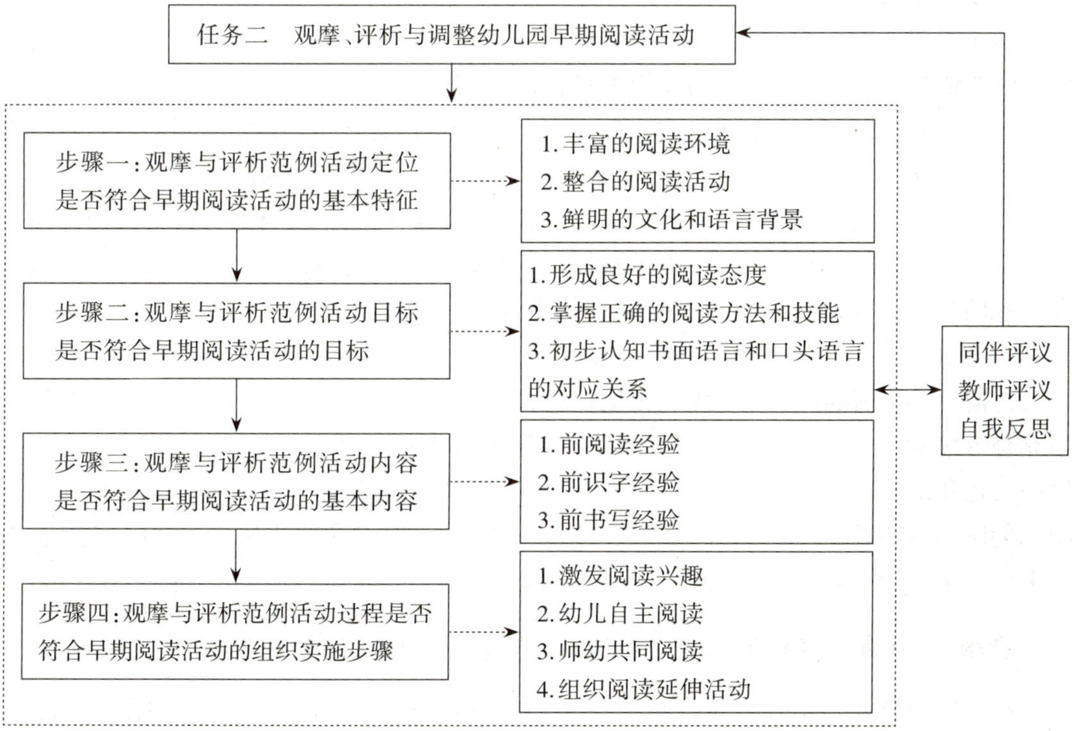

图 8.2　任务二学习流程图

二、任务步骤与关联知识

步骤一：观摩与评析范例活动定位是否符合幼儿园早期阅读活动的基本特征

幼儿园早期阅读活动应具有以下基本特点：

1.创设丰富的阅读环境

创设丰富的早期阅读环境是开展早期阅读活动的基础。一个高质量的早期阅读环境通常包括精神环境与物理环境两个方面。

（1）精神环境。

精神环境是指教师为幼儿创设的宽松自由的阅读氛围，如对幼儿的阅读行为表示关注、欣赏与支持；鼓励幼儿与图书、文字、符号等互动；积极为幼儿的阅读提供指导与帮助等。这将有助于幼儿全身心投入阅读活动中，体验阅读乐趣。

（2）物理环境。

幼儿园阅读环境照

物理环境是指教师为幼儿提供的阅读时间、阅读环境与阅读材料等。首先，应为幼儿提供充足的阅读时间，鼓励幼儿充分利用晨间活动、餐前活动、离园等一日生活各环节，开展阅读活动，培养良好的阅读习惯。其次，应为幼儿提供适宜的阅读环境，包括图书馆、公共阅读区、室内阅读角等。阅读场所要求光线充足、安静舒适；同时要根据幼儿阅读需求配置相应的地垫、沙发、桌椅、书架等。最后，应为幼儿提供丰富的阅读材料，包括种类丰富、数量充足、优质适宜的图画书以及各类可阅读的其他材料，如地图、各类标记符号、广告宣传等。此外，还可以鼓励幼儿自创图书、书写生活日记等，使之成为自制阅读材料。

2.提倡整合的阅读活动

早期阅读活动不是一种纯粹的书面语言学习活动，而是书面语言学习与其他学习有效结合的整合性学习活动。这种整合主要体现在三个方面：

一是，书面语言与口头语言的整合，即在阅读图画、文字、符号等书面语言的同时，通过沟通交流、讲述分享等丰富口头语言经验。

二是，语言学习与其他学习内容的整合，让幼儿在阅读中丰富自然与社会认知经验。

三是，静态学习与动态学习方式的整合，让安静的自主阅读与多元的理解表征相结合，通过创造性戏剧表演、创意书写、创编故事等丰富学习方式。

3.具有鲜明的文化和语言背景

任何一种语言，都有其独特的文化背景，书面语言尤其如此。在早期阅读活动中，应当充分考虑幼儿母语特性及其文化特色，充分利用中国原创绘本，帮助幼儿认识、学习母语的文化和语言背景。教育部于2021年组织专家，精心遴选出347种幼儿图画书，其中中国原创图画书占比78%。这批中国原创图画书能很好地引导幼儿从小欣赏中国文学、感知中华文化，培养其爱国主义情感，是幼儿园开展早期阅读活动的重要素材。

教育部推荐3—6岁幼儿阅读清单

步骤二：观摩与评析范例活动目标是否符合早期阅读活动的目标

幼儿园早期阅读活动着重从情感态度、能力和认知三个方面培养幼儿书面语言的学习经验。

1. 情感态度目标：形成良好的阅读态度

要让幼儿掌握书面语言，首要任务就是激发幼儿浓厚的阅读兴趣，产生积极主动“接近”书面语言的愿望。在这过程中，要着力帮助幼儿获得两种基本的阅读态度。

（1）热爱阅读，养成良好的阅读习惯。书籍是书面语言的主要载体，也是人类智慧的结晶。培养幼儿浓厚的阅读兴趣是早期阅读活动的首要目标。在早期阅读活动中，幼儿有机会大量接触各类图画书，在阅读中理解故事内容、体验丰富的情绪感受，并和老师、同伴一起分享阅读心得，培养热爱书籍的情感态度。同时，通过成人引导，幼儿还可以进一步学会爱护图书，建立良好的阅读习惯，形成自觉的阅读倾向。

（2）喜欢观察各种符号，对文字有好奇感和探索愿望。文字是符号体系中含义最丰富、信息容量最大的符号。早期阅读活动的目标之一就是要激发幼儿对各种符号的敏感性，并引起他们探索感知文字符号的积极性。幼儿生活中的符号多种多样，如手势语、标志符号等，适当的引导可激发幼儿探索文字的兴趣，从而帮助他们建立乐意学习文字的态度。

2. 能力目标：掌握正确的阅读方法和技能

早期阅读活动的目标不是单纯地教幼儿识得那些具体的字词，而是使幼儿掌握阅读的方法，具备阅读的能力，从而为进入小学后的学习打下坚实的基础。幼儿应当掌握的早期阅读技能大致包括基本的图书翻阅与整理技能、预测与理解阅读内容的技能、表达与评判的技能等。

（1）图书翻阅与整理技能。

图书翻阅与整理技能主要包括拿书、翻阅的规则；不撕书、不乱扔书；能根据图画书的封面或标记初步学习整理图画书；能迅速找到成人提到的页面，阅读时会指着图画书的画面等。

（2）预测与理解阅读内容的技能。

预测与理解阅读内容的技能主要包括获得预期、比较、验证、假设等阅读策略。如通过封面阅读，能猜测图画书中的主角或主要人物，并猜想故事情节；会有意识地对图画书的画面信息进行比较，如主角表情的变化、画面色彩的变化、相关物体形态的变化，来深入理解图画书的内容；会通过观察图画书中主角或主要人物的动作、表情、姿态来验证文字所传递的信息或自己的猜想；在阅读图画书后，会以“如果……那就……”对图画书情节做出不同发展方向的猜想、假设。

（3）表达与评判的技能。

表达与评判的技能主要是幼儿在阅读一本图画书之后，能较完整、准确地叙述图画书的内容；初步结合自己的阅读和生活经验，通过多种方式表达自己对图画书的理解，并能在生活中运用从图画书阅读中获得的经验；还能对图画书中的人物、主旨形成自己的看法，进行独立的判断和思考。

早期阅读活动目标范例

3. 认知目标：初步认知书面语言和口头语言的对应关系

书面语言和口头语言是人类语言的两大形式，也是两种语言符号类型。为使幼儿更好地学习口语，并为小学阶段集中学习书面语言做好准备，在学前期有必要帮助幼儿理解书面语言和口头语言的对应关系。幼儿应获得以下基本认知：

一是，懂得书面语言和口头语言一样，都可以储存信息，只是书面语言用文字的方式记录储存，具有可视的特点。

二是，懂得书面语言与口头语言都可以用来表达人们的思想，只是两者的呈现方式不同。

三是，懂得书面语言与口头语言都是人们交际的工具，只是交际的方式不同。

上述三类目标统一在早期阅读活动的整体目标之中，各个目标之间不是独立的，它们相互联系、相互补充。在具体的早期阅读活动中，教师要根据幼儿身心发展的特点和需要进行适当的调整和整合。

步骤三：观摩与评析范例活动内容是否符合早期阅读活动的基本内容

根据《指南》精神，早期阅读活动的内容主要包括三个方面：前阅读经验、前识字经验与前书写经验。之所以加"前"字，是为了强调这些经验与小学的正式书面语言学习有着根本区别。

1. 前阅读经验

前阅读经验是利用图书、绘画和其他多种方式，引发幼儿对书籍、阅读的兴趣，培养前阅读技能，主要包括以下三个方面：

一是，良好阅读习惯和行为的养成，包括图画书概念的获得、良好阅读习惯的养成以及阅读行为的获得。

前阅读活动资源

二是，对阅读内容的理解和阅读策略的形成。对阅读内容的理解，如对主角形象的感知、对主角行动和主角状态的理解、对图画书从单个画面到整本图画书情节的理解；同时初步形成预期、假设、比较、验证等理解图画书的阅读策略。

三是，阅读内容的表达与评判，包括对阅读内容的叙述、表达与迁移，以及评判性思维的形成。

2. 前识字经验

前识字经验是对图书和生活情境中的标识、文字、符号感兴趣，知道它们表示一定的意义，能理解图书上的文字是和画面对应的，是用来表达画面意义的，主要包括以下三个方面：

一是，符号和文字功能意识，包括知道文字与符号能够表达一定的意义，知道文字有记录作用，能够将口头语言或意义记录下来，理解文字与符号跟口头语言之间的对应关系。

前识字活动资源

二是，符号和文字形式意识，包括知道文字与图画以及其他视觉符号是有区别的，知道汉字是方块字，由部件构成。

三是，符号和文字规则意识，包括知道文字阅读要从左到右、从上到下，文字间有间隔，了解汉字的组成规律，利用"情景线索、语法线索、部件线索"等汉字集成规律推测新字含义等。

3. 前书写经验

前书写经验是幼儿在未接受正式的书写教育之前，根据环境中习得的书面语言知识，通过涂鸦、像字非字的符号、接近正确的字等形式进行的书写，主要包括以下三个方面：

一是，建立书写行为习惯，主要指幼儿能够涂画、模仿与书面文字相关的符号，这些符号不仅指简单的汉字字形，还包括简单的笔画、图形等。

前书写活动资源

二是，感知理解汉字结构，如知道汉字呈现独特的方块字外形、一字一音的对应关系、字间有一定的间隔、大小趋于统一等。

三是，学习创意书写表达，能够创新地尝试使用一些新颖的方法表达自己的意思，能说出这些图形代表的意义，甚至将某些固定的替代方式记下来，重复使用，形成自己独特的表达策略。

步骤四：观察与评析范例活动过程是否符合早期阅读活动的组织实施步骤

一般来说，可将早期阅读活动分为四个步骤进行设计与指导。

1. 激发阅读兴趣

兴趣是幼儿持续阅读的源泉。在开展早期阅读活动的伊始，要通过有效策略，吸引幼儿注意，引发幼儿阅读兴趣。教师可以参考的策略包括：

(1)利用以往阅读过的图画书导入，引发对相同主角不同故事的兴趣。套册类的图画书，如大卫系列、鼠小弟系列、12只老鼠系列等，均可采用此方法。

(2)利用幼儿生活经验或热点话题导入，引起幼儿对主题的关注。如结合我国载人飞船的成功发射，共读《飞船升空了》等。

(3)通过让幼儿观察图画书的封面，引导幼儿猜测故事主角与主要情节，引发幼儿对故事内容的猜想。

2. 幼儿自主阅读

在阅读活动开始之前，教师要为幼儿创造一个宽松自主的独立阅读环境，提出一些具有启发性的问题，让幼儿带着问题阅读。通过幼儿对这些问题的回答，教师也能了解到幼儿对图书的理解程度，为下一步活动开展提供依据。

在指导幼儿自主阅读时，教师的指导要体现在以下两方面：

一是，提出阅读要求，如小声阅读、爱护图书、良好阅读姿势、按顺序阅读等，让幼儿养成安静、完整的阅读习惯。

二是，要注意仔细观察每个幼儿的表现，在充分了解幼儿阅读情况的基础上，进行有针对性的个别指导。如对阅读速度较快的幼儿，教师要鼓励他们反复阅读图画书中的细节部分，深入了解故事情节的发展脉络，以便更好地理解故事内容。而对阅读速度较慢的幼儿，教师要给予适当的提示，唤醒幼儿已有的阅读经验，帮助幼儿更好地理解故事内容。

3. 师幼共同阅读

幼儿自主阅读能帮助幼儿初步理解图画书，但可能有些幼儿仅产生了对这本书的兴趣，有些幼儿可能只能理解单幅图的内容，并没有对图画书形成完整认知。师幼共同阅读环节就是围绕图画书特性与阅读目标，通过多样的师幼共读方法，帮助幼儿准确、深入理解图画书内容，并获得阅读核心经验。这是早期阅读活动的重要环节。

师幼共同阅读不是按顺序、同比重的完整阅读，而是要找出图画书中的关键页，开展关键页阅读。关键页主要包括以下四类：

（1）阅读核心经验发展的示范页。大部分图画书的主体情节是按照相似故事结构展开，教师可以针对某一页与幼儿开展集中阅读，帮助幼儿学习阅读该画面所需要的方法和策略，并引导幼儿利用这些方法和策略去理解其他页面，从而获得自主阅读图画书的能力。

在阅读《好饿的小蛇》时，可以引导幼儿重点观察小蛇遇到苹果和吃下苹果时的身形变化，掌握通过食物外形特征猜测小蛇吃下食物后的身形特征。当幼儿掌握了这种猜测方法，不仅可以独立完成此书阅读，还能利用这个创作规律，进行故事仿编。

（2）图画书内容理解的重点页。故事类图画书的情节一般会经过起承转合的发展过程，而高潮部分往往是故事的转折，体现这种情节转折内容的页面就是图画书内容理解的重点页。对这类画面的理解能帮助幼儿形成完整的故事情节，激发幼儿探索故事结局，也有助于幼儿理解故事的深层含义。

在阅读《一园青菜成了精》时，可以让幼儿找一找：哪队赢了？它们是怎么赢的？虽然图画书中有很多打斗场景，也有暂时败下阵的情节，但“歪嘴葫芦放大炮，轰隆隆隆三声响”是这场战争的转折点，也是最终萝卜队胜利的制胜招。如果幼儿找到此页，并理解了此页与全文的关系，也就理解了全书的故事结构，从而形成对此书的完整认知。

（3）幼儿在阅读理解中遇到的难点页。有些图画书画面信息比较复杂，幼儿无法通过阅读画面信息理解故事情节，这类画面就是幼儿在阅读理解过程中遇到的难点页。受幼儿自身阅读理解能力与阅读经验影响，可能不同幼儿的难点页也不同。因此，教师可以鼓励幼儿标出自己看不懂的页面，进行集体阅读。阅读时，教师要思考此页可能的难点在哪里，通过提问的方式协助幼儿解决难点，理解画面内容。

在阅读《我上小学了》时，不少幼儿看不懂辨认校长的页面，主要的难点在于大量的信息是通过文字表达出来的。因此，教师可以先念书中的叙述性文字：“这里只有一个是真正的校长，其他的都是假冒的。猜猜哪个是真的？”请幼儿根据四幅图中校长的外形特征进行初步判断。接着，教师再依次念各位校长说的话，判断哪句更像是真正的校长会说的，帮助幼儿理解画面信息。

(4)幼儿在阅读过程中的兴趣页。幼儿在阅读的过程中会因为自己的知识经验、认知水平、兴趣爱好,而偏爱图画书的某一页。对这些画面的集中阅读,能让幼儿充分表达对图画书内容的理解,分享个人想法。

在阅读《大卫不可以》时,可以让幼儿说一说自己最喜欢哪一页,或是说一说觉得哪一页最有趣,并分享自己喜欢的原因或是觉得有趣的地方。

以上四类页面有可能是同一页,也可能是不同页。教师要根据图画书特性、活动目标与幼儿阅读需要进行重点阅读,不需要面面俱到。

在利用关键页开展师生共读时,教师可采用以下方法组织教学。

(1)独立阅读,唤醒旧经验。

教师可提前将绘本推荐给家长进行亲子阅读,或投放至班级阅读区,或利用集中教学活动前十分钟,鼓励幼儿运用所学的自主阅读策略开展自主阅读,获取对阅读材料初步的感知。同时,鼓励幼儿寻找"兴趣页""难点页",为教师在集中教学活动中突破重难点提供依据。

在早期阅读活动《漏》中,教师首先通过亲子阅读和阅读区自主阅读的方式,请幼儿找出自己觉得最有趣的页面(兴趣页)与自己看不懂的页面(难点页),鼓励幼儿在阅读中运用猜测、对比等阅读策略,大胆质疑,分享阅读经验与感受。从幼儿的兴趣页中,教师发现很多幼儿对小偷和老虎为什么会一次次惊慌逃窜的情节很感兴趣;同时,从难点页中,教师发现很多幼儿并不能准确理解角色间、角色与漏间的内在关联,基于幼儿的阅读经验和问题,才组织开展了这次集中阅读活动。

(2)集体共读,获取新经验。

教师在集中教学活动中,应重点围绕教学目标,通过共读"示范页"与"重点页",突破重难点,实现教学目标。

在早期阅读活动《漏》中,教师通过示范阅读第一次把对方当作"漏"的情节,帮助幼儿掌握"从猜测、推理中逐渐厘清故事情节"的活动目标,并通过图表关键页记录、关键信息放大、递进式追问("老虎和小偷把谁当作漏?""什么情况下把对方当作漏?""为什么把对方当作漏?")等方式突破活动的重点——"细致观察绘本的关键信息,理解老虎和小偷一次次把对方当作'漏'的情节"。本次活动的难点为"感受体验绘本滑稽搞笑的情节",活动中教师运用自身富有感染力的表演,演绎重点页,让幼儿在沉浸式体验中感受故事角色的情绪变化,从而感悟图画书背后的精神内涵。

(3)完整欣赏,归纳故事情节。

关键页阅读是依据幼儿阅读需要与活动目标,选取部分页面进行重点阅读,教师可以通过让幼儿完整欣赏图画书和归纳图画书内容,帮助幼儿获取对图画书的完整感知。归纳图画书内容的主要方式包括：

①一句话归纳法。一句话归纳法要求幼儿用一句话将图书的主要内容归纳出来。如在大班阅读活动《小白兔上公园》中，有的幼儿这样归纳："这本图书讲的是一只小白兔和它的朋友们上公园时爱护环境、不乱扔东西的故事。"

②一段话归纳法。一段话归纳法要求幼儿用一段话将故事的主要内容归纳出来。如在中班阅读活动《小鸡和小鸭》中，幼儿这样归纳："有一天，小鸡和小鸭去河边玩，小鸡一不小心掉进河里，小鸭将小鸡救了上来。中午时它们的肚子饿了，小鸡说：'小鸭，我来帮你找食物吧。'小鸡用自己尖尖的嘴叼起一条小虫喂给小鸭吃。小鸡和小鸭真是一对好朋友。"

③题目归纳法。题目归纳法要求幼儿用简练的词或短句给图画书起个名字。如在给图画书《小鸡和小鸭》起名字时，有的幼儿想出了"好朋友"的题目，有的幼儿想出的题目是"帮忙"等。

上述三种归纳方法难度不同，适合于不同年龄段的幼儿使用。"一句话归纳法"和"题目归纳法"，要求幼儿在理解图画书的基础上，用简短的语句正确地对图画书主要内容加以概括。而且，归纳图画书题目还要求幼儿具有丰富的想象力和一定的思维创造能力，对幼儿要求较高，一般适合于中班后期幼儿及更大一些的幼儿使用。而"一段话归纳法"，仅要求幼儿将图画书的主要内容讲述出来，相对而言，难度不高，适合于小班后期和中班前期的幼儿使用。

4.组织阅读延伸活动

对幼儿前阅读、前识字、前书写能力的培养并不是通过一次活动就能完成的，而是一个循序渐进、逐步积累、稳步提升的过程。因此，教师必须树立长期教育的观念。每个阅读活动结束以后，可以组织与阅读活动相关的延伸活动，让幼儿进一步巩固和迁移早期阅读活动中学习的核心经验。如通过区域活动中的讲故事、表演游戏、仿编创编、朗读活动，以及家园配合的图书制作活动、亲子阅读活动等，延伸早期阅读教育活动的教育功能，持续助力幼儿书面语言发展。

三、任务表单

请结合早期阅读活动的基本特征、目标、内容与组织实施步骤，观摩大班早期阅读活动，分析与举例说明本活动的优点与不足，并提出调整建议。

大班早期阅读活动

任务表单8.2

幼儿园早期阅读活动评析表

活动名称：　　　　　　　　　　　　　评价人：

评价内容	观摩纪录	分析评价	调整建议
活动定位			
活动目标			
活动内容			
活动过程			

幼儿园早期阅读活动实施评分标准

四、任务评价与改进

1. 请你对任务二的完成情况进行自我评价。

学习任务	合格	良好	优秀
观摩、评析与调整幼儿园早期阅读活动。	□能说出活动的优点与不足。	□能准确说出活动的优点与不足，并说明理由。	□能提出适宜的活动调整、改进建议。

2. 针对任务二，你觉得自己还有哪些需要改进的地方？

存在问题：________________

产生原因：________________

____

解决办法：________________

____

任务三

设计幼儿园早期阅读活动

一、任务导入与学习目标

设计一节规范、有效的幼儿园早期阅读活动课是组织实施活动的重要准备工作。本任务将为大家提供幼儿园早期阅读活动设计的基本要点，协助大家达成以下学习目标：

1. 具有中华传统文化的认同感与传承使命感，乐意选择具有中国特色的中国原创绘本。

2. 精益求精，不断优化教学设计，协同创新优化活动设计。

3. 掌握并灵活运用早期阅读活动设计的基本要点。

4. 能综合运用原有的活动设计经验，规范设计有效的早期阅读活动。

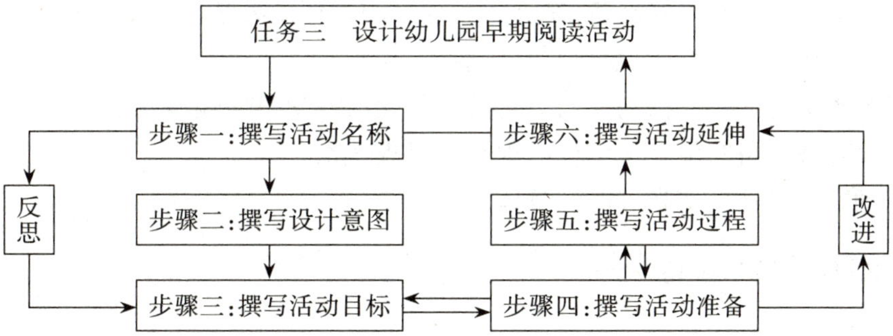

图 8.3　任务三学习流程图

二、任务步骤与关联知识

步骤一：撰写活动名称

基本要求：

（1）活动名称的撰写要清晰明了，简洁规范。

（2）交代清楚活动面向的年龄班、活动类型及活动内容。

步骤二:撰写设计意图

基本要求:

(1)能基于高质量幼儿读物的主要特征与不同年龄段幼儿读物的基本特征,对幼儿读物质量与适宜性进行分析,并说明对幼儿读物的创造性加工和利用。

(2)能结合入园实践班级幼儿的年龄特点、身心发展状况、已有的知识经验,以及幼儿兴趣、行为习惯等对幼儿学习情况进行分析。

(3)能结合《纲要》《指南》等文件精神,对活动设计的理论依据进行分析。

步骤三:撰写活动目标

基本要求:

(1)活动目标要符合幼儿已有的认知发展水平。

(2)活动目标的内容和要求在方向上要与总目标、年龄阶段目标一致。

(3)活动目标要全面,涵盖认知、情感态度与能力三个维度。

(4)活动目标应从幼儿学习成果的角度进行表述。

(5)活动目标表述要具体、准确、可观察、可测量。

(6)活动目标能体现早期阅读活动的学习经验。

步骤四:撰写活动准备

基本要求:

(1)写全物质准备与经验准备,有需要可加入阅读环境准备。

(2)物质准备写清楚名称、数量与具体要求。

(3)经验准备写清幼儿活动前已具备的相关生活或学习经验。

(4)阅读环境准备写清环境创设的内容与呈现效果。

(5)活动准备描述要清晰、准确、具体。

步骤五:撰写活动过程

基本要求:

(1)活动过程要完整,包含导入环节、幼儿自主阅读环节、师生共同阅读环节等,按照活动内在逻辑逐一撰写,不漏项。

(2)活动过程要按环节凝练出层级标题,标题/小标题的撰写要清晰具体,体现教师行为/幼儿行为以及活动目的。

(3)每个环节要撰写清楚教师的关键提问与必要追问。

(4)幼儿自主阅读环节要体现教师的观察要点。

(5)师生共同阅读环节要体现教师的指导要点。

步骤六：撰写活动延伸

基本要求：

（1）活动延伸描述要清晰、准确、具体。

（2）活动延伸内容要与本次活动内容有关。

（3）活动延伸应体现阅读活动整合的特性。

常见问题1：将早期阅读等同于早期识字

早期阅读所指向的不是大量识字，也不是在阅读中学习到多少知识，而是对书面阅读产生兴趣，其目标是让幼儿了解一些有关书面语言的信息，懂得书面语言的重要性，让幼儿享受阅读的过程，获得一些阅读技巧。而早期识字重视的是对字的偏旁、结构、意义的认识，能识字不代表喜欢阅读、会阅读。识字不是学龄前儿童阅读的目标，幼儿要能运用阅读经验理解图画、文字等符号的意义，进而理解图画书内容并保持阅读兴趣。

常见问题2：将早期阅读等同于看图讲述

早期阅读活动不等于看图讲述活动。首先，从选材来看，早期阅读活动的主要阅读材料是图画书；而看图讲述主要围绕2—6幅图开展讲述活动。其次，从教育目标来看，早期阅读活动重在让幼儿理解各个画面之间、图文之间的关系，从而把握图画书的基本结构，理解故事情节；而看图讲述活动侧重于发展幼儿的独白语言，要求幼儿用正式规范的语言完整、连贯地讲述图片内容。

三、任务表单

请依据早期阅读活动设计要点，自选或根据教师要求选定年龄班与阅读材料，设计早期阅读活动。要求：

1. 设计应符合早期阅读活动的核心经验和不同年龄幼儿语言发展特点。
2. 方案结构完整，包含设计意图、活动目标、活动准备、活动过程、活动延伸等内容。
3. 按照活动设计与实施的步骤列出活动过程中每一环节的提问、观察与指导要点。

任务表单8.3

幼儿园早期阅读活动设计表

设计步骤	设计内容	反思改进
活动名称		

续表

设计步骤	设计内容	反思改进
设计意图		
活动目标		
活动准备		
活动过程		
活动延伸		

四、任务评价与改进

1. 请你对任务三的完成情况进行自我评价。

学习任务	合格	良好	优秀
设计幼儿园早期阅读活动。	□能根据阅读活动步骤，完成设计方案。	□设计合理规范，重难点突出、方法得当。	□设计富有创意，方法多元有效。

2. 针对任务三，你觉得自己还有哪些需要改进的地方？

存在问题：________________

产生原因：________________

____

解决办法：________________

____

任务四

组织实施幼儿园早期阅读活动

一、任务导入与学习目标

组织实施一次有效的幼儿园早期阅读活动是本项目的核心任务，也是幼儿园工作岗位的重要教学技能。本任务将为大家提供组织实施幼儿园早期阅读活动的基本要点，协助大家达成以下学习目标：

1. 勇于主动承担入园实践教学任务，坦诚接纳他人的意见与建议，敢于发表个人对活动组织实施的想法。

2. 掌握并灵活运用早期阅读活动组织实施的基本要点。

3. 能综合运用原有的组织实施教学活动经验，有效组织实施早期阅读活动。

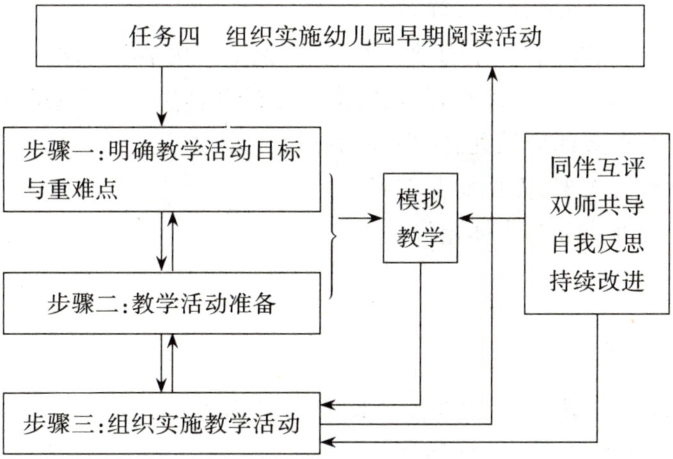

图 8.4　任务四学习流程图

二、任务步骤与关联知识

步骤一：明确教学活动目标与重难点

基本要求：

(1)熟悉本次活动的目标。

(2)明确本次活动的重点，知道将运用哪些教学方法帮助幼儿掌握重点。

(3)明确本次活动的难点，知道将运用哪些教学方法帮助幼儿突破难点。

步骤二：教学活动准备

基本要求：

(1)教具形象生动、直观、有美感，且简洁高效。

(2)能帮助幼儿理解教学内容。

(3)幼儿具备充分的相关学习经验。

步骤三：组织实施教学活动

基本要求：

(1)结构合理，步骤清晰，环节紧凑，衔接自然。

(2)教学重点突出，教学难点处理恰当。

(3)教学组织形式灵活，能根据幼儿反馈，灵活调整教学方案。

(4)教学方法得当有效、灵活多样。

(5)教学突出自主、探究、合作的学习方式，体现多元化学习方法。

(6)提问具有思考性、启发性与开放性，能给予幼儿情感、语言或思维上的支持。

(7)教师能及时有效回应幼儿，实现师幼有效互动。

(8)教师搭建合理支架，支持幼儿学习。

(9)教师关注幼儿兴趣与个体差异。

三、任务表单

请根据你的设计方案，入园组织实施幼儿园早期阅读活动，并结合《幼儿园早期阅读活动实施评价表》，开展自评与他评活动。

任务表单8.4

幼儿园早期阅读活动实施评价表

活动名称：　　　　　　　　　　　　　　　　评分人：

评价内容	评价标准	分值	评分	说明理由
教学目标	1.目标设置明确、具体，可操作性强。 2.符合早期阅读活动的核心经验与幼儿发展需求。	10		
读物选择	1.选用具有高质量图文信息、富有教育含义的适宜幼儿读物。 2.能引发幼儿阅读兴趣，有助于目标达成。	10		
教学准备	1.教具形象生动、直观、有美感，且简洁高效。 2.能帮助幼儿理解教学内容。 3.幼儿具备充分的相关学习经验。	10		
教学过程	1.结构合理，步骤清晰，环节紧凑，衔接自然。 2.教学重点突出，教学难点处理恰当。 3.教学组织形式灵活，能根据幼儿反馈，灵活调整教学方案。 4.教学方法得当有效、灵活多样。 5.教学突出自主、探究、合作的学习方式，体现多元化学习方法。 6.提问具有思考性、启发性与开放性，能给予幼儿情感、语言或思维上的支持。 7.教师能及时有效回应幼儿，实现师幼有效互动。 8.教师搭建合理支架，支持幼儿学习。 9.教师关注幼儿兴趣与个体差异。	40		
教师素质	1.教态自然亲切、仪表举止得体、师幼互动自然。 2.教学语言规范准确、生动简洁。	10		
教学效果	1.幼儿情绪饱满，能主动、积极参与活动。 2.幼儿能完成学习任务，并在原有水平上得到提升。 3.达成教学目标。	10		
教学创新	1.教学过程富有创意，教学方法灵活多样，有突出的特色。 2.能创造性地融入传统文化。 3.紧扣目标，巧妙运用信息技术。	10		
合计		100		

四、任务评价与改进

1.请你对任务四的完成情况进行自我评价。

学习任务	合格	良好	优秀
组织实施幼儿园早期阅读活动。	□能按照设计方案,完成教学活动。	□教态得体,教学语言规范准确,师幼互动自然,教学目标基本达成。	□教态自然亲切,教学语言生动简洁,师幼互动有效,教学目标达成度高。

2.针对任务四,你觉得自己还有哪些需要改进的地方?

存在问题:____________________

产生原因:____________________

____

解决办法:____________________

____

◆ 岗位链接

一、综合应用

大(一)班的小陈老师是一名新老师。有一天,她在幼儿园图书馆里看到了《大卫不可以》这本绘本。她觉得这本绘本很有趣,于是,就利用集中教学活动时间,和大(一)班的孩子们共读了此绘本。

她先利用PPT,和孩子们完整欣赏了这本绘本。欣赏完后,她问:"这本绘本讲了什么故事?"孩子们只能说出2—3个情节。于是,小陈老师和孩子们逐页阅读。每页阅读时,小陈老师都会提以下几个问题:"1.大卫做了什么事? 2.你觉得大卫做得对还是错? 3.如果你是大卫,你会怎么做?"每页阅读后,都要求孩子们用完整、连贯的语言把本页情节讲述一遍。

如果你是小陈老师的指导老师,你会怎样评价她的阅读活动?你会给她提出哪些改进建议?

二、岗位拓展

某儿童书店想请你协助设计一场亲子阅读活动,为家长在家庭中开展亲子阅读提供教学示范。请你尝试完成亲子阅读活动方案设计。

要求:写出活动方案,包括活动的名称、目标、准备和主要环节。

三、创新实践

为了帮助小班新入园幼儿尽快适应集体生活,余老师准备开展"高高兴兴上幼儿园"系列主题活动。请围绕该主题为余老师设计一个早期阅读活动。

要求:写出活动方案,包括活动的名称、目标、准备和主要环节。

【改自2020年下半年全国教师资格证考试真题】

◆ 学习评价

评价指标	具体表现	达成情况
爱国精神	乐于阅读与遴选中国原创绘本，增强对中华传统文化的认同感与传承使命感。	☆ ☆ ☆ ☆ ☆
工匠精神	精益求精，不断打磨教学设计，优化教学实施方案。	☆ ☆ ☆ ☆ ☆
科学精神	1. 能根据幼儿年龄发展特征选择高质量的幼儿读物。 2. 能规范撰写早期阅读活动设计。 3. 能有效组织实施早期阅读活动。	☆ ☆ ☆ ☆ ☆
团队协作	积极参与小组讨论，认真完成各项任务。	☆ ☆ ☆ ☆ ☆
言优善行	1. 积极投入早期阅读活动的教学实践，做到身先示范，勇于担当。 2. 能遵守师范生教师职业规范，做到待人处世诚信友善。	☆ ☆ ☆ ☆ ☆

◆ 学习感悟

在完成这个项目之前，我总觉得日本、美国的绘本画得很好，但这次，在老师的带领下，我阅读了大量的中国原创绘本，这些绘本彻底颠覆了我之前的认知。《一园青菜成了精》用中国水墨画再现了北方童谣中蔬菜打斗的热闹场景；《三十六个字》中象形文字与图画遥相呼应，再现了中国文字的博大精深；《那些年 那座城》将中国改革开放四十年的变化生动再现；“向太空进发！中国载人航天科学绘本”系列图文并茂地展示了我国航天事业的发展；《白衣超人》以小病人的视角展示了我国抗疫英雄们的伟大故事。一本本中国原创绘本，正用中国文化创作属于我们中国孩子自己的故事，这才是中国孩子阅读的宝藏！

◎教师评语：挑选体现中华优秀传统文化和现代生活特色的高质量幼儿读物是我们教师应有的责任！

项目九

创设幼儿早期书面语言学习环境

项目九 教学资源

学习导言

幼儿早期书面语言的学习是幼儿语言发展的重要组成部分，它对幼儿早期阅读能力和早期书写能力的发展起着重要作用。创设良好的幼儿早期书面语言学习环境要为幼儿提供丰富、适宜的低幼读物，经常和幼儿一起看图书、讲故事，丰富其语言表达能力，培养其阅读兴趣和良好的阅读习惯，并在生活情境和阅读活动中引导幼儿自然而然地产生对文字的兴趣，进一步拓展其学习经验。幼儿早期书面语言学习环境无处不在，本项目将重点关注幼儿园班级阅读区环境创设、班级其他区域中的书架创设、幼儿园公共阅读区创设，以及家庭阅读环境创设等。

学习任务与关联知识架构图

- 创设幼儿早期书面语言学习环境
  - 观察分析班级阅读区环境
    - 分析班级阅读区空间物理环境创设
    - 分析班级阅读区阅读规范制订
    - 分析班级阅读区心理环境营造
  - 创设与指导班级阅读区活动
    - 支持幼儿阅读
    - 观察幼儿阅读
    - 参与幼儿阅读
    - 引导幼儿阅读
  - 创设幼儿早期书面语言学习环境
    - 创设幼儿园公共区域阅读环境
    - 创设与指导家庭阅读环境

学习目标

素养目标	1. 积极参与小组讨论，能全身心投入阅读区环境创设与活动指导。 2. 在解决真实问题的过程中，增强岗位认同感责任意识与创新精神。 3. 秉持语言生态圈理念，积极为幼儿早期书面语言学习与发展的相关利益群体提供科学、有效的教育支持。
知识目标	1. 掌握幼儿园阅读区环境创设与指导要点。 2. 了解幼儿园公共区域阅读环境与家庭阅读环境创设与指导要点。
能力目标	1. 能实事求是观察与分析幼儿园阅读区环境创设存在的问题。 2. 能依据问题，优化创设与指导幼儿园阅读区学习活动。 3. 能有针对性地为幼儿园公共区域阅读环境与家庭阅读环境创设提供可行的实施方案。

政策导学

序号	文件	政策要点速览	对应任务	融合育人
1	《中国儿童发展纲要（2021—2030）》	•加强亲子阅读指导，培养儿童良好阅读习惯。分年龄段推荐优秀儿童书目，完善儿童社区阅读场所和功能，鼓励社区图书室设立亲子阅读区。	任务三	课岗融通
2	《3—6岁儿童学习与发展指南》	•为幼儿提供丰富、适宜的低幼读物，经常和幼儿一起看图书、讲故事，培养阅读兴趣和良好的阅读习惯。 •在生活情境和阅读活动中引导幼儿自然而然地产生对文字的兴趣。	任务一 任务二 任务三	
3	《幼儿园教育指导纲要（试读）》	•培养幼儿对生活中常见的简单标记和文字符号的兴趣。 •利用图书、绘画和其他多种方式，引发幼儿对书籍、阅读和书写的兴趣，培养前阅读和前书写技能。	任务一 任务二 任务三	
4	《幼儿园保育教育质量评估指南》	•重视幼儿通过绘画、讲述等方式对自己经历过的游戏、阅读图画书、观察等活动进行表达表征，教师能一对一倾听并真实记录幼儿的想法和体验。	任务二 任务三	
5	《幼儿园教师专业标准（试行）》	•创设有助于促进幼儿成长、学习、游戏的教育环境。 •合理利用资源，为幼儿提供和制作适合的玩教具和学习材料，引发和支持幼儿的主动活动。	任务一 任务二	
6	《学前教育专业师范生教师职业能力标准（试行）》	•能够创设安全、适宜、全面，有助于促进幼儿成长、学习、游戏的物质环境，合理利用资源，为幼儿提供和制作适合的玩教具和学习材料。	任务二 任务三	课证融通
7	《中小学和幼儿园教师资格考试标准（试行）》	•熟悉幼儿园环境创设的原则与基本方法。 •理解教师的态度、言行对幼儿园心理环境形成的重要性，并能进行自我调控。 •了解幼儿园常见活动区的功能，能根据幼儿的需要创设相应的活动区。 •理解协调家庭、社区等各种教育力量的重要性，了解与家长沟通与交流的基本方法。	任务一 任务二 任务三	

任务一

观察分析班级阅读区环境

一、任务导入与学习目标

阅读区是指社会、家庭、幼儿园为幼儿开展阅读活动准备的阅读区域，包括班级阅读区、家庭阅读角、幼儿园图书馆、社会公共阅读场所等。班级阅读区主要是指教师根据语言教育目标与幼儿发展需要，在班级活动室内，有目标、有计划地为幼儿提供适宜优质的幼儿读物，创设良好的阅读环境，培养幼儿阅读兴趣，提升幼儿自主阅读能力和早期读写技能，促进幼儿语言、认知和社会性不断发展的专门区域。本任务将从空间物理环境创设、阅读规范制订、心理环境营造等三方面，协助大家达成以下学习目标：

1. 敢于在小组讨论中表达个人见解，勇于客观、公正地面对真实问题。
2. 能实事求是观察与分析幼儿园阅读区环境创设中存在的问题。
3. 掌握幼儿园阅读区环境创设要点。

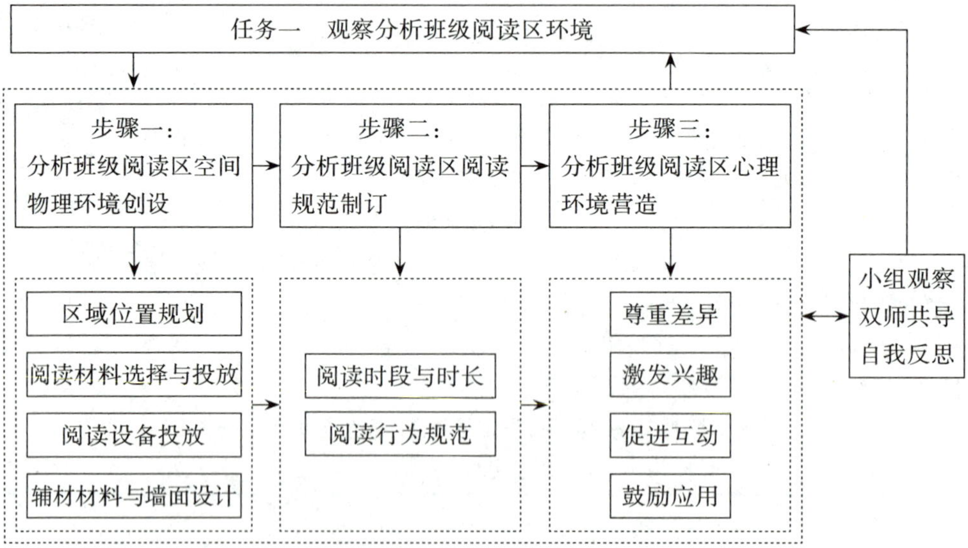

图9.1　任务一学习流程图

二、任务步骤与关联知识

步骤一：分析班级阅读区空间物理环境创设

阅读区空间物理环境创设是指通过对阅读区空间位置、面积大小、安静与采光程度、阅读材料、阅读设备、墙面设计等的规划与创设，达到提升阅读区阅读质量的目的。《指南》中指出，要"为幼儿提供良好的阅读环境和条件，如提供一定数量、符合幼儿年龄特点、富有童趣的图画书；提供相对安静的地方，尽量减少干扰，保证幼儿自主阅读"。良好的阅读区空间物理环境创设直接影响幼儿的阅读兴趣。

1. 区域位置规划

（1）空间位置规划。

阅读区是相对安静的活动区，一般设置在远离门口、过道和较为热闹活动区（如器乐表演区、角色扮演区等）的位置，一般会与美工区、益智区相邻，既满足安静阅读需求，又有助于幼儿将阅读经验进行区域间的迁移。为确保阅读区有充足、适宜的照明条件，一般会把阅读区安置在自然采光较好的位置，如靠户外墙体的窗户旁边。

（2）空间面积规划。

阅读区面积一般在9—12 m^2为宜，应最少可容纳4—6名以上幼儿同时在区域内阅读。考虑到不同年龄段幼儿的阅读需求不同，区域内还需要放置沙发、地垫、桌椅、书架、书柜等物件。因此，阅读区面积根据年龄段与幼儿需求的不同，有所差异。根据《幼儿园评估量表》，为保证每位幼儿拥有足够的活动空间，应保证人均不少于2.5 m^2。

班级阅读区环境创设

2. 阅读材料选择与投放

（1）种类丰富。幼儿可阅读的材料不仅是图画书，在教师的有效利用下，地图、各类标识、包装盒、产品图册、宣传册等都可以成为幼儿早期阅读的材料。为培养幼儿更广泛的阅读兴趣，在选择图画书时，也应兼顾故事类、科普类、诗歌类等不同体裁的图画书；绘画类、手工类、摄影类等不同艺术呈现方式的图画书；平装、精装、立体、异形等不同制作风格的图画书等。

> **常见问题1：阅读材料的投放缺乏科学性与多样化**
>
> 以图画书为核心的阅读材料是阅读区活动有效开展的基础与重要保障。但不少幼儿园阅读区的阅读材料是以幼儿自行带来的图画书为主，具有明显的随机性，并未依据幼儿阅读发展水平与阅读兴趣进行合理挑选与投放。大部分教师并不清楚哪些图画书适合哪个年龄段幼儿，对家长挑选的图画书也缺少必要的指导，导致大量不适宜的图画书出现在阅读区中。同时，图画书更换频率低，破损严重，也大大降低了幼儿阅读的兴趣。
>
> 此外，幼儿可阅读的材料不仅是图画书，地图、广告宣传页、幼儿书写作品等也都是值得投放的阅读材料。但目前阅读区中还是以图画书为主，阅读材料不够丰富，也不够多元。

(2)富有教育意义。幼儿园配备的图画书应符合幼儿年龄特点和认知水平,注重体现中华优秀传统文化和现代生活特色,富有教育意义。幼儿园不得使用幼儿教材和境外课程,防止存在意识形态问题和宗教渗透等的图画书进入幼儿园。

(3)富有童趣。图画书的选择是多元而广泛的,不论是直接反映幼儿周围的社会生活,还是远离幼儿的生活经验,只要作品符合幼儿心理发展特点,能唤起幼儿生活经验,幼儿能产生情感共鸣,就能让他们在阅读中体会故事的精彩,产生个人想法与表达意愿。

(4)适度投放。一般阅读区投放的图画书书量为人均数量不少于10册,每班复本量不超过5册。教师要根据幼儿阅读兴趣与需要、班级主题变化、教学目标推进等,及时调整,定期更新。避免出现一次投放太多新书,一学期不变更书单等情况。

常见问题2:阅读区与班级活动计划脱节,无法发挥图画书的工具性

不少幼儿园从开学初投放一批图画书后,就停止了阅读区的建设工作,导致阅读区与班级活动计划脱节。幼儿无法在阅读区获得间接经验的支持,图画书拓展幼儿相关经验的工具作用无法发挥。同时,班级活动也无法为阅读区导流,这也是阅读区一直"热"不起来的主要原因。

(5)分类摆放。培养幼儿分类整理图画书是早期阅读习惯养成的重要组成部分。教师可以与幼儿讨论图画书的分类方式,并以商讨好的标识方式将图画书分类摆放。通常,图画书摆放有平铺式、叠罗汉式以及书脊朝外式。一般重点阅读书籍会平铺在书架最醒目处,以引发幼儿阅读兴趣;相同书籍会叠罗汉式摆放,方便同书共读;已多次阅读或非重点阅读书籍可以书脊朝外方式摆放,既能节约书架空间,又有助于幼儿分类查找。

常见问题3:阅读材料陈列方式单一,缺少辅助阅读材料

多数教师在摆放图画书时,缺少分类摆放与重点陈列意识。不会将图画书分类看作有意义的幼儿探究活动来加以利用;更不会利用不同的陈列方式,隐性引导幼儿有目的阅读。

此外,"如何运用辅助材料支持幼儿自主阅读能力提升"一直是教师困惑的难题。当教师无法一对一地进入阅读区指导幼儿开展自主阅读时,辅助材料所扮演的支持角色就很重要了。但是,教师在投放图画书时,并未同时投放支持幼儿自主阅读的辅助材料,导致幼儿不会读、读不懂、不爱读等问题,这都会影响幼儿阅读的兴趣与信心。

3.阅读设备投放

阅读设备主要包括书架、书柜、桌椅、地垫等方便幼儿阅读与收纳的物件。阅读区中书架与书柜的高度要适合幼儿的身高,方便幼儿取放。同时,可以用色彩鲜明的图案来装饰,引发幼儿阅读的兴趣。为培养幼儿分类整理图画书的能力,教师可以引导幼儿一起制作书签、书的编号等,根据类型放置或采用不同颜色或数字来区分。

座椅的选择应充分考虑不同年龄段幼儿的阅读需要。小班幼儿更依赖与成人、同伴

共读，因此可以选择地垫、坐垫和靠垫等自由度更高的座椅；中班幼儿开始对创意书写表达感兴趣，因此建议提供1—2张可拼合的书桌和椅子，同时配有沙发，提供多种阅读场景；到了大班，幼儿进入了独立阅读与前书写阶段，因此应投放适合阅读的桌椅。

4. 辅助材料与墙面设计

阅读区还可以准备可供幼儿自制图书或书写练习的纸笔，以及用于修补图书的工具，为幼儿延伸阅读经验提供可能性。同时，在墙面环境中，可以张贴阅读区规则、读书计划、自制图书、阅读笔记、图书结构介绍、好书推荐、阅读打卡、主题书单、汉字展示页等，进一步丰富幼儿阅读与书写经验。

步骤二：分析班级阅读区阅读规范制订

阅读区的规范是幼儿在阅读区中的行为准则，一般包括入区时间、入区方式、人数限制、取阅图书数量、阅读行为要求等。阅读区规范一般由师幼共同讨论制订，并由幼儿以图文并茂的方式呈现出来。

1. 阅读时段与时长

幼儿进入阅读区开展自主阅读的时间主要包括：晨间活动、餐点前后、区域活动、离园前等。每次阅读时长可以依据幼儿年龄增长而增加，例如小班10—15分钟，中班15—20分钟，大班20—30分钟。教师可以根据一日安排灵活调整阅读时段与时长，但当幼儿正在专注阅读时，尽量做到不打断，可以提醒幼儿在读完此书后，参加班级活动。

2. 阅读行为规范

阅读区的行为规范主要包括：

（1）入区方式与人数限制。阅读区是安静的活动区，幼儿入区时应尽量保持安静，不大声喧哗、不打闹。如果阅读区有地垫，则需要脱鞋进入。同时，在区域内阅读的幼儿一般不超过6人，可用挂牌、鞋印等方式提醒幼儿人数限制。

（2）阅读行为要求。在不影响他人阅读的前提下，自由选择1—2本图画书，并选择一处舒适的座位坐下阅读。如果需要与同伴共读，则应尽量选择阅读区的角落，小声交流，不影响他人阅读。阅读时，要养成良好的阅读习惯，如坐姿、翻书方式、看书顺序，学会保护书籍等。阅读后，要将书放回原处，学会整理图画书，大班幼儿还要学会修补图画书。

步骤三：分析班级阅读区心理环境营造

冯晓霞教授在《幼儿园课程》中指出，区域中的心理氛围、师生关系、教师态度与期望等会相互作用，影响幼儿的心境、情绪、态度、行为和自我意识。因此，为幼儿营造一个宽松、自由、安全、舒适、愉悦的阅读氛围，是激发幼儿阅读兴趣，培养幼儿良好阅读习惯的重要基石。

1. 尊重差异

每个幼儿的生活经验与阅读能力不同，不论是阅读材料的选择、阅读的频次与时长、阅读中的互动质量等都可能存在很大差异。教师既要设定阅读区的发展目标，同时，也要关注差异，以幼儿为中心，采用适宜的教育方式，促进幼儿个性化发展。

2.激发兴趣

兴趣是最好的老师。要让幼儿在阅读中受益，首先就要培养幼儿的阅读兴趣。除了精选幼儿感兴趣的图画书外，教师还可以通过问题情境、材料情境、故事情境、场地情境等方式引发幼儿阅读兴趣。

(1)问题情境是通过提出与图画书内容相关的问题，引发幼儿到书中找答案的兴趣；也可以发挥图画书作为工具书的功能，通过提出生活中的问题，鼓励幼儿通过阅读解决问题。

(2)材料情境是通过提供各类阅读与书写辅助材料，如故事记录表、操作卡、日记本、书写工具等，引发幼儿参与阅读活动的兴趣。

(3)故事情境是教师通过营造故事氛围、讲述故事部分内容等，引发幼儿阅读兴趣。

(4)场地情境是根据班级近期主题或幼儿阅读需要，对阅读区的空间位置、设备摆放、墙面装饰等进行改造，引发幼儿进入阅读区的意愿。

3.促进互动

幼儿阅读活动是在多边互动中完成的。这里的互动主要包括：幼儿与阅读材料间的互动、幼儿间的互动、幼儿与教师的互动。

(1)为促进幼儿与阅读材料间的互动，教师可通过提供引导阅读的操作卡、拓展阅读活动等，引发幼儿与图画书深度互动，达到自主阅读的目的。

(2)为促进幼儿间的互动，教师可创设同伴共读的区域，提供共读材料，鼓励同伴互动。

(3)为促进幼儿与教师的互动，教师应秉持平等、支持、关爱的师幼互动理念，以参与者的身份进入阅读区，不打扰、不评判，只有在幼儿有需要时，才提供适宜的支持。

4.鼓励应用

能在生活中迁移与应用阅读经验是幼儿阅读的重要目标。教师应通过创设具有丰富应用场景的阅读区、鼓励幼儿区域间联动、将阅读材料投放到各类活动区等方式，支持幼儿迁移与应用读写、认知、创作经验等。

(1)读写经验的迁移可包括撰写读书笔记、生活日记、自制图书等。

(2)认知经验的迁移可包括运用图画书中的知识解决其他区域中的问题或生活中的问题等。

(3)创作经验的迁移可包括借助其他区域完成图画书中展示的作品，或将图画书中的故事情节以表演、绘画、音乐等方式表现出来等。

三、任务表单

请观察与评价你所实践的园所班级阅读区环境，尝试完成任务表单9.1。

任务表单9.1

幼儿园班级阅读区环境观察表

观察班级：　　　　　　　观察者：　　　　　　　观察时长：

阅读区环境		观察指标	分析与改进建议
空间物理环境	区域位置规划	1. 阅读区是否安静、采光较好？ 2. 阅读区能否同时容纳4—6人，且人均面积超过2.5 m^2？	
	阅读材料选择与投放	1. 阅读材料种类丰富吗？ 2. 是否富有教育意义？ 3. 是否富有童趣？ 4. 图画书投放量是否不少于人均10册，每班复本量是否超过5册？ 5. 图画书有定期更新吗？ 6. 图画书有分类摆放吗？摆放方式合理吗？	
	阅读设备投放	1. 书架、书柜等收纳物件是否方便幼儿取放？能否引发幼儿阅读兴趣？是否有一些特殊标记，方便幼儿整理读物？ 2. 桌椅设备的选择是否符合不同年龄班幼儿的阅读要求？	
	辅助材料与墙面设计	1. 有没有提供丰富的阅读辅助材料？ 2. 墙面有没有布置？能否丰富幼儿阅读与书写经验？	
阅读规范制订	阅读时段与时长	1. 教师是否为幼儿提供丰富的阅读时段？ 2. 幼儿每次阅读的时长是否适宜？	
	阅读行为规范	1. 是否对入区方式与人数有要求？ 2. 是否对阅读行为有要求？	
心理环境		1. 教师是否提供差异化的选书与指导方案？ 2. 教师是否通过多种方式引发幼儿的阅读兴趣？ 3. 教师是否促进幼儿与书籍、同伴、教师互动？ 4. 教师是否鼓励幼儿将阅读经验进行迁移应用？	

四、任务评价与改进

1.请你对任务一的完成情况进行自我评价

学习任务	合格标准	良好标准	优秀标准
观察分析班级阅读区环境。	□能根据阅读区环境各要素，对班级阅读区环境进行观察，并完成观察表。	□能较为准确地发现班级阅读区环境创设中存在的问题。	□能分析问题，并提出较为有效的改进建议。

2.针对任务一，你觉得自己还有哪些需要改进的地方？

存在问题：________________

产生原因：________________

____

解决办法：________________

____

任务二

创设与指导班级阅读区活动

一、任务导入与学习目标

创设与指导班级阅读区活动是支持幼儿自主阅读的重要途径。本任务主要带领大家通过支持、观察、参与、引导幼儿在阅读区开展自主阅读活动，达成以下目标：

1. 在解决真实问题的过程中，增强岗位认同感、责任意识与创新精神。
2. 能依据问题，创设指导班级阅读区活动。
3. 掌握班级阅读区活动指导要点。

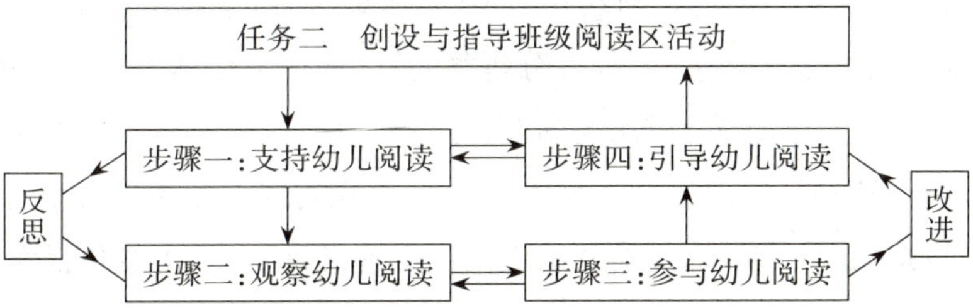

图 9.2　任务二学习流程图

二、任务步骤与关联知识

步骤一：支持幼儿阅读

支持幼儿阅读的核心是创设适宜的空间物理环境，与幼儿共同拟定阅读区规范，营造宽松、自由、安全、舒适、愉悦的阅读心理环境。教师要定期观察、评价、优化班级阅读区环境，以达到支持幼儿阅读的目的。

阅读区案例

步骤二：观察幼儿阅读

观察幼儿是教师在阅读区的核心活动。教师可通过描述观察、取样观察、观察评定等多种观察方式开展观察活动。观察内容应紧扣幼儿早期阅读目标与幼儿语言发展核心经验，既要观察幼儿的阅读行为，倾听幼儿与他人的对话，也要尝试运用理论进行分析，发现幼儿阅读需求，思考支持策略。观察幼儿阅读是教师参与和引导幼儿阅读的基础。

步骤三：参与幼儿阅读

师幼共读是幼儿阅读的一种重要形式。在师幼共读中，教师首先扮演的是朗读者，教师将图画书的文字内容用有感情、有变化的声音传递给幼儿，让幼儿在图画、文字、语音三者之间建立联结，帮助幼儿理解图画书的内容。其次，教师在阅读中还可以是幼儿阅读的表演参与者，在阅读中和幼儿一起表演故事内容，表现故事中的人物动作、表情、形态，完成故事中的任务等。

步骤四：引导幼儿阅读

引导幼儿阅读是培养幼儿自主阅读的重要途径。教师的引导可以分为显性引导与隐性引导。其中，显性引导主要通过师幼互动实现，师幼互动的问题可包括提取信息类问题（如故事里有谁？发生了什么事？）、推理分析类问题（如你觉得他现在的心情如何？这件事是因为什么而产生的？）、综合应用类问题（如你能说说这个故事吗？如果是你，你会怎么做？）、比较评价类问题（如你觉得这两个小朋友，谁做得对？故事中哪个情节最吸引你，为什么？）。教师应及时、有效回应幼儿的提问或回答，回应方式主要包括肯定表扬、解释提示、复述优化、追问反问、扩展经验等。

隐性引导主要通过辅助材料实现。主要的辅助材料包括，引导理解故事内容的流程图卡、标识兴趣页与难点页的标记卡、重点页理解的答题卡、表达评判的读书笔记、想象创造的自制图书等。

三、任务表单

请结合任务表单9.1中你所观察分析的班级阅读区环境创设现状，为你所实践的园所班级创设本周的阅读区活动，尝试完成任务表单9.2。

任务表单9.2

班级阅读区活动创设与指导表

班级：　　　　　　　　　　　　　活动时间：

活动目标	
阅读材料	注：请标注出重点阅读材料。
观察指导要点	
活动反思	

四、任务评价与改进

1.请你对任务二的完成情况进行自我评价。

学习任务	合格标准	良好标准	优秀标准
创设与指导班级阅读区活动。	□能拟定阅读区活动目标，并选择适宜的阅读材料，能思考观察与指导要点。	□能拟定适宜的阅读区活动目标，投放的阅读材料符合幼儿发展需要，观察指导要点明确，有一定的可操作性。	□能根据阅读区现状，有针对性地拟定适宜的阅读区活动目标，阅读材料优质适宜，观察指导要点明确、可操作性强，能较好地达成目标。

2.针对任务二，你觉得自己还有哪些需要改进的地方？

存在问题：______

产生原因：______

______

解决办法：______

______

任务三

创设幼儿早期书面语言学习环境

一、任务导入与学习目标

幼儿早期书面语言学习环境无处不在。幼儿教师要破除“阅读只能发生在阅读区”的认识误区，要破除“阅读只是语言领域的活动”的错误观念，要用“全语言理念”营造大阅读环境，让阅读“无所不在，无时不有”，要让幼儿在幼儿园与家庭生活中，处处都有与图画书互动的机会，充分发挥图画书的娱乐功能与工具功能。本任务重点学习幼儿园公共区域阅读环境创设要点，以及家庭亲子阅读环境创设与指导要点，帮助大家获得以下目标：

1. 秉持语言生态圈理念，积极为幼儿早期书面语言学习与发展的相关利益群体提供科学、有效的教育支持。

2. 了解幼儿园公共阅区域阅读环境与家庭阅读环境创设与指导要点。

3. 能有针对性地为幼儿园公共区域阅读环境与家庭阅读环境提供可行的实施方案。

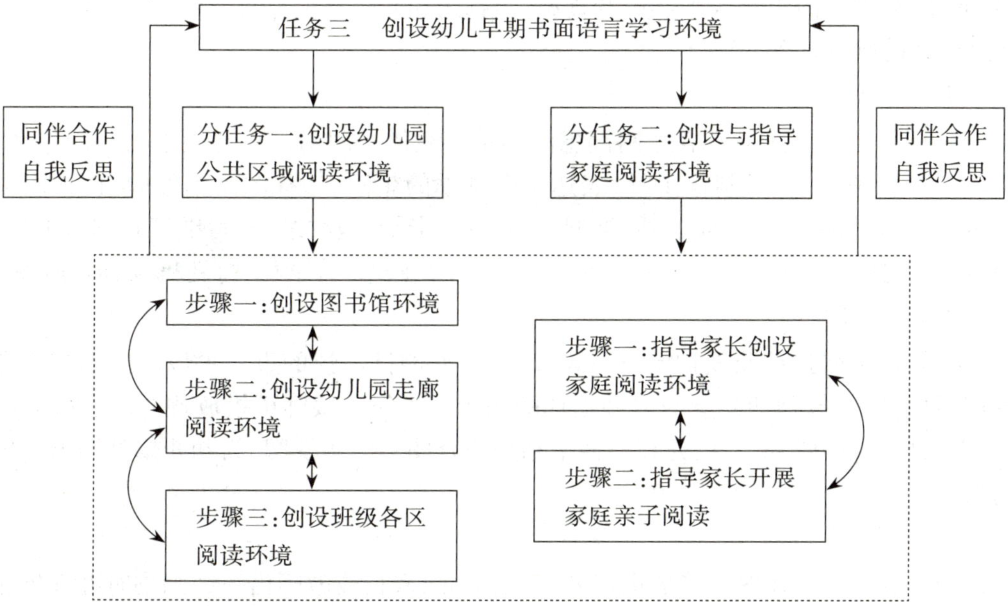

图 9.3　任务三学习流程图

二、任务步骤与关联知识

分任务一：创设幼儿园公共区域阅读环境

步骤一：创设图书馆环境

图书馆是幼儿获取个性化阅读资源的场所，它应具有藏书、阅读、电脑查阅、视听、书写、制作、图书修补、借阅服务等功能，为丰富班级阅读、家庭阅读等提供丰富的材料与机会。

图书馆环境

1. 藏书

幼儿园图书馆的藏书量应不少于人均10本。相同的图画书要有一定量的复本，要及时掌握幼儿阅读兴趣，阅读频率高的图画书可增加复本量。应及时修补更换旧书、购置新书，丰富图画书种类，并按主题、年龄段等方式分类摆放。

2. 阅读

应创设大小不一的各类阅读场景，方便不同阅读需求的幼儿都能找到舒适的阅读环境。设有好书推荐、新书推荐等展示空间，有明显的分类标记，以及书籍回收点等，方便幼儿查找与放置图画书。

3. 电脑查阅

可放置3—4台电脑，提供借阅查询服务，同时，也可以通过电脑投放电子图画书、有声图书等，拓展幼儿的阅读资源。为防止有声读物影响他人阅读，应为每台电脑配置耳麦。

4. 视听

视听区域主要是为幼儿提供倾听机会，幼儿可以借助录音机、平板、电脑等工具，倾听故事、儿歌、自然界的声音等各类声音资源。为此，幼儿园要创建与不断丰富视听资源库，以拓展幼儿的倾听资源。

5. 书写与制作

书写与制作是幼儿多元表达阅读想法的重要载体。图书馆可专设书写与制作区域，鼓励幼儿利用各类书写、制作工具，表达对图画书的想法、迁移图画书经验、创作图画书等。可投入的材料包括：桌椅、不同类型书写材料（卡纸、皱纹纸、速写纸等）、书写工具（铅笔、水彩笔、勾线笔、油画棒等）、黏合装订材料（剪刀、胶水、订书机、打孔机、回形钉）等。

6. 图书修补

图书修补是增强幼儿爱护图书意识、培养良好阅读习惯的重要手段。图书馆应有专门的图书修补区，鼓励幼儿参与修补损坏的图画书工作。教师可投放透明胶、固体胶、橡皮、剪刀、订书机等修补工具，并在墙面上粘贴修补图书的步骤图，为幼儿修补图书提供示范与指导。

7. 借阅服务

借阅服务台通常在图书馆的进门处，方便幼儿、家长或教师借还图画书时办理借还手续。为提高借还效率，不少图书馆会投放智能借还设备，实现线上借书、线下取还书的自助服务，还能记录幼儿的借阅频次与内容，为幼儿的可视化学习提供数据支持。

步骤二：创设幼儿园走廊阅读环境

走廊充满着大量的阅读素材与机会。教师不仅可以在相对安静、宽敞的走廊设置公共阅读角，拓展幼儿阅读空间；还可以鼓励幼儿欣赏各类展示在走廊的学习成果，如绘画作品、建构作品等，为幼儿提供更多元的阅读材料；此外，有条件的幼儿园还可以选取幼儿喜爱的图画书，进行故事情境创设，让走廊再现故事场景。

走廊阅读环境

步骤三：创设班级各区阅读环境

班级内各个区域都可以配有专属的书架，用以投放与区域活动内容相匹配的图画书资源。如在植物角可以投放《小艾的屋顶花园》《妮妮的蒜苗》等图画书，丰富幼儿的种植经验；当幼儿在开展恐龙的主题建构活动时，可在建构区投放《恐龙有意思》《恐龙大百科》等图画书，丰富幼儿有关恐龙的经验……通过图画书与区域活动的相互作用，既实现了阅读经验的迁移应用，也帮助幼儿掌握借助书籍获取新经验的方式。

分任务二：创设与指导家庭阅读环境

步骤一：指导家长创设家庭阅读环境

家庭也是幼儿阅读的主要场所。大量研究表明，优质的亲子阅读环境对幼儿阅读习惯养成、阅读能力提升、认知发展、亲子关系建立等都有积极的促进作用。一个良好的家庭阅读环境应该包括以下几方面：

1. 固定的阅读区域

为了培养幼儿良好的阅读习惯，通常家长要创设一个独立、舒适的阅读区域，该区域的创设要求可参考幼儿园阅读区空间物理环境创设要点。

家庭阅读环境创设

2. 优质适宜的阅读材料

家长在挑选阅读材料时，可通过他人推荐、网络评价、获奖信息等方式挑选。同时，也要关注幼儿的阅读兴趣与阅读需要，建议与幼儿一起挑选读物，才能引发幼儿阅读兴趣。

3. 有效的亲子共读

亲子共读是培养幼儿阅读能力的重要途径，也是家庭阅读的核心方式。通过亲子有效互动，不仅可以培养幼儿阅读习惯、丰富幼儿阅读经验、拓展幼儿间接经验，还能促进亲子良性沟通、增进亲子感情。有效的亲子阅读可以包括以下几步骤：

亲子共读视频

（1）阅读前，家长先提前阅读图画书，了解图画书主要情节与核心含义，思考可以与幼儿互动的关键问题。与幼儿共同开始阅读时，先观察图画书的封面，就书名、作者及画面稍做谈论。

（2）阅读过程中，家长不要急于朗读故事内容，可以鼓励幼儿通过自主阅读图画书，理解故事内容。家长可以通过提问和观察幼儿的动作表情，判断他对图画书的理解，再给予适当的指导。在完整欣赏故事内容时，家长可以根据故事情节变化，调整讲故事的语气和语调，或改变讲故事的方式，帮助幼儿进一步理解故事内容。

家庭阅读指导资源库

（3）阅读后，家长可以通过提问，帮助幼儿回忆故事内容（角色、情节、问题、解决办法等），鼓励幼儿表达自己对故事的感受及想法，让幼儿将故事内容与自己的生活联系起来。还可以将阅读经验迁移应用到生活中，解决生活中的问题。

步骤二：指导家长开展家庭亲子阅读

阅读讲座视频资源

1. 直接指导

通过家长座谈会、专题讲座等形式，面向家长宣传早期阅读教育的目标、途径、内容和方法，使家长明确早期阅读对幼儿发展的重要性；针对亲子阅读中普遍存在的问题，利用家长接送幼儿的时间进行个别指导或小组辅导；根据实际需要，阶段性地推荐阅读材料、展示幼儿的阅读成果，让家长了解幼儿在园的阅读情况，拓宽家长对幼儿进行阅读教育的思路；组织家长进行家庭早期阅读教育的经验交流，丰富家长的亲子阅读方法。

2. 间接指导

利用家园联系栏、家长信箱或家长开放日、印发阅读资料等方法帮助家长了解和学习家庭早期阅读教育的内容和方法。

3. 个别指导

根据家庭开展阅读活动的情况，通过入户指导、个别交流等方式，有针对性地推荐阅读材料、指导亲子阅读方法等。

三、任务表单

请从任务三的两个分任务中任选其一，完成任务表单9.3。

任务表单9.3

幼儿书面语言学习环境创设表

任务	□为实践园提供一份幼儿园公共区域阅读环境创设的实施方案。 □为实践园教师提供一份以提升亲子阅读质量为目标的家庭座谈会组织实施方案。
方案名称	
方案目标与意义	
方案具体内容	
方案实施步骤	

四、任务评价与改进

1. 请你对任务三的完成情况进行自我评价

学习任务	合格标准	良好标准	优秀标准
设计幼儿书面语言学习环境。	□能依据创设与指导要点，完成项目方案设计。	□能依据幼儿发展现状，设计具有可执行性的项目方案。	□项目方案具体、可行，有针对性和一定的创新性。

2. 针对任务三，你觉得自己还有哪些需要改进的地方？

存在问题：____

产生原因：____

____

解决办法：____

____

◆ 岗位链接

一、综合应用

大(一)班陈老师发现，平时孩子们都不爱进阅读区。于是，她利用晨间谈话，了解孩子们不喜欢去阅读区的原因。

小丽："这些书我家都有，我都看过了，没有新书。"

力力："里面的书我都不喜欢看，我喜欢看恐龙的书，里面没有。"

晨晨："我看不懂。"

青青："我想做自己的小书，但只有美工区有材料，我只好去美工区了。"

…………

如果你是陈老师，你能从孩子们的对话中找出阅读区环境创设的问题吗？你知道这些问题产生的原因是什么吗？你有什么好办法，可以让孩子们爱上阅读区？

二、岗位拓展

在一次对中班阅读区活动的观察中，你发现有明明拿着一本图画书，全程认字念字，你试着问他一个未在文字中呈现的图画细节信息，他无法答应。你和明明妈妈联系，了解家庭阅读情况，他的妈妈很骄傲地说，她从明明2岁起就教他认字，目前已经掌握了小学阶段的所有汉字。对此，你将如何回应并开展相应的指导工作？

三、创新实践

今天，小班阅读区里有四个孩子在看书。过了一会儿，一个女孩拿了五六本一样大小的书排成一排，说："我要搭城墙。"旁边的两个男孩显然也感兴趣，专注地看了一会儿，开始给这个女孩递书，帮她一起搭。女孩说要一样大的书才行。两个男孩就反复比较，找到大小形状相同的书递给女孩。很快,一个“书墙”搭好了。男孩们很高兴,把它当成跨栏,在图书区里跳开了。他们三人玩得热火朝天。可阅读区还有一个孩子既想看书,又想看他们在玩什么,就一会儿伸头看他们搭建,一会儿又看看书。

问题:孩子们可以在阅读区里玩搭建吗? 为什么?

【2020年全国职业院校技能大赛(高职组)“学前教育专业教育技能”赛项真题】

◆ 学习评价

评价指标	具体表现	达成情况
爱国精神	乐于阅读与遴选中国原创绘本,增强对中华优秀传统文化的认同感与传承使命感。	☆ ☆ ☆ ☆ ☆
工匠精神	在解决真实问题的过程中,增强岗位认同感、责任意识与创新精神。	☆ ☆ ☆ ☆ ☆
科学精神	1. 能实事求是观察与分析幼儿园阅读区环境创设中存在的问题。 2. 能依据问题,创设与指导幼儿园阅读区学习活动。 3. 能有针对性地为幼儿园公共阅读环境与家庭阅读环境提供可行的实施方案。	☆ ☆ ☆ ☆ ☆
团队协作	积极参与小组讨论,能全身心投入阅读区环境创设与活动指导。	☆ ☆ ☆ ☆ ☆
言优善行	1. 秉持语言生态圈理念,积极为幼儿早期书面语言学习与发展的相关利益群体提供科学、有效的教育支持。 2. 能遵守师范生教师职业规范,做到待人处世诚信友善。	☆ ☆ ☆ ☆ ☆

◆ 学习感悟

我一直以为幼儿园教师只要完成班级内的教育教学工作就可以了。但是,从这门课一开始,老师就要我们关注幼儿园公共环境中的语言教育契机,关注家庭、社会中的语言教育机会。这让我意识到,作为一名幼儿园教师,我们要尽己所能,为幼儿营造一个促进其完整语言学习与发展的生态圈。要关注这个生态圈中所有的相关群体,让教育形成合力。可是,形成合力这件事并不简单。如何发现园内外的语言教育环境? 如何与家长有效沟通? 如何提升家长的亲子阅读能力? 这都成了我专业发展上的一道道难题。不过,我相信,只要我有正确的语言观、科学的教育方法和持之以恒的学习状态,我一定可以为幼儿创设健康、完整的幼儿语言发展生态圈。

◎教师评语:教师要成为积极影响幼儿语言发展生态圈的促进者。

参考书目

1. 中华人民共和国教育部.3–6岁儿童学习与发展指南[M]. 北京:首都师范大学出版社,2012.

2. 李季湄,冯晓霞.《3–6岁儿童学习与发展指南》解读[M]. 北京:人民教育出版社,2013.

3. 中华人民共和国教育部. 幼儿园教育指导纲要(试行)[M]. 北京:北京师范大学出版社,2001.

4. 教育部基础教育司.《幼儿园教育指导纲要(试行)》解读[M]. 南京:江苏凤凰教育出版社,2017.

5. 周兢. 幼儿园语言教育活动设计与组织[M]. 北京:人民教育出版社,1996.

6. 周兢. 幼儿园语言教育[M]. 北京:人民教育出版社,2014.

7. 周兢. 学前儿童语言学习与发展核心经验[M]. 南京:南京师范大学出版社,2014.

8. 周兢. 幼儿园早期阅读教育活动设计[M]. 北京:教育科学出版社,2010.

9. 周兢. 幼儿语言教育与活动指导[M]. 北京:高等教育出版社,2015.

10. 祝士媛. 学前儿童语言教育[M].3版. 北京:北京师范大学出版社,2019.

11. 张明红. 学前儿童语言教育(修订版)[M]. 上海:华东师范大学出版社,2006.

12. 姜晓燕,郭咏梅. 学前儿童语言教育[M].3版. 北京:高等教育出版社,2019.

13. 陈瑶. 学前儿童语言教育[M].2版. 北京:北京师范大学出版社,2020.

14. 王海英等. 儿童视野的幼儿园环境创设[M]. 北京:人民教育出版社,2019.

15. 陈帼眉,冯晓霞,庞丽娟. 学前儿童发展心理学[M].3版. 北京:北京师范大学出版社,2013.

16. [美]克瑞克维斯基. 多元智能理论与学前儿童能力评价[M]. 李季湄,方钧君,译. 北京:北京师范大学出版社,2015.

17. [美]麦克维尼. 国际儿童语言研究方法——CHILDES国际儿童语料库数据储存和分析系统[M]. 许文胜,高晓妹,译. 北京:教育科学出版社,2010.